POLARIS

W0087903

Schwester Jordana
mit Iris Rohmann

Ente zu verschenken

Barfuß unterwegs zu mir selbst

Rowohlt Polaris

Originalausgabe
Veröffentlicht im Rowohlt Taschenbuch Verlag,
Reinbek bei Hamburg, November 2015
Copyright © 2015 by Rowohlt Verlag GmbH,
Reinbek bei Hamburg
Lektorat Regina Carstensen
Umschlaggestaltung ZERO Werbeagentur, München
Umschlagabbildung Thorsten Wulff
Satz Karmina OTF (InDesign) bei
hanseatenSatz-bremen, Bremen
Druck und Bindung CPI books GmbH, Leck, Germany
ISBN 978 3 499 62936 5

Meiner dominikanischen Familie zum
800. Geburtstag. Und für meine Ordens-
familie, die Dominikanerinnen
von Bethanien, zum 150-Jährigen!

Inhalt

Vorwort

«Hey, was ist denn hier los? Trödelmarkt?» Gudrun kommt von ihrem Frühdienst aus der Chirurgie zurück. Sie wohnt im ersten Zimmer links, gleich neben dem Treppenhaus, hier im Schwesternwohnheim der Uniklinik Düsseldorf. Ab und zu grüßen wir uns, wenn wir uns sehen. Ansonsten wissen wir wenig voneinander. Doch heute kommt sie näher.

«Ja, so ähnlich», sage ich und lache sie an, «nur dass du alles umsonst bekommst.»

«Wieso? Brauchst du die Sachen etwa nicht mehr?»

«Genau. Ich gehe ins Kloster.»

«Scherzkeks.»

«Nein, wirklich.»

«So richtig Nonne, oder was?»

Ich lache wieder. «Ja, so richtig Nonne. Mit Schleier und allem.»

«Du bist doch gerade erst mit deinem Examen fertig – wozu hast du das denn gemacht, wenn du jetzt hinter Klostermauern verschwindest?»

«Ich bin sicher, ich werde es später noch brauchen. Aber jetzt spüre ich, dass mein Weg ins Kloster geht.»

Gudrun schaut mich skeptisch an.

«Na, dann viel Glück. Ähm, könnte ich diese Topfpflanze haben? Meine ist eingegangen, und ein bisschen Grün im Zimmer ist immer gut. Ich werde beim Gießen auch an dich denken.»

Bevor ich etwas sagen konnte, klemmte sie sich schon meine Yuccapalme unter den Arm. Dann verzog sie sich zum Mittagsschlaf in ihr Zimmer. Frühdienst macht müde.

Diese Episode ist nun fünfundzwanzig Jahre her. Und immer noch bin ich Schwester. Eigentlich müsste ich eine Art Silberhochzeit (oder Silberprofess) feiern, wenn ich denn nicht zwischendurch den Orden gewechselt hätte. Nicht ganz freiwillig, wie Sie in diesem Buch erfahren werden. Viele Frauen haben aufgeschrieben, warum sie ihren Orden verlassen haben. Das habe ich nicht getan, ich zähle zu den Schwestern, die sagen: «Ich bin noch drin – trotz allem», und das ist eine völlig andere Perspektive. Letztlich ist es ein Plädoyer fürs Aushalten, fürs Mitmischen, für den Mut, seinen eigenen Weg zu gehen, selbst wenn andere Menschen oder Institutionen einem Steine in den Weg legen.

Ich habe mir viele Gedanken darüber gemacht, was es mit meinem besonderen Lebensweg auf sich hat und wie meine Berufung zustande kam. Schließlich wird man ja nicht als Schwester geboren – zumindest nicht als Ordensschwester. Das Buch hier ist aber keine Biografie. Über meine Eltern und Geschwister werde ich nicht viel erzählen, diese Geschichte gehört allein meiner Familie und mir. Auch habe ich die meisten Namen verändert, Situationen ausgelassen und manche Personen oder Orte bewusst nur schemenhaft beschrieben.

Stattdessen geht es mir, so altmodisch es sich im ersten Moment anhört, um das Thema Berufung. Wie sie entsteht, wie auch krumme Wege am Ende zum Ziel führen können. Ich möchte Menschen dazu bewegen, ebenfalls auf Spurensuche zu gehen, um den Sinn ihres eigenen Lebens zu suchen und um Werte zu finden, nach denen wir unsere Gesellschaft ausrichten können – wenn wir wollen. Es sind christliche Werte, von denen ich spreche, und zugleich sind sie universell: Gerechtigkeit, Empathie, Gewaltfreiheit. Nebenbei werde ich Sie durchs Schlüsselloch schauen lassen, und Sie können eine Menge über das Leben im Orden, über die Kirche und den Glauben erfahren. Sie werden Einblicke in die sonst so geheime Klosterwelt bekommen, auch deren Schattenseiten werden nicht ausgelassen. Dabei möchte ich betonen, dass ich keine Theologin oder Kirchenhistorikerin bin und nur über Ausschnitte der kirchlichen Geschichte sprechen werde – und das aus meiner Sicht. Sie werden feststellen, dass diese Welt gar nicht so fremd ist, wie man vielleicht glaubt. Sie werden Ähnlichkeiten entdecken, bestimmte Zweifel und Kämpfe wiedererkennen, aber auch den Wunsch nach Sicherheit und Lebensfreude, der jeden Menschen antreibt.

Zugleich ist es ein Buch über die Liebe – Liebe zu mir selbst, zu anderen Menschen und vor allem: zu Gott. Ich habe meine Lebensmitte erreicht, bin sechsundvierzig Jahre alt – oder jung, wie ich immer wieder verbessert werde, etwa von meinen älteren Mitschwestern, die bereits jenseits der achtzig sind. Bei uns heißt es noch: «Die jungen Schwestern unter siebzig treffen sich heute Abend.» Das ist eine typische Ordenssicht, da sich der Altersdurchschnitt in den letzten zwanzig Jahren extrem nach oben verschoben hat. Jedenfalls habe ich ein gutes Alter, um auf den Weg zu schauen, den ich mit Gott gegangen bin, warum ich noch glaube und in der Kirche bin, warum ich so bin, wie ich bin. Es war nicht einfach, all dies festzuhalten, es war ein Ringen um jede freie Minute, da ich seit drei Jahren Kinderdorfmutter von fünf Kindern bin und nicht gerade Zeit im Überfluss habe.

Die vergangenen Jahre waren ein Auf und Ab. Ein Suchen und Ringen und immer wieder ein neu Finden. Daran möchte ich Sie teilhaben lassen. Ohne missionarischen Hintergrund. Im Gegenteil. Ich möchte Ihnen etwas von der Freiheit erzählen, die Sie als Mensch haben, die von Gott geschenkt ist. Die Freiheit, Entscheidungen zu treffen, sie zu widerrufen und einen eigenen Weg zu finden. Meiner hat mich irgendwann ins Kloster und eben in ein Kinderdorf geführt. Ihrer vielleicht in eine Partnerschaft, einen Beruf, in ein ehrenamtliches Engagement, hinein in die oder hinaus aus der Kirche. Das Leben ist spannend. Also fange ich an, von meinem zu erzählen ...

1. Allein im Spukschloss –
Nonnengeist trifft Hasenherz

Draußen auf dem Flur knarrt schon wieder ein Dielenbrett, der Wind rüttelt an dem etwas morschen Holzfenster direkt über meinem Schlafplatz. Etwas unheimlich ist sie, meine erste Nacht im Kloster, und ausgerechnet jetzt fallen mir alle möglichen Szenen aus einem Roman ein: *Der Name der Rose*. Hätte ich dieses Buch von Umberto Eco nicht gelesen, läge ich jetzt vielleicht entspannter in meinem altertümlichen Bett. Genau genommen befindet sich mein Gästezimmer nicht im Kloster selbst, sondern im Schloss nebenan. In ihm werden Besucher untergebracht, nicht allein die der Schwestern, sondern ebenso Urlaubsreisende, denn es wird zugleich als Hotel genutzt. Will man ganz genau sein, dann handelt es sich auch nur um ein halbes Schloss. Das herrschaftliche Anwesen sollte im Viereck gebaut werden, doch nach Fertigstellung des zweiten Flügels (dem Nordflügel, wo ich mich gerade befinde) um das Jahr 1600 ging den Besitzern das Geld aus.

In diesen Vorfrühlingstagen bin ich die einzige lebende Seele in dem Gebäudetrakt, oder etwa doch nicht? Schleicht da vielleicht jemand auf dem Flur herum? Es sollte niemand hier sein, aber das Knarzen hört nicht auf. Als wäre das noch nicht schlimm genug, zwingt mich ein menschliches Bedürfnis aus meinem Bett. Ich überwinde mich und öffne die Tür. Natürlich quietscht sie in den Angeln, und der breite Gang, der tagsüber freundlich und hell erschien, hat sich bei Dunkelheit in einen unheimlichen, düsteren

Korridor verwandelt. Er ist fast fünf Meter hoch, im diffusen Mondlicht, das durch die Fenster fällt, kann ich die Decke nicht erkennen. Nur stickige schwarze Finsternis da oben. Doch es nutzt nichts: ich muss.

Die dicken roten Läufer auf den dunklen Dielenbrettern schlucken meine Schritte. Weiter vorn höre ich ein leises Seufzen, obwohl kein Mensch zu erkennen ist, auch keine sonstige Erscheinung. Ich bleibe stehen, warte. Nichts geschieht. «Muss der Wind gewesen sein», murmle ich, um mir selbst Mut zu machen. Besonders warm ist es auch nicht in diesem Gemäuer, also weiter. Der Weg bis zur Toilette erscheint endlos, wenigstens ist sie kein mittelalterlicher Abort direkt an der Schlossmauer. Auf dem Rückweg bleibe ich kurz an einem der Fenster stehen – heute Nachmittag konnte ich von hier aus auf den gepflasterten Innenhof blicken, es war ein wirklich romantischer Anblick gewesen. Jetzt erkenne ich nur mein eigenes blasses Spiegelbild. Ich wage ein schnelles Lächeln – Angsthase, du. Gegenüber der Fensterfront befinden sich die Zimmer. Eins neben dem anderen. Verschlossen durch hohe Holztüren, hinter denen sich mit Sicherheit schon allerlei Geschichten abgespielt haben, über die ich nicht genauer nachdenken möchte – zumindest nicht im Moment.

Auf Zehenspitzen schleiche ich zurück zu meiner Kammer über dem tiefen Wassergraben. In meinem Nacken kribbelt es die ganze Zeit, und es würde mich nicht wundern, sollte ich dem Geist einer mürrisch dreinblickenden Nonne begegnen oder eines säbelschwingenden Grafen. Gerade als ich anfange, der gruseligen Situation etwas Komisches abzugewinnen, hallt ein dröhnender, dumpfer Schlag durch die Nacht. Es ist nur die Schlossuhr, wie ich bald begreife, doch ich erschrecke mich fast zu Tode. Die letzten Meter bis zu meinem Zimmer renne ich, egal wie lächerlich das ist, und schlage die Tür hinter mir zu. Gerettet!

Rasch lasse ich mich wieder ins Bett fallen. Mein Blick streift das

Holzkreuz über dem Fußende. Es ist nicht die einzige Wanddeko-ration. Auf der anderen Seite des Zimmers befindet sich ein uraltes, stark rissiges Ölgemälde, das einen Herrn zu Pferd zeigt, der stolz auf den Betrachter – in diesem Fall auf mich – herabblickt. Etwas hochmütig, wie mir scheint. Vielleicht einer der ehemaligen Eigen-tümer des Anwesens? Wahrscheinlich hält auch er mich für einen Angsthasen. Erneut schaue ich zum Kreuz: «Hey, Jesus», flüstere ich, «bin ich froh, dass du auch hier bist.» Beruhigt, in dieser ersten Klosternacht nicht allein zu sein, schlafe ich schließlich ein.

Andere Mädchen und Jungen in meinem Alter (damals war ich gerade sechzehn) verbrachten ihre Ferien mit organisierten Jugendfreizeiten. Ich dagegen war in einem Kloster gelandet. Wie kam es dazu? «Schuld» war meine Freundin Marie. Seit der siebten Klasse kannten wir uns, zunächst nur vom Sehen, sie besuchte die Parallelklasse. In der Oberstufe hatten wir dann einige Fächer zusammen, und unsere Freundschaft begann schließlich mit einem Butterbrottausch im Bio-Kurs: Jeden Tag hatte ich belegte Brote dabei, die ich mit den Jahren langweilig fand. Der große Hit waren für mich aber die Brötchen mit dem eingequetschten Mohrenkopf (politisch korrekt heißen sie heute zu Recht Schoko-küsse), und Marie hatte fast täglich ein solches Brötchen in ihrer Tasche – bis auch sie genug davon hatte. Meine herzhaften Stullen mit Wurst oder Käse waren mehr nach ihrem Geschmack, und ich freute mich über die süße Abwechslung. So waren wir von Anfang an in gutem Einvernehmen. Nicht nur Liebe, sondern auch Freund-schaft kann durch den Magen gehen.

Im letzten Schuljahr trafen wir uns oft, lernten zusammen oder schwatzten nur. Wir waren in einer vergleichbaren Situation: Ich hatte eine Ausbildung als Kinderkrankenschwester in Aussicht, sie wollte Arzthelferin werden. Ähnlich wie ich hatte sie eine Fast-Zusage in der Tasche, doch wir beide waren noch zu jung, um sofort anfangen zu können. Wir mussten die Zeit bis zum achtzehnten Geburtstag überbrücken. Ich wollte mir bis dahin grundlegende Kenntnisse in der Hauswirtschaft aneignen und hätte dann am liebsten als Au-pair ein Jahr im Ausland verbracht, doch die Familie mit den drei kleinen Kindern, bei der ich mich bewarb, zog am Ende leider nur nach Bonn. Marie hatte da eindeutig mehr Glück.

«Ich gehe für ein Jahr weg», erklärte sie.

Wir saßen wie in jeder großen Pause auf einer Bank im Schulhof. Marie hatte gerade mit anerkennendem Blick mein Pausenbrot auf- und wieder zugeklappt. Leberwurst. Prima. Ich vergaß für einen Moment zu kauen.

«Für dein Praktikum? Wohin gehst du?»

«Ins Taka-Tuka-Land natürlich», sagte sie grinsend. Das Taka-Tuka-Land ist die Heimat von Pippi Langstrumpfs Vater, dort besiegt sie die Piraten und rettet den Schatz. Für uns war es ein Synonym für einen Ort der Freiheit. Dann fügte sie hinzu: «Nee, nach Dänemark.»

«Hui», sagte ich. «Super. In den Norden! Wohin denn genau?»

«Nach Jütland. Liegt direkt am Meer.»

«Und was machst du da? Fängst du in einer Arztpraxis an?»

«Nein. Ich gehe in ein Kloster.»

«Wirklich? Das ist bestimmt nicht dein Ernst!»

«Doch, mir ist es ganz ernst.»

Eigentlich hatte ich überhaupt keine eigene Meinung, was das Leben in einem Kloster betraf, ich hatte auch noch nie eins von innen gesehen. Meine Vorstellungen, die ich bis zu diesem Zeitpunkt hatte, waren durch Romane geprägt, in denen Klöster eine wunderbare altertümliche Kulisse für Mord und Totschlag abgaben. Auch ein Film war mir in Erinnerung geblieben, *Geschichte einer Nonne*; darin werden Schwester Lukas, gespielt von Audrey Hepburn, die Haare abrasiert, als sie das Gelübde ablegt. In diesem Drama von 1959 hatte ich erfahren, dass klösterlicher Gehorsam und das Gebot der Nächstenliebe nicht unbedingt kompatibel sind. Letztlich vermutete ich, dass in Klöstern unzufriedene Männer und Frauen den ganzen Tag beteten, um der Welt zu entfliehen. Heute muss ich über solche Klischees schmunzeln, insbesondere dann, wenn andere mir genau von solchen Gemeinplätzen erzählen, die ich selbst einmal vertrat. Sie stimmen weitgehend nicht, halten sich aber hartnäckig. Vereinzelt gibt es vielleicht Häuser, in denen die Farbe des Alltags Grau ist und das Motto der Bewohner Weltflucht, aber die Mehrzahl der Ordensleute, die ich kennengelernt habe, ist anders.

Tatsächlich war Weltflucht einer der Hauptgründe für die Anfänge der Klöster – und einst ein sehr respektables Motiv. Heute würde man Menschen mit einem derartigen Anliegen vielleicht Aussteiger nennen. Den ersten Eremiten ging es aber nicht so sehr um ein Davonlaufen *vor* etwas, sondern sie wollten mit aller Kraft *hin* zu Gott, und dafür wollten sie sich von der Welt und ihren Versuchungen abschirmen. Vor allem geschah das in Ägypten, in den Wüsten jenseits des Nils. Wüstenväter nannte man sie, und Athanasius von Alexandria lieferte mit seiner Lebensgeschichte des heiligen Antonius (geboren um 251) zum ersten Mal die Beschreibung eines Mönchs, der sich als Eremit in die Einöde zurückgezogen hatte, um allein durch seinen Lebenswandel Heiligkeit zu erringen.

Das war eine ganz neue Idee, denn als heilig galten in den ersten nachchristlichen Jahrhunderten nur die Märtyrer. Weil die frühen Christen sowohl den Kriegsdienst wie auch den Kaiserkult ablehnten oder ihren Glauben nicht verleugnen wollten, wurden Christen verfolgt und viele mit dem Tode bestraft. Es gab damals weder Kirchenbauten noch offizielle Riten, alles vollzog sich im Geheimen und hinter verschlossenen Türen. Auf einer Reise durch die Türkei 2011, im Rahmen einer Fernsehdokumentation, sah ich den Ort, wo Petrus und Paulus die erste Kirche der Welt gründeten. Einen Altar und schöne Bildnisse an den Wänden suchte ich vergeblich, diese erste Kirche war nichts weiter als eine winzig kleine Steinhöhle. Die Sankt-Petrus-Grotte befindet sich in Antakya, dem früheren Antiochia, einer Stadt, in der seit uralten Zeiten Juden, Christen und Muslime friedlich miteinander leben. Als ich in dem kleinen schmucklosen Raum stand, der gerade Platz für eine Handvoll Menschen bietet, war ich tief berührt. Diese Schlichtheit war kraftvoller als jeder prachtvolle Kirchenbau späterer Epochen. Von hier aus wurde (auch meine) christliche Geschichte geschrieben. Und wie bei allen frühchristlichen Versammlungsorten gab es an diesem Ort einen versteckten Ausgang, einen Fluchtweg.

In dieser Höhle hatten sie einst gesessen, das Mahl gehalten und Geschichten über Jesus erzählt, um ihn nicht zu vergessen. Was für eine unglaubliche Strahlkraft ging von diesem unscheinbaren Ort aus. Kaum zu glauben, aber so hat Kirche angefangen: klein, und ständig bestand die Gefahr, dass diejenigen, die sich versammelten, dafür mit ihrem Leben bezahlen mussten. Von daher die Fluchtwege. Doch die «Eselsanbeter», wie Christen von ihren Gegnern genannt wurden, gingen, wenn sie gefasst wurden, so unbeirrbar und tapfer in den Tod, dass auf jeden «Blutzeugen» Dutzende neue Bekehrte kamen. In dem kitschigen, aber dennoch beeindruckenden amerikanischen Film *Quo vadis* von Regisseur Mervyn LeRoy, in dem es unter anderem um die Christenverfolgung durch Kaiser Nero geht, singen die Verurteilten sogar in der Arena von Rom, bevor sie den Löwen zum Fraß vorgeworfen werden. Der Tod hatte angesichts der versprochenen Auferstehung des Leibes an Bedrohung verloren. Einer meiner späteren Lehrer in Kirchengeschichte erzählte uns, dass es Zeiten gab, in denen es sogar erstrebenswert war, Märtyrer zu werden, nach dem Motto: «Na, was wirst du denn mal?» – «Ich werde die Tischlerei meines

Vaters übernehmen.» – «Und du?» – «Ach, ich gehe nach Rom und werde Märtyrer.»

Der Eremit Antonius, der aus einer Familie koptischer Christen stammte, verkörperte *den* Typus einer noch jungen Religion. Seine Lebensgeschichte gehört zu den Gründungsmythen des Mönchtums und wird sogar als Keimzelle klösterlicher Besitzlosigkeit angesehen. In einer Kirche hatte er die Geschichte von Jesus und dem reichen Jüngling gehört. Der Jüngling fragt Jesus: «Was muss ich tun, um das ewige Leben zu gewinnen?» Es war eine interessante Frage für einen jungen Mann. Er wollte nicht wissen, was zu tun sei, um eine nette Frau zu finden oder wie er Macht gewinnen könne. Das Leben zu gewinnen, dazu noch das ewige, war für ihn das große Los. Ihm fehlte genau das, was man mit Geld nicht kaufen kann.

Die Antwort Jesu war einfach: «Halte die Gebote!»

«Welche?», fragte der Mann.

Jesus nannte ihm die Zehn Gebote, als Erstes: «Du sollst nicht töten.» Dann: «Du sollst nicht die Ehe brechen, nicht stehlen, du sollst nicht falsch aussagen, du sollst Vater und Mutter ehren.» Anschließend folgte noch das besonders jesuanische Gebot: «Du sollst deinen Nächsten lieben wie dich selbst.» Keine einfachen Gebote, wenn man mich fragt. Doch der jugendliche Sucher hatte offenbar noch nicht so viel Gelegenheit gehabt, Todsünden zu begehen, und war ganz optimistisch gestimmt:

«Alle diese Gebote habe ich befolgt. Sonst noch was?»

Jesus antwortete: «Wenn du vollkommen sein willst, geh, verkauf deinen Besitz und gib das Geld den Armen; so wirst du einen bleibenden Schatz im Himmel haben; dann komm und folge mir nach.» (Mt, 19,21)

Das ist nicht ohne, auch für den Jüngling, der nach dem Himmelreich gefragt hatte. Es heißt, er sei betrübt von dannen gegangen, denn er hatte viele Güter. Damals wie heute ist der Auftrag Jesu ungefähr das Gegenteil von dem, was wir als vernünftig bezeichnen würden – oder? Waren die Hippies in den Sechzigerjahren vernünftig, als sie gegen den Vietnamkrieg protestierten und in Landkommunen zogen? Einige dieser Gemeinschaften existieren noch heute. Die Urchristen haben genau dasselbe getan; und sie haben darüber hinaus allen Besitz miteinander geteilt. Die jungen Leute, die als Teil der Occupy-Bewegung wochenlang vor den Banken campierten und demonstrierten – ging und geht es denen nicht ebenfalls um einen bleibenden Schatz, nämlich um mehr Gerechtigkeit bei der Verteilung der Güter dieser Erde? Das ist christlicher, als das Recht auf Besitz zu einem Menschenrecht zu erklären – was sicherlich einmal mit guten Absichten verbunden war, faktisch jedoch nur wenigen dient. Damit ist es aber kein Menschenrecht, sondern es schützt vor allem die Minderheit der Reichen. Dass diese laut Jesus niemals in den Himmel kommen können, bringt jenen, die aktuell hungern und darben müssen, keinen wirklichen Trost, es sei denn, man vertraut auf die Worte Jesu, dass im ewigen Leben die Letzten die Ersten sein werden. Doch selbst das darf keine Ausrede sein, um im Diesseits nichts gegen die Armut zu tun!

Noch einmal zurück zu Antonius: Er war bekannt für seine rigorose Askese (so schloss er sich einmal für längere Zeit in einem Grab ein), auch für seine Streitgespräche mit Dämonen und Teufeln, aus denen er – manchmal nur knapp – siegreich hervorging. Schon bald sammelten sich Schüler und Verehrer um ihn, und obwohl er nicht der Erste seiner Art war, zogen sich mehr und mehr Gottessucher aus dem Trubel menschlicher Ansiedlungen zurück, übrigens auch von der frischgegründeten Amtskirche: Keinesfalls waren sie bereit, sich von irgendwelchen Bischöfen vorschreiben zu lassen, woran sie zu glauben und wie sie zu leben hätten. Christ zu sein hieß, Freigeist zu sein!

Manche Asketen wanderten gern herum, andere wieder lebten

auf Felsen, auf Säulen (die berühmten Säulenheiligen), auf Bäumen. Oder sie mauerten sich ein und ließen sich durch eine kleine Luke ein spärliches Mahl reichen, gerade genug, um nicht zu verhungern – das waren die sogenannten Inklusen, die Eingeschlossenen. Einige waren nackt wie die Sadhus, die heiligen Männer in Indien, denn je karger das irdische Leben sich gestaltete, desto größer war der verheißene Lohn im Himmel. Ganz im Sinne der Geschichte vom reichen Jüngling.

In der Wüste war es still, niemand störte das Gebet, und für die Versuchung eines Krugs voller Wein hätte man weit laufen müssen. Bis heute werden spirituelle Seminare in Wüstengegenden angeboten, und Menschen, die der Leere großer Landschaften begegnet sind, sprechen häufig von einem überwältigenden Gefühl der Gottesnähe. Entsprechend kamen die frommen Eremiten dem Himmel näher als jeder andere Mensch, und diese Unmittelbarkeit versprach Erlösung.

Im Westen des Römischen Reichs gab es eine ähnliche Entwicklung, wobei sich hier von Anfang an größere Gemeinschaften im städtischen Raum bildeten. Die Grundregeln ähnelten sich: Weltliche Dinge wurden als Ablenkung von Gott betrachtet. Reichtum, Glücksspiel, Alkohol und sinnliche Vergnügungen wie Sex mussten aufgegeben werden, denn all das betäubte nur den menschlichen Geist, verunreinigte den Körper und hielt den Menschen in Abhängigkeit von äußerlichen Dingen. Viele dieser Gedanken zur Weltabgeschiedenheit stammten vom Apostel Paulus, dem ersten PR-Manager des jungen Christentums. Er hatte die Menschen in seinen Briefen aufgefordert, den alten «Adam», der aus Erde gemacht war, hinter sich zu lassen und durch die Taufe zu einem neuen Menschen zu werden, der dem Himmel zugehörte. Da man allgemein annahm, dass Jesus bald wiederkommen und die Gottesherrschaft errichten würde, wollte man ein möglichst minimales Sündenkonto aufweisen, wenn der Tag des Letzten Gerichts anbrach. Alles, was nicht «himmlisch» war, sollte bis dahin unterlassen werden.

Diesbezüglich folgten die frühen Gruppen ihren eigenen Regeln, und die konnten sehr unterschiedlich sein. Zum ersten «Kirchenstreit» kam es schon wenige Jahre nach Jesu Tod, als die Grundsatzfrage entschieden werden musste: Muss man Jude (und beschnitten) sein, um Anhänger von Jesus sein zu können, oder richtet sich seine Aufforderung «Folge mir nach!» an alle Menschen? In der Apostelgeschichte wird diese Frage durch den Heiligen Geist beantwortet, der einfach begann, Menschen zu «besuchen», die nicht jüdischen Glaubens waren – und so stand der weltweiten Verbreitung einer Lehre eines Wanderpredigers aus Palästina nichts mehr im Wege.

Kurz danach fing man an, die Geschichte von Jesus aufzuschreiben – er selbst hatte keine schriftlichen Aufzeichnungen hinterlassen, und jene, die ihn noch gekannt hatten, starben langsam aus. Abermals wurde gestritten, nun um die verbindliche Zusammensetzung des Neuen Testaments. Es gab etliche apokryphe Schriften (auf Klosterisch: verborgene Schriften), die es aus den unterschiedlichsten Gründen nicht in den offiziellen Kanon der Bibel geschafft haben. Doch als im 4. Jahrhundert die Reihenfolge der Bücher endlich ausdiskutiert war, machten die Christen schon etwa ein Zehntel der Bevölkerung im Römischen Reich aus, obwohl sie weiterhin gefährdet waren. Das Blatt wendete sich erst, als Kaiser Konstantin I. am 28. Oktober 312 in Italien die erste Schlacht im Zeichen des Kreuzes für sich entschied. Die konstantinische Wende ebnete den ursprünglich Verfolgten den Weg zur Staatsreligion, und der dankbare Kaiser ließ – ganz nach römischer Tradition – dem siegreichen Gott und seinem Sohn zu Ehren die Grabeskirche in Jerusalem und die Geburtskirche in Bethlehem erbauen, ebenso wie den ersten Petersdom in Rom, der heute aber nicht mehr existiert.

Der christliche Glaube wurde jetzt gefördert. Doch weil die Rückkehr des Herrn (die Apostel hatten es so verstanden, dass Jesus schon zu ihren Lebzeiten wieder zurückkommen würde) auf sich warten ließ, begann man sich mit den weltlichen Mächten zu arrangieren. Gleichzeitig verlor der junge Glaube seine Unschuld, und aus einer Bewegung, die bis in die Wurzel pazifistisch gewesen war, wurde ein Kult, in dessen Namen man Kriege gewinnen konnte – und das ist von da an leider auch unzählige Male geschehen. Nach dem Motto «Ein Reich, eine Kirche» wurde auf verschiedenen Konzilien, also Zusammenkünften, eine gemeinsame theologische Linie festgelegt. Im Lauf der Zeit verwandelte sich Jesus, der arme Zimmermannssohn, in *Christus*: wahrer Mensch und wahrer Gott. Dazwischen lagen viele Stufen. Manche glaubten, dass Jesus ein Prophet war (wie bis heute die Muslime), andere sahen in ihm einen Halbgott oder eine Art Superhelden (so germanische Christen). Etliche vertraten die Ansicht, dass Jesus von Gott gezeugt oder aus ihm hervorgegangen war, einige sprachen von Wesensgleichheit oder Einheit. Und den Heiligen Geist durfte man schließlich auch nicht vergessen, bis sich nach achtzehn (!) verschiedenen Glaubensbekenntnissen, die sich teilweise widersprachen, die Lehre vom dreieinigen Gott durchsetzte.

Wer sich der nicht anschließen mochte, der konnte in der Wüste bleiben oder wurde dorthin geschickt – man begann auf einmal Andersdenkende aus der Gemeinschaft auszuschließen, eine bittere Strafe in einer Zeit, in der ein Christ nicht ohne weiteres seine Gemeinde wechseln konnte. Auf der Kirchenversammlung zu Chalcedon im Jahr 451 wurde das Glaubensbekenntnis in seiner heutigen Form festgeschrieben, und die Bischöfe übernahmen das Ruder. Nicht folgenlos: Die inzwischen bestehenden Gruppen wurden den Bistümern unterstellt. Wer geistlich leben wollte, durfte zwar nach wie vor nicht in den Krieg ziehen (was sich von selbst verstehen sollte), aber auch nicht mehr nach eigenem Ermessen umherwandern (obwohl Jesus das drei Jahre lang getan hatte). Fasten und Beten waren erlaubt, viel mehr nicht. Sobald die Bischöfe ernannte Fürsten mit Autorität waren, begannen sie untereinander um den Vorrang zu streiten, bis der römische Vertreter sich als Primus inter Pares, als Erster unter Gleichen, durchsetzte und sich als Papst bezeichnete. Daraus ergab sich unter anderem die Trennung der römischen von der orthodoxen Kirche, die bis heute anhält. Man muss nur die Geschichte des Christentums verfolgen, um zu sehen, was Machtkämpfe anrichten können.

Der nächste entscheidende Schritt, was das Ordensleben betrifft, war die Abfassung einer verbindlichen Mönchsregel durch Benedikt von Nursia (480–547), der einige Gemeinsamkeiten mit Antonius aufzuweisen hatte – vor allem seine Neigung zur Askese und die Behinderung seines Gotteswegs durch den Teufel, den er den Legenden nach unzählige Male besiegte. Die Welt war in jener Zeit eher simpel gestrickt, schwarz und weiß. Anfangs stieß diese Regel, die in dreiundsiebzig Kapiteln den Klosteralltag bis ins Kleinste definiert, auf wenig Gegenliebe – die ersten «Test»-Mönche versuchten sogar, Benedikt zu vergiften, weil sie seine Vorschriften zu streng fanden. Gott warnte ihn natürlich rechtzeitig vor dem feigen Anschlag. Ein berühmter Papst, Gregor der Große (540–604), schrieb Benedikts Leben mit all seinen Details auf, mit allen Heldentaten, Heilungen und Siegen über das Böse. Als Karl der Große im 8. Jahrhundert etwas Ordnung ins geistliche Leben Europas bringen wollte, schickte ihm der damalige Papst ein Exemplar der Benedikt-Vita und der Regel, und diese wurde dann für die mehr als tausend (!) Klostergründungen des Kaisers verbindlich vorgeschrieben und damit mehrheitsfähig. So ist der heilige Gründer des ersten großen Ordens der Kirche Benedikt von Nursia, und erst Jahrhunderte später entstanden weitere große Orden wie die Zisterzienser, die Bettelorden oder die Jesuiten. Benedikts Zwillingsschwester Scholastika leitete nach allgemeiner Auffassung eine entsprechende Frauengemeinschaft; sie wird jedenfalls als Ur-Benediktinerin angesehen.

Als ich einige Zeit nach dem Gespräch mit Marie überlegte, selbst in einen Orden einzutreten, habe ich mich natürlich mit diesen Wurzeln beschäftigt und mich gefragt: Was hat das mit mir zu tun? Meinen eigenen Weg würde ich angesichts solcher Anfänge nicht als Weltflucht oder Askese bezeichnen, wohl aber als eine Form von Welt*verzicht*. Denn mit der Entscheidung für einen Orden gab ich den Wunsch nach Partnerschaft und Familie auf, ebenso wie die Möglichkeit, ein eigenes Vermögen zu erwirtschaften oder meine Entscheidungen in allen Bereichen frei zu fällen – drei wesentliche Dinge, die den heutigen Menschen definieren.

Verzicht kann aber auch auf geistiger Ebene stattfinden: Regelmäßig gibt es im Ordensleben «Wüstentage», Phasen ohne Ablenkung von außen. Ich ziehe mich dann räumlich zurück, verzichte auf bestimmte Formen von «Input» – sei es Nahrung, Gespräche, Lektüre oder Medien. Das schärft die Sinne für das, was sich in meinem Inneren abspielt – wesentlich in einer Gesellschaft, die so stark von äußeren Einflüssen gesteuert wird, wo alles blinkt, glitzert und nach Aufmerksamkeit heischt. Ich habe oft erlebt, dass Verinnerlichung mich Ereignisse besser verdauen und Konflikte leichter lösen lässt, weil ich mir ganz bewusst die Zeit nehme, alles genau und von mehreren Seiten zu betrachten, bevor der nächste Input den Raum und die Aufmerksamkeit beansprucht. Oder aber ich lasse das Grübeln und Betrachten und übe mich darin, einfach nur zu sein. Still zu sein, Gedanken sein zu lassen. Manchmal kommt dann eine Idee oder Entscheidung von ganz allein. Ohne Anstrengung.

Der größte Stress unserer Zeit besteht darin, dass wir uns keinen

Raum zum Wahrnehmen und Verdauen geben, die Eindrücke aber immer mehr werden – Apotheken sind dafür sinnbildlich, in ihnen füllen Magentabletten und Abführmittel viele Regale. Der Volksmund sagt, dass man nicht auf zwei Hochzeiten gleichzeitig tanzen kann. Modernes Leben scheint aber daraus zu bestehen, von einer Hochzeit zur nächsten zu hetzen, bis zur totalen Erschöpfung. Bleibt man dabei nicht selbst auf der Strecke? Die Gefahr, sich zu verlieren, ist groß. Ich merke es immer dran, wenn es mir nicht mehr gelingt, im Hier und Jetzt zu sein. Wenn ich alles schon im Voraus plane oder mich häufig an Vergangenem festhalte und nicht in der Gegenwart bin, dann weiß ich, dass ich mich selbst ausgebremst habe. Es wird Zeit, innezuhalten und in meine Wüste zu gehen. Daran hat sich seit zweitausend Jahren nicht viel verändert. Ein heiliger Antonius würde vielleicht darüber lächeln, dass meine «Askese» fernsehfreie und computerlose Zeiten beinhaltet, doch schon der Medienverzicht für nur einen Tag kann zu ernsthaften Entzugserscheinungen führen.

Eine Studie, die unter dem Titel «Unplugged» 2010 mit Studenten von der englischen Bournemouth University durchgeführt wurde, zeigte: Als die Studierenden auf Smartphone und Internet verzichteten, führte das nicht nur zu Fressattacken und Nervosität, sondern auch zu dem Gefühl, einsam und isoliert zu sein: «Der schrecklichste Tag meines Lebens», protokollierte ein Teilnehmer. Kommt das jemandem bekannt vor? Es gab allerdings auch positive Rückmeldungen von Studienteilnehmern, wie in der *Zeit* vom 7. Januar 2011 zu lesen war: «Keine Medien zu nutzen, hat mich zu einem besseren Menschen gemacht. Ich musste rausgehen, die Welt wahrnehmen und mich an Gesprächen wirklich beteiligen.» Richtige Gespräche sind eben etwas anderes als ein Facebook-Chat, auch wenn der seinen eigenen Reiz hat – ab und zu.

Der Journalist Christoph Koch hat ein sehr amüsantes Buch

über seinen eigenen Internet- und Telefonverzicht geschrieben: *Ich bin dann mal offline. Ein Selbstversuch.* Leben ohne Internet *und Handy.* Seine «Wüstenzeit» dauerte so lange wie die von Jesus, nämlich vierzig Tage. Gleich auf den ersten Seiten habe ich zu meinem Erstaunen erfahren, dass Umfragen zufolge viele Männer und Frauen einen funktionierenden Internetzugang wichtiger finden als guten Sex! Dass die Mediensucht so weit geht, hätte ich gar nicht gedacht. Ganz frei davon bin ich aber auch nicht. Schlechtes Internet? Geht gar nicht. Viele Male am Tag schaue ich in mein Mailaccount, verfolge über das Netz Nachrichten. Und wenn es abends mal heißt, «kein Internet, weil der Server repariert wird», ärgere ich mich im ersten Moment. Ich muss erst umdenken, überlegen, was ich stattdessen machen will – auch ich! Koch, der Autor des Selbstversuchs, war übrigens auch der Stille auf der Spur: Er traf einen Rabbiner in Berlin, den er zum technikfreien Sabbat befragte, und besuchte die weitgehend internetfreien Amish-Leute in Amerika, die bis heute unter sich bleiben und zurückgezogen leben. Sie kleiden sich altmodisch, haben keinen Fernseher und fahren mit Kutschen – mit individuellen Ausnahmen. Das tun sie mit der ausdrücklichen Berufung auf das Gebot des Apostels Paulus, *in* dieser Welt, aber nicht *von* der Welt zu sein, dem Himmlischen zugewandt. Man kann das, was sie tun, antiquiert oder extrem finden, und moralisch sind sie wirklich sehr streng und konservativ – unter dem weitverbreiteten Erreichbarkeitsdruck leiden sie allerdings nicht. Es kommt, wie bei allem, auf die Dosis an, und das gilt für Genuss und Verzicht im Ordensleben ebenso.

Ich persönlich habe das Glück, dass ich viele «weltliche Genüsse» nicht besonders wichtig fand – weder Reichtum noch Macht, weder Drogen, Alkohol noch Sex erschienen mir für meinen Weg elementar zu sein. Wer es fassen kann, der fasse es. Wer nicht, kann auf andere Weise einen Gang herunterschalten und die Früchte des Verzichts genießen, und das nicht nur in der Fastenzeit. Man kann autofreie, shoppingfreie, fleischlose oder/ und streitfreie Tage einführen, und wenn man keine Kinder hat, kann man sogar Schweigezeiten einlegen. Verzicht auf der einen Seite führt zu deutlichen Energieschüben auf der anderen, und man gewinnt vielleicht sogar das Gefühl, weniger fremdgesteuert zu sein als sonst.

Zurück zu Marie und mir auf dem Schulhof. Zu dieser Zeit war ich weit davon entfernt, ein klares Bild vom Ordensleben zu haben. Im Vordergrund standen, wie gesagt, Klischees und ungenaue Vermutungen, und mir war nicht klar, dass man in Klöstern noch etwas anderes machen kann als Beten – zum Beispiel ein Berufspraktikum. Der Entschluss meiner Freundin Marie machte mir jedoch deutlich, dass es auch junge Menschen an solche Orte ziehen konnte. Das fand ich überraschend und – sympathisch.

«Du meinst es schon ernst, oder?», fragte ich sie nochmals, während wir weiter unser Pausenbrot verdrückten – sie herzhaft, ich süß.

«O ja! Ich gehe in dasselbe Kloster, in das Hildegard eingetreten ist. Sie hat gesagt, ich kann zu ihr kommen und die Zeit bis zur Ausbildung bei ihr überbrücken.» Hildegard war eine gute Bekannte ihrer Mutter. Ich hatte sie nie kennengelernt, aber ich hatte von ihrem Eintritt in ein Kloster gehört.

«Ich komm dich auf jeden Fall besuchen!»

Das war Ehrensache. So etwas Spannendes konnte ich mir doch nicht entgehen lassen. Je länger ich darüber nachdachte, desto origineller fand ich ihre Entscheidung, und ich erwartete – nicht zu Unrecht –, dass ich von ihr jede Menge Insiderwissen bekommen würde.

Wer möchte schließlich nicht mal durch das Schlüsselloch ins Innere eines Klosters schauen? Eben. Denn obwohl sich vieles verändert hat, ist das Ordensleben immer noch von Geheimnissen umgeben. Es gibt hermetisch abgeschlossene Gemeinschaften, die autark sind und keinen Fremden hineinlassen – in einer solchen habe ich einige Jahre selbst gelebt. Doch sogar in den liberalsten Häusern existieren nach wie vor Räume, die Außenseiter nicht betreten dürfen, wo eine Insidersprache gepflegt wird und Bedingungen herrschen, die nirgendwo anders gelten – und ich finde das gut. Es muss nicht immer alles transparent gemacht werden, und niemals würde ich ein Fernsehteam in mein Zimmer lassen – eine Privatsphäre bitte ich mir aus! Trotzdem habe ich meinem Innenverständnis nach nicht das Gefühl, dass mein jetziges Ordensleben etwas Besonderes oder gar Geheimnisvolles ist, obwohl es sich selbstverständlich von einem normalen Familienleben unterscheidet.

Das hat damit zu tun, dass das Leben hinter Klostermauern für viele Menschen allgemein greifbarer geworden ist, vor allem dann, wenn sie einmal einen Urlaub in einem Kloster verbracht haben. Von der einfachsten Kammer bis hin zum Vier-Sterne-Wellness-Urlaub inklusive Selbsterfahrungsseminar ist alles im Angebot. Klöster werden von überarbeiteten Zeitgenossen weniger mit Askese als mit Gesundheit, Erholung und ruhigem Leben in Verbindung gebracht. Einerseits trifft das auch zu. Andererseits leiden die meisten Gemeinschaften unter Nachwuchsmangel, sodass die Spitzenkräfte in den Klöstern häufig genauso am Rande des Nervenzusammenbruchs stehen wie die müden Manager, die in ihren Gästehäusern Erholung suchen.

Auch das Kloster in Dänemark, in das Marie sich nach den Sommerferien aufmachte, hatte ein Gästehaus, nämlich das Schloss, in dem ich meine schaurige Nacht zubrachte – etwa ein Dreivierteljahr später. Meine Freundin war inzwischen mit Sack und Pack in den hohen Norden entschwunden, und wir schrieben uns, so oft wir konnten. Ihre Briefe lasen sich, als würde sie in einem spannenden Feriencamp sein, sie schwärmte vor allem von ihrer guten Freundin Hildegard, die sich in der offenbar ganz frisch gegründeten Gemeinschaft nach und nach als «Anführerin» etablierte. Es handelte sich dabei um keinen neuen Orden, sondern ein paar junge Frauen wollten aus dem überalterten Konvent wieder ein blühendes Anwesen machen und gründeten dafür das Kloster sozusagen neu. Die kleine Truppe räumte marode Gebäude auf und setzte sie wieder instand.

Marie beschrieb mir ihren Tagesverlauf – es begann und endete mit Gebetszeiten, die erste um sieben Uhr morgens, die letzte abends um neun. Dazwischen blieb genügend Zeit für Badeausflüge, Grillabende und Fernsehgemütlichkeit. Sie lernte viel, was mit Landwirtschaft zu tun hatte: Treckerfahren, Pflügen, Pflanzen – und Ernten natürlich. Alles klang aufregend und romantisch und nach Aufbruchsstimmung. Dann, wenige Monate später, traf die entscheidende Nachricht ein: Sie würde ihre Ausbildungsstelle als Arzthelferin nicht antreten. Sie würde gar nicht mehr zurückkehren. Sie würde Nonne werden! Bei aller Freundschaft – nun bekam ich doch einen Riesenschreck. Ein Praktikum war das eine, doch nun wollte meine hübsche und fröhliche Freundin sich für immer an Gott binden? Ihre dicken, blonden Haare unter einem Schleier verstecken? Vielleicht sogar abrasieren? Sie hatte Chancen bei den Jungs – und wollte Jungfräulichkeit versprechen? Meine erste Reaktion war Abwehr, und auch in meiner Umgebung wurden die Köpfe geschüttelt: «Mensch, sie ist doch erst sechzehn ...» – «Sie hat das Leben noch vor sich ...» – «Dabei hat sie so nette Eltern, dass die das überhaupt erlauben ...» – «Sie soll lieber ihre Ausbildung machen, als den ganzen Tag zu beten.»

Die Kommentare zeigten, dass ich mit meinen Vorurteilen und Bildern im Kopf nicht allein war. Was aber sollte ein Klostereintritt mit netten Eltern beziehungsweise weniger netten Eltern zu tun haben? Vielleicht stand der Gedanke dahinter, dass man entweder einen an der Waffel haben muss, wenn man diese Lebensform wählt, oder sein derzeitiges Leben nicht mehr aushält, also in ein Kloster «flieht» – weit entfernt war ich von solchen Ansichten schließlich auch nicht. Gleichzeitig war ich jedoch neugierig. Wenn Marie so etwas machte, konnte es nicht so schrecklich sein, wie ich es mir in meinen Phantasien ausmalte. Trotz all der Briefe, die ich von meiner Freundin schon bekommen hatte, stellte ich mir immer noch vor, dass das Alltagsleben einer Schwester furchtbar ungemütlich sein musste, geradezu lebensfeindlich.

Heute ist mir klar, die Negativvorstellungen vom Ordensleben haben einen realen Kern. Denn was wir Menschen machen, treiben wir im Orden gern auf die Spitze. Jahrhundertelang lebten Mönche und Nonnen Seite an Seite mit dem Tod, und das gleich aus mehreren Gründen. Für den Großteil der Menschen insbesondere im Mittelalter galt eine Lebenserwartung von nur dreißig Jahren. Das Dasein war kurz und der Alltag nicht gerade gesundheitsschonend: Karge Kost, kalte Räume, Schlafen auf Holzbrettern oder auf dem blanken Boden, kombiniert mit harter Arbeit – wer das lange durchhielt, musste die Konstitution eines Pferdes besitzen. Tagsüber versuchte man in jedem Augenblick mit Gott vor den Augen zu leben und im Einklang mit seinen Geboten zu handeln, um ein reines Gewissen vorweisen zu können, sollte man unerwartet sterben, was ja jederzeit geschehen konnte. Als Gedächtnisstütze hatte so mancher Mönch zusätzlich einen (echten) Totenschädel auf seinem kargen Holztisch stehen – wenn er überhaupt eine Zelle hatte und nicht in einem riesigen Dormitorium (Klosterisch: Schlafsaal) nächtigte. Der Schädel starrte einen aus tiefen Augenhöhlen an und signalisierte: «Gedenke, Mensch, dass dein Leben nur einen Augenblick währt. Gedenke des Todes!»

So abwegig wie das heute für uns klingt, ist es das aber gar nicht: Nicht selten werden Teilnehmer von Management-Seminaren darum gebeten, sich ihre eigene Beerdigung vorzustellen. Oder sogar eine Grabrede für sich selbst zu schreiben. Warum? Um einen Weg aus der Dringlichkeitssucht der Moderne zu finden (in der 150 E-Mails gleich wichtig sind oder zumindest so tun), um den Blick für das Wesentliche zu schärfen (wofür lebe ich?), um seine Prioritäten neu zu definieren (will ich diesen Job wirklich weitermachen?) – und das war damals ganz genauso, nur drastischer. Die Totenschädel in den Klöstern wurden schließlich abgeschafft, lediglich uralte Grabtafeln mit *memento-mori*-Inschriften («Gedenke des Todes!») erinnern noch an diese Praktiken.

Besonders intensiv wurden sie in der Zeit nach der großen Pest. Die «Geißel» Gottes löschte im 14. Jahrhundert innerhalb weniger Jahre ein Viertel der damaligen Bevölkerung aus (manche Historiker sprechen sogar von der Hälfte), und die Reaktion der traumatisierten Bevölkerung Europas war nicht nur ein ständiges Todesbewusstsein, sondern bewirkte auch all das, was man mit «Abtötung des Fleisches» umschreiben kann – Methoden zur Kasteiung des Körpers, der als eine der großen Ursachen für die Sünde gesehen wurde.

Eine derart schreckliche Seuche wie die Pest konnte somit nur eine Strafe Gottes für begangene Sünden sein – so die Kirche. Regelmäßig schlossen sich Menschen daher zu öffentlichen Büßer-Veranstaltungen zusammen, bei denen sich viele kollektiv in einen Blut- und Sühnerausch peitschten. Angeführt wurden solche Flagellanten-Züge meistens von Wanderpredigern, die ihre Klöster verlassen hatten, um das Ende der Welt zu verkünden und das Strafgericht Gottes in den furchtbarsten Farben auszumalen. Bußübungen und Selbstzüchtigung entstammten ebenfalls der Welt asketischer Gottessucher, wobei physische Grausamkeiten durchaus mit einem konkreten angestrebten Gewinn verbunden waren. Schlafentzug hatte zum Beispiel den Nebeneffekt, dass man irgendwann anfing zu halluzinieren und tolle Gotteserfahrungen machte – dieselbe Wirkung hatte intensives Fasten. Das Geißeln war angelehnt an die Auspeitschung Jesu vor seiner Hinrichtung. Das war eher etwas für die Männer. Nicht nur wollte man dadurch demonstrieren, wie ernst man es mit der Nachfolge Christi nahm, sondern als Begleiterscheinung wurden durch die Schmerzen Endorphine freigesetzt, also Glückshormone. Und weil auch das zu Visionen und Erkenntnissen führen konnte, waren Ordensleute mitunter sehr erfinderisch darin, sich selbst körperliche Schmerzen zuzufügen. Da gab es verborgene Bußgürtel, die man sich um den Oberschenkel oder den Leib band, mit Nägeln bespickt, die natürlich nach innen zeigten und die Haut durchbohrten. Die eiternden Wunden wurden wie Ehrenmale getragen, und zur Belohnung verspürte man auch keine sexuelle Lust mehr.

Über den heiligen Benedikt wird erzählt, er sei einmal so heftig von einer sexuellen Phantasie überfallen worden, dass seine einzige Rettung darin bestand, sich in einen Dornenbusch zu werfen. Er wälzte sich so lange darin umher, bis er am ganzen Körper blutete. Er heilte durch die Wunden der Haut die Wunden der Seele; die Lust wurde zum Schmerz – und so wieder zur geistlichen Lust. Während sein Äußeres qualvoll, aber heilsam brannte, erlosch das verführerische Feuer im Innern. Der heilige Benedikt besiegte die Sünde, indem er das Feuer umwandelte. Sublimierung hat der Österreicher Sigmund Freud es später genannt – Lenkung von Energie auf eine höhere Stufe.

Es gab also durchaus positive Sekundäreffekte von Schmerz, Entbehrung und Selbstkasteiung, ganz abgesehen von dem hohen Ansehen, das solche spirituellen «Heldentaten» einbrachten, nach dem Motto: «Wer am meisten aushält, der ist dem Heiland am nächsten.» Es soll nicht unerwähnt bleiben, dass es von Anfang an auch Kritiker gab, die der Meinung waren, dass Fasten und Beten völlig ausreichend seien und die das Schlagen insgesamt verbieten wollten. Trotzdem gab es diese Praktiken in manchen Gemeinschaften bis weit ins 20. Jahrhundert hinein, und daher stammten wahrscheinlich auch all die düsteren Kloster-Bilder in meinem Kopf. Zum Glück sind diese Zeiten vorbei und nur noch in Filmen und Büchern präsent, wie in dem Orden der *Illuminati* von US-Bestsellerautor Dan Brown. Das hoffe ich jedenfalls. Sollten solche Selbstquälereien noch irgendwo im Namen Gottes geschehen, dann verstößt das gegen alles, was ich von Gott und seiner Nachfolge verstanden habe.

Ostern 1986 war es dann so weit. Ich setzte mich in den Zug und fuhr Richtung Dänemark. Immer wieder musste ich umsteigen, in immer kleinere Bahnen, bis ich schließlich in einem Schneckenzug meinem Zielbahnhof entgegenrollte, wobei wir an jeder größeren Baumgruppe hielten – fast zehn Stunden dauerte die Reise. Eine junge Schwester holte mich von dem Minibahnhof ab. Sie stellte sich als Schwester Hildegard vor, und ich nahm sie sofort in Augenschein, halb fasziniert, halb besorgt: Das war sie also. Die Frau, die eine meiner besten Freundinnen in ein Kloster gelockt hatte.

«Hallo, du bist also Maries Freundin», sagte sie und schüttelte mir herzlich und kräftig die Hand. «Schön, dass du da bist. Marie konnte leider nicht mitkommen, aber du wirst sie gleich treffen. Hattest du eine gute Fahrt?»

Meine anfängliche Schüchternheit wollte mir Schwester Hildegard mit Fragen nehmen. Und ihr Vorgehen wirkte. Sie war mir auf Anhieb sympathisch. Gekleidet war sie in einen schwarz-weißen Habit, mit dem sie ohne Probleme in den kleinen Wagen einstieg, mit dem sie mich abgeholt hatte. Ich fragte mich, wie sie das geschafft hatte. Wer schon mal in einem langen Abendkleid Auto gefahren ist, weiß, was ich meine: Da ist einfach zu viel Stoff, auf den man aufpassen muss, und man will ja nachher nicht aussehen, als hätte man in den Wäschekorb mit den noch zu bügelnden Sachen gegriffen. Der weiße Schleier saß fast keck auf ihrem dunklen Haar, das schon deutliche graue Strähnen aufwies, obwohl sie kaum älter als dreißig war. Sie schien überhaupt nicht weltfremd. Eine einnehmende Persönlichkeit.

«Ja, die Fahrt war gut, aber ziemlich lang. Besonders das letzte Stück zog sich», erklärte ich. Ich reckte und streckte mich, bevor ich meinen Rucksack wieder aufnahm und in den Kofferraum des Autos verstaute. Ganz steif war ich vom ewigen Sitzen.

«Ich bin die Strecke noch nie mit der Bahn gefahren, aber mit dem Auto geht es nur bedingt schneller», tröstete mich Schwester Hildegard. Ihre Augen waren blau und strahlten mich durch die Brille mit feinem weißem Rand an, dann fuhren wir los. Sie erzählte sofort drauflos, wo ich schlafen würde, dass ich mit den Schwestern essen dürfe und vieles mehr. Doch nach und nach hörte ich auf, ihr richtig zuzuhören. Die schöne Landschaft, an der wir vorbeikamen, zog mich in ihren Bann.

«So, jetzt musst du aufpassen, gleich siehst du das Schloss.» Schwester Hildegards Worte brachten mich in die Gegenwart zurück. Vor uns tauchte nun das rote Backsteinschloss inmitten von Feldern auf, halb von Bäumen bedeckt, wunderschön, wie in einem Märchen. Dieser Ort war besonders, das spürte ich. Und dann sah ich Marie durchs Tor laufen, das erste Mal in Schwesternkleidung: schwarzer Rock, schwarzes Sweatshirt, der Kragen der weißen Bluse lugte darunter hervor, dazu ein schwarzer Schleier, eher ein kurzes Schleierchen, aus dem vorn das dicke blonde Haar als Pony herausquoll. Gott sei Dank, sie wird nicht rasiert, schoss es mir durch den Kopf. Durfte ich sie noch umarmen, oder machte man das hier besser nicht? Bevor ich länger darüber nachdenken konnte, rannte sie schon auf mich zu, und wir lagen uns lachend und weinend in den Armen.

Das Leben in dem dänischen Kloster war völlig anders, als ich es mir ausgemalt hatte. Während Marie vorübergehend zu irgendeinem Termin verschwand, übernahmen mich ein paar freundlich dreinblickende Schwestern, gefühlt um die neunzig Jahre alt, und begleiteten mich ins herrschaftliche Schloss. Der schlichte, aber riesige Backsteinbau war umgeben von einem Wassergraben, und ich spähte hinein, ob sich angespitzte Pfähle darin befanden, doch das war längst nicht mehr der Fall. Über eine Steinbrücke wurde ich ins Innere geführt, durchschritt ein monumentales Tor, das von Herrlichkeiten längst vergangener Epochen kündete, mit steinernen Ritterfiguren und goldenen Inschriften. Die Zeit der Ritter war definitiv vorbei, das Schloss gehörte jetzt diesen besonderen Frauen. Völlig abgelegen stand es da, zwischen Feldern und einem dichten Wald, nahe der Ostsee. Alles machte einen sehr friedlichen Eindruck – bis sich meine Herberge in der Nacht in ein schauriges Geisterschloss verwandeln sollte …

Ich legte nur kurz meinen Rucksack ab, und schon ging die Führung weiter. Von Anfang an durfte ich überall mit, durfte die Räume betreten, die sonst nur Eingeweihten vorbehalten waren. Das hatte ich mir schon immer gewünscht: einmal alle Türen eines Schlosses zu öffnen, auf denen «Für Unbefugte verboten» stand. Gleichzeitig lernte ich «Klosterisch»: Das gemeinsame Esszimmer, ein bescheidener Raum hinter der Gästeküche, wurde etwa «Refektorium» genannt (Lateinisch: Labung). Tischreihen waren hier zu einem Quadrat angeordnet, drum herum stand ein buntes Sammelsurium von Stühlen, aus Holz oder Metall, mit und ohne Stuhlkissen, manche schon sehr alt. Auf dem Fensterbrett entdeckte ich einen altertümlich aussehenden Kassettenrekorder, Kassetten stapelten sich daneben, ebenso ein paar Hefte und Bücher. Ich erfuhr, dass man während des Essens nicht redete und deswegen entweder gelesen oder Musik gespielt wurde. Geistliche Werke natürlich! Klein und gemütlich war es hier, fand ich. Gegessen wurde das, was die Hotelgäste bekamen – oder das, was sie nicht mehr wollten, sofern sich welche im Schloss aufhielten. Ich lernte den typischen «italienischen Salat» kennen, mit Crème fraîche, Mayonnaise, Erbsen und Möhren. In Dänemark darf er bei keinem Mittagsbuffet – oder wie sie dort sagen: *frukost* – fehlen. Und ich erfuhr, dass man nicht nur Käse mit Marmelade isst, sondern dass sie auch zum Fleisch serviert wird, was ich sehr lecker finde – selbst wenn einige meiner deutschen Freunde, die mich dabei beobachten (die Angewohnheit habe ich bis heute beibehalten), so tun, als würde ich Käfer essen.

Zum ersten Mal erlebte ich die sieben klassischen Gebetszeiten, die schon in der Benedikt-Regel festgelegt wurden, und auch, wann was wie gesungen, gesprochen oder gelesen wird: Vigilien oder Matutin, Laudes, Terz, Sext, Non, Vesper und Komplet (darüber später noch mehr). Die Zimmer nannte man «Zellen», und sie lagen in der Klausur, dem Bereich des Hauses, der einzig den Schwestern vorbehalten war. Die Zelle ist ein Ort der Begegnung mit Gott, nur in Ausnahmefällen darf sie von anderen betreten werden. In Dänemark handelte es sich um einfache Räume, die wenig Persönliches aufwiesen, außer bei den älteren Schwestern, die dem Armutsgelübde zum Trotz im Lauf eines langen Nonnenlebens doch das ein oder andere angesammelt hatten. Abschließen konnte man seine Zelle nicht, offiziell haben Ordensleute so etwas wie ein Privatleben nicht, und darüber hinaus gehört alles allen und wird miteinander geteilt.

Der Ton war locker, die Atmosphäre fröhlich. Wenn ich zurückblicke, dann hat die Entscheidung, Schwester zu werden, in diesem Urlaub ihren Anfang genommen. Ich hatte das Gefühl, mitten in einem wunderbaren Experiment zu stecken, weil vieles in der neuen Gemeinschaft noch improvisiert war. Die herzliche

Aufnahme durch die Schwestern gab mir ein Gefühl von Zugehörigkeit. Besonders Hildegard bemühte sich um mich, zog mich in ihr Vertrauen und stellte mir viele Fragen, was mir natürlich schmeichelte. Sie sollte zwar bald erst die Ewige Profess ablegen (Klosterisch: Festanstellung auf Lebenszeit), doch es war ausgemacht, dass sie danach zur Priorin ernannt werden würde. Junge und kreative Nachwuchskräfte an einem solch einsamen Ort waren rar in der Kirche, sodass ihrer Kirchenkarriere nichts im Wege stand.

Was ich zu dem Zeitpunkt nicht ahnte, war, dass sie von Anfang an plante, mich für ihre Gemeinschaft zu werben. Sie zog mich bewusst an sich, um mich zu gewinnen. Und es funktionierte: Als ich nach einer Woche wieder Abschied nahm, versprach ich: «Ich komme wieder!»

War das Berufung? Gerufen zu werden – oder angeworben – von einer jungen, ehrgeizigen und charismatischen Anführerin? Oder war das Zufall? Schicksal? Ich konnte jedenfalls auf keine würdevolle Genealogie blicken, auf keinen Stammbaum von Äbtissinnen. Es gibt überhaupt keine Ordensmitglieder in meiner Familie. Meine Familie ist zwar religiös, aber nicht übermäßig. Und doch lebe ich heute – um das vorauszuschicken – als Ordensfrau und Dominikanerin von Bethanien in einem Kinderdorf, bin Kinderkrankenschwester, Heilpädagogin und, wie gesagt, seit drei Jahren Kinderdorfmutter mit fünf kleinen Jungen und Mädchen. Mit der Entscheidung meiner Freundin Marie und ihrem Ordenseintritt hatte zumindest meine eigene Begeisterung für diese Lebensform angefangen. Trotzdem staune ich noch immer darüber, dass ich inzwischen seit fünfundzwanzig Jahren Ordensfrau bin. Mein Weg, meine Berufung, sieht allerdings nur im Rückblick geordnet und gradlinig aus. Mittendrin fühlte sich vieles eher nach Chaos und Fragezeichen an.

Jeder Mensch hat eine Berufung, davon bin ich überzeugt. Etwas, was dem eigenen Leben einen Sinn gibt. Etwas, das auf einen zu warten scheint, schon lange, versteckt im Leben, verborgen in einem selbst. Und irgendwann kommt die erste Berührung mit diesem noch verwischten Bild vom eigenen Leben, dann wird etwas konkret – und das ist wohl bei meinem ersten Besuch in Dänemark geschehen. Doch zu jener Zeit empfand ich es einfach wie eine wundervolle Auszeit, ohne an weitere Konsequenzen zu denken. Und meine erste Berührung mit Gott hatte ich schon viel früher.

2. Das Kind, das aus dem Fenster flog –
und im Urvertrauen landete

Ich fliege. Wenn ich meine Arme ganz vorsichtig auf und ab bewege, dann bleibe ich in der Luft, gehe höher oder tiefer, je nachdem, wie kraftvoll meine Bewegungen sind. Es ist ein wunderbares Gefühl. Freiheit, Schwerelosigkeit, Glück! Selbst Hindernisse kann ich überwinden, wenn ich nur genug mit den Armen schwinge. Ich bin dem Himmel so nahe ...

Ich wachte auf und fand mich in meinem Bett wieder. Mein Körper lag schwer auf der Matratze, die Decke hing quer über den Beinen, ich hatte sie wohl beim «Fliegen» weggestrampelt. Das Gefühl von Glück und Stärke aber blieb. Als Kind hatte ich oft Träume vom Fliegen, so realistisch, dass ich fast überzeugt war, es tatsächlich zu können. Woher kamen diese inneren Bilder? Aus Erzählungen meiner Eltern und unserer damaligen Nachbarn weiß ich, dass ich als Kleinkind einmal aus einem Fenster des ersten Stocks «geflogen» bin. Ich erinnere mich nicht konkret daran, aber wahrscheinlich war ich aus Neugierde auf die Fensterbank geklettert und hatte dann das Gleichgewicht verloren. Mir geschah dabei nichts. Keine Verletzung, kein blauer Fleck, nur ein kleiner Dorn, der in meinem Fuß steckte. Zufall? Glück gehabt? Ich weiß nicht, wer es mir in den Kopf setzte, aber in meinem Bewusstsein hatte es sich so abgespielt, dass Engel mich aufgefangen und auf den Boden getragen haben. Unsere Nachbarn hatten zwar definitiv keine Engel gesehen, aber für sie war es trotzdem ein Wunder, dass ich ohne eine Schramme auf dem Boden landete. Lange war ich «das Kind, das aus dem Fenster geflogen ist».

Womöglich war das Fenstererlebnis eines der ersten Puzzleteile, das mich für eine Berufung zum Ordensleben vorbereitete: Da war etwas Größeres um mich, das mich auffing, und daraus entwickelte sich das Gefühl, unter einem besonderen Schutz zu stehen. Ich nenne das Urvertrauen, und es beeinflusste mein Leben in vielen Situationen positiv, machte mir Mut, wo ich sonst vielleicht verzagt gewesen wäre. Träume spielten aber ebenfalls eine wichtige Rolle in meinem Leben. Denn nicht nur konnte ich in ihnen fliegen (heute passiert das leider nur noch manchmal), sondern ich lernte über Nacht auch manche Dinge, einfach so, vollkommen unerklärlich. Eines Morgens bat ich meinen Vater, die Stützräder von meinem Fahrrad abzuschrauben.

«Ich habe heute keine Zeit, um mit dir Radfahren zu üben», sagte er und nahm sich noch ein Stück Brot.

«Musst du auch nicht», erwiderte ich und reichte ihm auf einen Wink hin die Erdbeermarmelade, die meine Mutter selbst einkochte.

«Wir wollen doch nicht, dass du dir weh tust, oder?» Mein Vater deutete nachdrücklich mit dem Messer in meine Richtung.

«Ich falle nicht um. Ich kann ohne Stützräder fahren.»

Mein Vater wollte mich nicht in meiner kindlichen Zuversicht verunsichern, war aber offensichtlich skeptisch. «Natürlich kannst du das. Aber vorher sollten wir noch ein bisschen üben.»

Als er zu Ende gefrühstückt hatte, ging er mir zuliebe aber doch nach draußen und entfernte die Stützräder von meinem Rad. Als sie abmontiert waren, setzte ich mich auf den Sattel und fuhr ohne umzufallen los, drehte eine Runde vor dem Haus und kehrte zu ihm zurück. Das Bremsen und Anhalten funktionierte einwandfrei und ohne Kippeln. Jetzt hatte ich seine volle Aufmerksamkeit.

«Das ist ja unglaublich!» Seine Stimme klang überrascht und stolz. «Wie die Großen!» Er lächelte.

«Es ist ganz einfach», antwortete ich.

«Woher kannst du das denn auf einmal?», fragte er.

«Ich habe geträumt, dass ich es kann.»

Mein Vater zögerte einen Moment. Dann nickte er und akzeptierte meine Erklärung, ohne komisch zu gucken.

Das Gleiche erlebte ich noch in anderen Bereichen, beim Schwimmen und noch vielen anderen Dingen. Meine Eltern gewöhnten sich daran, dass ich manchmal morgenschlauer war. Nie versuchten sie mir zu erzählen, dass Träume nur Schäume sind. Also machte ich es mir zu eigen, dass in mir etwas drin ist, das manchmal unverhofft herauskam. Dass meine Umgebung nichts Seltsames daran fand, ließ mich auf diese unerklärliche Kraft vertrauen, und noch heute kann ich sie für mich «arbeiten» lassen, wenn ich vor einer Aufgabe stehe, die ich (bislang) nicht bewältigt habe. Ich bin der Meinung, dass es uns allen sehr guttun würde, mehr aus dem Inneren heraus zu handeln, um all die Herausforderungen zu bestehen, die uns begegnen – im eigenen kleinen Leben und in unserem Dasein als Mensch in einer großen Gemeinschaft. Doch dafür muss man das Innere auch wahrnehmen, und das ist ungewohnt in einer Welt, in der man ständig die Augen offen halten muss, allein schon, um nicht auf einer vielbefahrenen Straße von einem Auto erwischt zu werden.

Therapeuten und Trainer nennen diese Kraft: innere Ressourcen. Man kennt die Lösung, ohne zu wissen, wie sie zustande gekommen ist. Es gibt jede Menge Techniken, diese Quellen anzuzapfen, wenn man sich die Zeit dafür nimmt – und das sollte jeder tun. Ich nenne diese Kraft in mir: Gott. Oder: Heiliger Geist. Irgendwie ist sie zugleich auch ein «ich», aber andererseits auch wieder nicht. Denn wer hatte geträumt, dass ich Fahrradfahren oder schwimmen konnte? Ich oder jemand anderes? Am Abend vor dem Einschlafen hatte ich es definitiv nicht gekonnt. Am nächsten Morgen war die Fähigkeit da. Wer hatte es gelernt, auf welchem Übungsrad, in welchem Schwimmbad? Und wer war mein Lehrer gewesen? Ein höheres Selbst vielleicht? Und wer träumte dann, dass ich fliegen konnte? Der Vogel in mir? Jeder muss für sich herausfinden, wie er oder sie diese Kraft nennt, die uns manchmal anschiebt und den Berg hinaufhilft, ohne dass wir jemanden sehen. Und aus dieser Kraft heraus ist letztlich meine Berufung gewachsen. Ich wusste: Wenn etwas von innen kommt, wie etwa ein Traum, dann hat das Gewicht. Und so sind Träume vielleicht der Anfang einer Berufung, andere haben eine plötzliche Eingebung, einen Geistesblitz, und nichts ist dann mehr wie zuvor.

Es gibt Menschen, die finden ihre Berufung bewunderns-wert geradlinig – so wie der amerikanische NASA-Astronaut Neil Armstrong, der im gleichen Jahr als erster Mensch seinen Fuß auf den Mond setzte, in dem ich geboren wurde: 1969. Als zwei-jähriger Junge, so las ich in einer Biographie über ihn, besuchte er mit seinem Vater eine Flugschau, und das sollte sein Leben bestimmen. Schnurgerade ging es weiter: Als Siebenjähriger saß er zum ersten Mal in einem Flugzeug, und unfassbar konsequent für ein Kind, legte er jahrelang jeden Cent seines Taschengelds zur Seite – für Flugstunden! Ergebnis: Mit fünfzehn hatte er den Pilo-tenschein – da fängt man hierzulande gerade mit dem Mofafahren an!

«Ich konnte mir die Faszination und Anziehung der Kindheit nie erklären», stellte er als älterer Herr in einem Interview fest: «Ich wusste nur: Ich will mit dieser Welt des Fliegens *un-be-dingt* zu tun haben.»

Was meine Flugträume betraf, hätte ich vielleicht auch Astronautin werden können. Aber es war anders geplant – oder: Es hat sich anders entwickelt, je nachdem, wie viel «eigenes Zutun» man seinem Leben zuschreibt. Denn zu jeder Berufung passen spezielle Talente. Man kann ihnen Raum geben und sie wachsen lassen, man kann sie gezielt fördern – dann führen sie einen Menschen manchmal sogar zum Mond. Als der Vater der Friedensnobelpreisträgerin und pakistanischen Mädchenrechtlerin Malala Yousafzai gefragt wurde, wie er sie zu einem so mutigen Menschen erzogen hatte, antwortete er: «Ich habe sie zu gar nichts erzogen. Ich habe ihre Flügel nicht beschnitten, das ist alles.»

Vom Wortsinn her kann man auch wirklich gerufen werden – von der Stimme eines anderen. In religiöser Hinsicht ist das ein verbreitetes Phänomen, und die Heiligenlegenden aller Religionen berichten von ausführlichen Gesprächen mit Gott oder Engeln oder sonstigen höheren Wesen. In Jerusalem habe ich mich mit einem Psychiater unterhalten, der mir vom «Jerusalem-Syndrom» berichtete. Auch das war eine Etappe meiner Fernsehreise im Jahr 2011 gewesen, die ich in meinem Buch *Auf einen Tee in der Wüste* aufschrieb. In der Hauptstadt der drei Buchreligionen (Judentum, Christentum und Islam) herrsche vierundzwanzig Stunden am Tag ein spiritueller Ausnahmezustand, erklärte mir Dr. Moshe Kalian. Ganz normale Menschen hörten plötzlich die Stimme von Gott, Jesus oder den Propheten, dann bekämen sie den Auftrag, in die heilige Stadt zu reisen – häufig um das Ende der Welt zu verkünden. Oder sie befänden sich auf Pilgerfahrt in Jerusalem und gerieten dann in ekstatische Ausnahmezustände. Dr. Kalian und ich gingen durch die engen Gassen der historischen Altstadt. Er meinte, die größte Schwierigkeit sei es, die Verrückten von normalen Gläubigen zu unterscheiden.

Es wunderte mich nicht. In einer Umgebung, in der jeder Stein von Geschichte durchdrungen ist, ertappte sogar ich mich dabei, ständig zu fragen: Hat Jesus dieses Tor, diese Schwelle, diesen Ausblick wohl mit eigenen Augen gesehen? Noch einen Schritt weiter, und auch ich hätte eine Zeitreise machen können. Das soll jetzt nicht heißen, dass alle, die von Gott gerufen werden, verrückt geworden sind. Ohne die Stimme Gottes besäßen wir nicht die Gesänge des heiligen Franziskus, die Visionen einer Hildegard von Bingen oder die innigen Gespräche der Mechthild von Magdeburg mit ihrem Geliebten. In jeder Religion spricht Gott mit seinen Geliebten, Männern wie Frauen, gleichermaßen intim, und er beruft außergewöhnliche Menschen, damit sie für ihn sprechen – manchmal wie Pressesprecher für ein Staatsoberhaupt, aber häufiger als Anwälte der Armen. Einige von ihnen begreifen ihre Aufgabe sofort, wie Abraham, der Urvater von Juden, Christen und Muslimen. Bei anderen dauert es etwas länger, wie bei dem Propheten Samuel, den Gott dreimal rufen musste, bis er verstand, was los war.

Berufungen müssen einem auch nicht sofort gefallen. So war Maria im ersten Moment nicht amüsiert, als der Engel Gabriel ihr die Botschaft überbrachte, dass die Kraft des Höchsten sie *überschatten* würde – eine schöne Umschreibung für eine Schwangerschaft. Von Mutter Teresa ist sogar bekannt, dass sie an ihre eigene Berufung nicht mehr glaubte. Ihrer eigenen Aussage nach lebte sie jahrzehntelang in einer quälenden Gottesferne. Ich bin da etwas praktischer veranlagt. Wenn man bedenkt, dass Mutter Teresa bis nachts um eins arbeitete und morgens um vier wieder aufstand, in einer Stadt, in der täglich Hunderte von Menschen starben, dann sehe ich ihre «Leere» viel eher als Symptom dauernder Überarbeitung denn als spirituelle Botschaft. Aber das Phänomen Burnout war in kirchlichen Kreisen lange nicht bekannt. Und auch heute wird es nur langsam wahrgenommen und bearbeitet. Die in Albanien geborene und in Kalkutta gestorbene Ordensschwester machte dennoch ihren Job, bis zum Schluss, und ihre charismatische Ausstrahlung wirkt bis heute auf junge Frauen nach, die in den Orden der Missionarinnen der Nächstenliebe eintreten.

Jesus hat natürlich Menschen berufen – vor allem seine Jünger. Er muss in seinem Auftreten unwiderstehlich gewesen sein, obwohl er reichlich unpopuläre Standpunkte vertrat und sich gern mit denen umgab, die von der Gesellschaft als Abschaum definiert wurden. Glaubt man den Berichten der Evangelisten, wanderte er um den See Genezareth, dabei traf er auf zwei Fischer, die ihrer Arbeit nachgingen: Petrus und Andreas.

«Folgt mir nach», sagte er zu ihnen, «ich will euch zu Menschenfischern machen.»

Und das war es auch schon. Und jetzt denken wir, die wir Jesus nicht persönlich gekannt haben, schon seit zweitausend Jahren darüber nach, was ein «Menschenfischer» ist. Verstanden wurde unter dieser Bezeichnung eine mühevolle Suche nach Wahrheit, ein Weg voller Blut und Schmerzen, Heldenmut und Leidenschaft, voller Irrtümer, aber auch Wunder, ein Weg, der die Welt verändert hat und bis heute verändert. Petrus und Andreas, die beiden Jünger, schienen damals aber keine Verständnisprobleme gehabt zu haben. Sie hatten Jesus vor Augen, ließen alles stehen und liegen und gingen mit ihm. Berufung erfolgreich verlaufen. Das Gleiche wiederholte sich mit Johannes und Jakobus, und das ist der «Traum» von einer Begnadung, wenn alles sofort sonnenklar ist. Denn so einfach ist es nur für wenige.

Alle anderen müssen erst herausfinden, wohin die Reise des Lebens führt, und warten, bis sich ein Bild ergibt, wie bei einem schwierigen Puzzlespiel. Auch ich fand leider keinen Zettel von Gott unter meinem Kopfkissen, auf dem geschrieben stand: «Ich möchte, dass du Dominikanerin von Bethanien wirst!» Er hätte mir auch gern einen Traum schicken können, was bei mir ja bekanntlich wirkte, er hat es aber nicht getan. Also habe ich ausprobiert und gesucht, war verwirrt, lief in Sackgassen hinein, bin gescheitert und habe Umwege gemacht, so lange bis sich alles «richtig» anfühlte. Mein Weg zu mir selbst besteht aus vielen kleinen Schritten, und ich bin immer noch unterwegs. Siebenmeilenstiefel gibt es leider nur in Wundergeschichten oder für Auserwählte.

Ich bin froh, dass ich nicht in einem glaubensfreien Raum aufwuchs, so wie es heute viele Kinder erleben, denen das Nachdenken über etwas «Größeres» in keiner Form vermittelt wird. Sie sollen sich irgendwann selbst darum kümmern – oder sich für «etwas» entscheiden, wie es gern ausgedrückt wird. Doch ich bekomme immer wieder gespiegelt, dass es gar nicht so einfach ist, Glauben «nachzuholen». Mir meine Kindheit ohne Kirche vorzustellen, ist jedenfalls unmöglich. Wäre ich in einem hinduistischen oder muslimischen Land aufgewachsen, hätte ich eine andere spirituelle Ausrichtung und wäre höchstwahrscheinlich nicht in ein christliches Kloster gegangen – aber wer weiß? Manchmal sind diejenigen, die als Erwachsene eine andere Religion wählen, viel konsequenter und begeisterter als jene, die in ihren Ritus hineingeboren wurden. Ich habe Mitschwestern, die nicht von Anfang an katholisch waren, an ihnen kann man sehen, dass es für Gott keine Rolle spielt, wenn man sich erst als Erwachsener entschließt, diesem Verein beizutreten. Ganz davon abgesehen, dass man in keiner Weise davon ausgehen kann, dass nur Menschen diesen Weg gehen, die gute Kindheitserfahrungen mit der Kirche gemacht haben. Meine positiven Erfahrungen kann ich ja leider nicht verallgemeinern.

Die Kindertaufe, die in der katholischen Kirche üblich ist (obwohl im Heiligen Land zu Jesu Zeit nur Erwachsene getauft wurden), hat mir die Entscheidung abgenommen, wohin ich gehörte. Später hatte ich natürlich die Möglichkeit – und auch Gründe – gehabt, auszutreten, doch meine Ordensgemeinschaft ist meine spirituelle Familie geworden, und ich stehe zu ihr. So ist es auch mit der erweiterten Familie, der Kirche, gleichwohl ich mit dem Benehmen einiger dieser Familienmitglieder keineswegs einverstanden bin. Etliche kirchliche Strukturen mag ich nicht – im Grunde alle, die die Menschen unfrei machen. Aber es gibt auch vieles, das ich liebe und schätze, und das hat bislang immer die Oberhand behalten.

Mein Vater ist evangelisch, meine Mutter katholisch – ich bin also ein Mischling. Eigentlich sollte es unerheblich sein, wer welcher Konfession angehört, aber in den Sechzigerjahren war eine solche Ehe nicht einfach durchzusetzen. Beide Kirchen stellten sich quer, und Menschen unterschiedlicher Konfession, die sich liebten, wurden Steine in den Weg gelegt, bis hin zur Verweigerung von Gottes Segen – reine Anmaßung, wie ich finde.

«Warum bin ich katholisch wie Mama und nicht evangelisch wie Papa?», fragte ich natürlich irgendwann.

«Weil du nicht beides sein kannst», antwortete meine Mutter.

«Wieso nicht? Bin ich doch schon. Ich war in der evangelischen Kirche. Und da ist auch derselbe Jesus.»

Das war (und ist) meine Art, die Welt zu betrachten. Doch an diesem Tag lernte ich, was «Konfessionen» (Bekenntnisse) sind und dass Menschen ihre oft unwesentlichen Unterschiede gern wichtiger nehmen als die Gemeinsamkeiten.

«Wir mussten uns aber bei dir entscheiden», erklärte mir mein Vater, «und da haben wir uns für die katholische Kirche entschieden.»

Es hing damit zusammen, dass sie (endlich) einen katholischen Priester gefunden hatten, der sie trauen wollte. Und der forderte, dass die Kinder, die in der Ehe geboren würden, katholisch sein sollten. Dem gesunden Menschenverstand nach ein Kuhhandel, aber im kanonischen Recht (Kirchengesetz) steht über «Mischehen» bis heute (!) geschrieben, dass der katholische Partner aufrichtig versprechen muss, «Gefahren des Glaubensabfalls zu beseitigen», und nach Kräften hat er dafür zu sorgen, dass alle Kinder im richtigen (also katholischen) Bekenntnis getauft und erzogen werden (CIC, Kap. VI, 1125).

In diesem Gesetzeswerk sollte mal dringend jemand den Staub abwischen! Es wird heute nicht mehr so eng gesehen, doch in den Sechzigern gab es, vor allem auf dem Land, nur wenig gemischte Freundschaften oder Ehen, kein Wunder, denn nicht selten mussten die katholischen und evangelischen Kinder auf getrennten Schulhöfen spielen – wie sollte man sich da kennenlernen! Aufgrund meiner Familienkonstellation wurde ich, Gott sei Dank, nicht schief angesehen, weil ich eine evangelische Freundin hatte, und später passte ich auch auf die Kinder des evangelischen Pfarrers auf, ohne dass jemand Sorge trug, ich könnte «vom Glauben abfallen» und konvertieren, und wenn, dann hat es niemand laut gesagt. So empfinde ich es als Bereicherung, dass ich von Anfang an ein normales Verhältnis zur anderen Konfession hatte, dadurch habe ich keine Berührungsängste vor jeglichen Glaubensformen entwickelt – denn Angst hat man ja nur vor dem, was man *nicht* kennt.

Friedrich von Schiller hat in seinem letzten Drama *Wilhelm Tell* gesagt: «Wir könnten viel, wenn wir zusammenstünden.» Und er fügte hinzu: «Verbunden werden auch die Schwachen mächtig.» Ähnliches hat Apostel Paulus zu verstehen gegeben, als er sagte, alle Glaubenden sollten ein Leib sein in Christus. Einigkeit ist ein grundlegendes Thema des Christentums – doch wir streiten uns ständig und oft über die «Stiele der Kirschen», wie man in Frankreich so schön sagt, also über Unwesentliches. Manchmal denke ich, dass es eine kulturelle Angewohnheit von Menschen ist, sich über das zu definieren, was uns *anders* macht – nicht in einem bereichernden Sinne, sondern in einem kämpferischen. Ich halte dieses Konzept des Kampfes und des Rechts des Stärkeren für längst überholt – die Botschaft der Liebe und des Friedens ist *da*, und wir besitzen die Intelligenz, aber vor allem die Mittel und die Möglichkeiten, ihr zu folgen und uns zu einigen. Darüber sollten gerade Christen intensiver nachdenken, insbesondere angesichts der schwindenden Zahl derer, die sich in den Kirchen zusammenfinden. Doch der Gemeinsinn wird seit eh und je von Einzelinteressen torpediert, was menschlich ist, aber nicht gerade klug.

Spaltung schwächt nämlich. An der christlichen Einheit haben sich allerdings schon Klügere als ich die Zähne ausgebissen, also mache ich, was ich als Mitglied der Kirche tun kann: Ich lebe die Ökumene, und ich unterscheide nicht, mit wem ich zu Gott bete. Wie ich auf meiner Reise in den Nahen Osten festgestellt habe, kann ich auch zusammen mit Muslimen und Juden beten – ja, ich habe sogar mehr Gemeinsamkeiten mit ihnen entdeckt, als ich es je für möglich gehalten hätte.

Eine Epoche des Friedens kann nur über die Betonung des Gemeinsamen eintreten und durch die konkrete Begegnung der Kulturen im Alltagsleben. Der permanente Vergleich, verbunden mit einem rechthaberischen Pochen auf die eigene «Wahrheit», führt letztlich nur zu neuen Varianten des alten Kain-und-Abel-Konflikts – zu Mord und Totschlag also. Und das steht aktuell stärker im Raum als die Konfessionsfrage. Religiöser Fanatismus nimmt weltweit zu, man rüstet gegeneinander auf, und leider nicht nur mit Argumenten. Fanatische Mörder erklären Gott (wieder einmal) zum Kriegsherrn und missbrauchen seinen Namen, um «Ungläubige» zu töten. Dabei geht es nur um Macht und Geld, wie so oft in der Geschichte, und – schrecklich genug – um das Töten an sich. Ich fürchte, dass auch gemäßigte Kräfte sich in diesen Strudel des Fundamentalismus hineinziehen lassen, wenn wir nicht deutlich gegensteuern, weil das Schwarz-Weiß-Denken nämlich ansteckend ist. Schon jetzt nehmen wir bei jedem Attentat in der Welt zuerst einen islamistischen Hintergrund an, egal wie absurd das ist. Es ist unchristlich, Muslime unter Generalverdacht zu stellen, weil terroristische Gruppen wie der Islamische Staat, Boko Haram oder al-Qaida den Höchsten als Kriegsgott missbrauchen. Nicht nur Papst Franziskus hat vor einer Stigmatisierung von Muslimen gewarnt, sogar Angela Merkel, nicht gerade für ihr intensives spirituelles Interesse bekannt, fordert mehr Dialog zwischen den Religionen. Was den IS betrifft, haben fast alle hohen islamischen

Autoritäten der Welt deutlich gemacht: Diese Mörderbande hat mit unserer Religion nichts zu tun! Gott fordert niemanden dazu auf, sogenannte «Ungläubige» zu töten. Aber das wäre Stoff für ein ganzes weiteres Buch. Hier nur so viel: Der Islam gehört zu Deutschland, und ich möchte hinzufügen: auch der Buddhismus, das Alevitentum, das Judentum, der Hinduismus und viele andere Konfessionen. Niemals würde ich behaupten, mein Glaube sei der einzig wahre, und wer das tut, hat meines Erachtens einfach Furcht. Doch Furcht führt zu Verdächtigungen, Verdacht zu falschen Behauptungen und diese wiederum zu Verletzungen. Und Wunden müssen gerächt werden – und schon sind wir in dem nächsten bewaffneten Konflikt, den die Welt nicht braucht.

Das bedeutet nicht, dass ich «meine» Religion nicht lieben, wertschätzen und sogar bevorzugen darf. Dahinter steckt aber die konkrete Erfahrung, dass ich auch eine gute Protestantin geworden wäre, hätten sich meine Eltern damals anders entschieden. Ich plädiere für den Respekt vor Andersglaubenden, vor Andersdenkenden, vor Anderslebenden. Denn es gibt auch radikale christliche Gruppen, die mit hasserfüllten Parolen Andersgläubige und Minderheiten verunglimpfen – mitten in unserer Gesellschaft. Ich respektiere das Grundgesetz ebenso wie das christliche Glaubensbekenntnis. Gleichzeitig würde ich mir wünschen, dass wir uns wieder mehr mit unserem eigenen Glauben beschäftigen würden und aus dieser Kraft heraus einander die Hände reichen. Ist doch klar, dass wir Angst vor jemandem haben, dem seine Religion wichtig ist, während wir selbst auf nichts mehr zu bauen scheinen.

Das christliche Glaubensbekenntnis sprach ich zum ersten Mal mit bei meiner Kommunion, dem offiziellen Aufnahmeritus in die Gemeinde. Da war ich neun Jahre alt. Der Besuch der (katholischen) Sonntagsmesse in unserer Pfarrkirche St. Stephanus war für mich eine Selbstverständlichkeit. Das «machte man so», und ich nahm nie Anstoß daran, denn ich traf dort mit großer Zuverlässigkeit meine Freundinnen. Solange wir zu klein waren, um eine aktive Rolle im Gottesdienst zu übernehmen, langweilten wir uns. Da man aber irgendetwas während der langen Predigten tun musste, nahmen meine Freundin Thea und ich gern ein paar Pfarrbriefe am Eingang der Kirche mit, um sie zu Flugzeugen zu falten. Ich kann es vor mir sehen, wie wir die Köpfe zusammensteckten: «Du musst hier noch einmal umschlagen», wisperte ich ihr zu, denn ihrem Papierflieger fehlte noch der aerodynamische Schliff. Sie nickte fast unmerklich und drückte an beiden Seiten die kleine Papierfalte ein. Aus dem Augenwinkel begutachtete ich ihr Werk und war zufrieden.

Immer wieder spürte ich die Versuchung, eins meiner Flugzeuge gleich während der Messe auszuprobieren, aber nur einmal habe ich mich getraut. Der Segler flog eine enttäuschend kleine Kurve und landete knapp vor der ersten Kniebank. Gespannt wartete ich, ob nun Gottes Blitz vom Himmel oder zumindest aus den Augen des Pfarrers fahren würde, doch beide hatten den Kurzstreckenflug offenbar nicht bemerkt.

Thea und ich waren beide dünn und blond, lachten viel, und wir konnten sehr unschuldig gucken, wenn wir erwischt wurden, zum Beispiel wenn wir wieder einmal auf dem Friedhof Verstecken spielten. Das war natürlich streng verboten, wegen der Würde der Toten, doch zum einen hat sich nie ein Toter bei uns beschwert, zum anderen lag der Gottesacker neben der Kirche, und es war nicht unser Problem, wenn das Tor so einladend offen stand. Wir genossen den speziellen Schauder des Ortes, und gleichzeitig war die Umgebungsmauer so niedrig, dass man ohne Probleme von außen alles überblicken konnte – falls irgendwelche Spukgeister auftauchen sollten.

Wenn ich an Kirche denke, denke ich an den spielerischen

Umgang mit religiösen Dingen. An der Heiligen Messe gefiel mir besonders gut, dass man so viel gemeinsam tat, hinzu kam das Ballett der Messdiener, die Rauchschwaden von Weihrauch, die faszinierende Muster in die Luft schrieben, die Kerzen und Gesänge. Im Gegensatz dazu ging es im evangelischen Gottesdienst wortgewaltiger zu. Nachdem ich begriffen hatte, wann man kniet, sitzt oder steht, war der Kirchenbesuch ein wunderbares Spiel, und das «heilige Theater» setzte ich regelmäßig zu Hause fort, besonders gern die Eucharistie (Klosterisch: Danksagung). Meiner Mutter stibitzte ich die Backoblaten, und schon fühlte ich mich wie eine Priesterin. Der schönste Moment war die Verwandlung – da wird die Hostie in zwei Hälften geteilt, eine kleine Ecke wird abgebrochen und in den Wein gelegt, was bei mir natürlich Apfelsaft war. Dann werden die Teile wieder zusammengesetzt und feierlich allen gezeigt. Von diesem immer gleichen Ablauf von Brotbrechen, Hochhalten, Kniebeugen konnte ich nicht genug bekommen – nur meine Mutter wunderte sich über den Oblatenschwund. Sonst hatten wir als Kinder kaum eine Vorstellung davon, was Kirche bedeutete, und das war auch nicht notwendig. Alles, was wir nicht verstanden, reimten wir uns auf unsere eigene Art zusammen und entwickelten so unsere Phantasie und Kreativität.

«Was ist eigentlich auf der anderen Seite von dem Loch?», fragte mich zum Beispiel Thea an einem dieser Nachmittage, als wir in der Kirche mal wieder «nach dem Rechten» sahen.

Wir lagen in der ersten Bank auf dem Rücken, Kopf an Kopf, und quatschten. Ich liebte die spezielle Geruchsmischung von Räucherwerk, Kerzenwachs und altem Mobiliar, die, wie ich mittlerweile weiß, bei anderen Menschen allergische Reaktionen auslösen kann, wenn sie sich in ihrer Kindheit gezwungen sahen, in die Kirche zu gehen. Wir waren auch außerhalb der Gottesdienste gern dort, tagsüber war die Tür offen, und wir fühlten uns willkommen. Für mich wurde der positive atmosphärische Eindruck noch dadurch verstärkt, dass alle Geräusche draußen blieben, wenn man eintrat. Akustisch befand man sich wie in einem Raum aus Watte, der gleichzeitig jeden Laut verstärkte. Geheimnisvoll erschienen uns die Bilder, Statuen und liturgischen Geräte. Und das war auch der Zweck der großen Kirchenbauten seit dem Hochmittelalter – sie sollten Ehrfurcht einflößen und zugleich einen Abglanz vom Paradies zeigen. In ihnen zu verweilen war für die Menschen wahrscheinlich ähnlich, wie heute einen 3-D-Film anzuschauen – die visuellen Effekte sind atemberaubend und neu und ziehen einen in eine andere Welt hinein.

Baumeister von Kirchen waren berühmte und hochbezahlte Spezialisten, die Baustellen der gigantischen Prestigeobjekte die ersten Multikultizentren Europas. Arbeiter aus aller Herren Länder versammelten sich hier, und sie tauschten nicht nur Bautechniken aus, sondern ebenso Bräuche, Lieder, Gedankengut. Ihnen gebührte Ehre und Respekt, denn sie erschufen schließlich den Himmel auf Erden – ein Unterfangen, das oft Jahrzehnte oder, wie im Fall der Stadt Köln, Jahrhunderte dauern konnte, je nachdem, wie lange das Geld reichte.

Kaum jemand kann sich der Kraft einer Kathedrale entziehen, wenn man sie betritt – egal ob man gläubig ist oder nicht. Man muss einfach staunen über die wunderbare Ordnung, in der alles gestaltet ist. Als die Kirchenbauten immer höher in den Himmel wuchsen, glaubten die Menschen noch fest daran, dass die göttliche Ordnung im Buch des Universums festgeschrieben sei und durch nichts erschüttert werden könnte. Das änderte sich spätestens nach der Großen Pest. Doch die Pracht der Kirchen blieb. Natürlich war unsere Pfarrkirche keine Kathedrale, aber immerhin war sie der größte und vor allem höchste zusammenhängende Bau der Umgebung, und man hob den Blick automatisch nach oben – und ließ die Seele folgen. In unserem Fall zu dem unerklärlichen Loch im Gewölbe.

«Was auf der anderen Seite ist, hab ich mich auch schon gefragt», antwortete ich meiner Freundin.

Es war kein besonders großes Loch. Aber es lag genau im Mittelpunkt der Vierung vor dem Altar, wo Haupt- und Querschiff zusammentrafen. Dunkelschwarz im Zentrum einer hellen, kreisförmigen Fläche, sah es aus wie die Pupille im Weiß eines Auges. Das Auge Gottes? Ich war davon überzeugt, dass etwas Besonderes dahinterliegen musste.

«Vielleicht ist es der Eingang zum Himmel», schlug ich vor, nicht wissend, dass man von den prachtvollen Domen vergangener Zeiten dasselbe gesagt hatte.

«Meinst du?» Thea hob den Daumen nach oben, wahrscheinlich um das Loch verschwinden zu lassen.

«Ja, und dahinter sind Gottvater und Jesus.»

So stellte ich mir das vor. Im Himmel wohnte Gott als freundlicher alter Großvater mit einem weißen Bart, und Jesus war ein netter junger Mann, der neben Opa auf einem Thron saß. Auch dieses Bild hat seinen Ursprung in der Vergangenheit – genauer in der Renaissance. Damals entdeckte man die Individualität des Menschen wieder und damit die Philosophie und Kunst der Antike. Als Geschenk der Muslime kam dieses Denken zurück nach Mitteleuropa, denn fanatische Christen, die alles Heidnische zerstören wollten, hatten im frühen Mittelalter die Schriften dieser Epoche systematisch vernichtet. Schulen wurden geschlossen, Bibliotheken verrotteten, marmorne Tempel wurden zu Steinbrüchen, und die Menschen verlernten das Lesen und Schreiben. Die Anhänger Mohammeds hingegen hatten das Erbe der Griechen und Römer bewahrt, und nun kam es, vor allem in Spanien, zu einer internationalen Zusammenarbeit: Die Texte, in Arabisch verfasst, wurden zuerst ins Spanische übersetzt, dann ins Lateinische, der Sprache der Kirche. Schließlich traten sie einen Siegeszug durch Europa an: Literatur, Philosophie, aber auch die Baukunst und die Medizin erfuhren neuen Aufschwung, und am Ende war aus der mächtigen und majestätischen Gestalt von Gottvater auf dem Königsthron ein verwuschelter Zeus geworden, wie zu sehen auf Michelangelos berühmten Gemälde «Die Erschaffung Adams» – der Mann mit dem Rauschebart.

Dass die Seele in die Höhe aufsteigen kann, wusste ich aus einem Kirchenlied, in dem es heißt: «Zu dir, oh Gott, erheben wir die Seele mit Vertrauen. Dein Volk erfreue sich in dir, woll'st gnädig niederschauen.» Warum die Seele nicht erheben zu einem faszinierenden Loch im Dach der Kirche und schauen, was dahinterliegt?

Thea blickte weiter nach oben und ließ den Daumen wieder sinken. «Und guckt Gott jetzt auf uns runter?» Ihr Tonfall war skeptisch.

Ich winkte dem Loch zu, als würde ich dort jemanden entdecken. «Bestimmt.» Ich rechnete nicht damit, dass jemand zurückwinkte. Ich war der Meinung, dass Gott überall sein konnte und sich oft unsichtbar machte. Dass er alles zu hören und sehen vermochte, was ich tat (so erzählten es uns die Erwachsenen), störte mich nicht. Ich fand es eher beruhigend. Es war ja ganz einfach: Wer mich liebt, der darf mich auch sehen. Und von jemandem, der mich so liebte wie Gott, wollte ich sogar gesehen werden!

«Und wie kommen wir da hoch?», fragte meine Freundin und gab sich selbst die Antwort: «Wenn wir tot sind – vielleicht.» Sie schien diese Vorstellung nicht befremdlich zu finden, und ich genauso wenig. Wir glaubten an die Auferstehung im Himmel, und bis heute bevorzuge ich leere Kreuze, weil sie für mich die Befreiung der Seele nach dem Tod veranschaulichen und nicht Leiden und Schmerzen.

«Genau», stimmte ich ihr zu. «Wir fliegen einfach hoch und schlüpfen durch.»

«Dann sind da auch die Engel.» Es war mehr eine Feststellung denn eine Frage. Thea mochte die Engel lieber als den Gottvater-Gott.

«Bestimmt.»

Engel gab es genügend in unserer barock angehauchten Kirche. Sie waren verspielter als die Heiligenfiguren am Altar, die immer so ernst dreinschauten: der heilige Stephanus (der erste Märtyrer der Christenheit) und die Jungfrau Maria, überdimensional groß, aus weißem Stein gearbeitet, die Gewänder mit goldenen Borten abgesetzt. Engel konnten überall hinfliegen, und sie passten wahrscheinlich auch durch das Loch. Außerdem gab es bei uns viele Kinderengel (Putten), die lustig schienen und mehr mit uns zu tun hatten. Dass im Mittelalter ernsthafte theologische Überlegungen darüber angestellt wurden, wie viele Engel etwa Platz auf einer Nadelspitze haben, wusste ich damals noch nicht.

In der Kindheit ist vieles belebt von unsichtbaren Mächten, und alle Kinder erfahren das Phänomen des magischen Denkens. Schon das Vorlesen einer Geschichte konnte uns in andere Welten entführen, und wir fühlten uns frei darin, sie zu erforschen. Die feierliche Stimmung vor dem Weihnachtsfest hatte etwas Zauberhaftes, mit den erhabenen Liedern, den Kerzen, dem Plätzchenduft und der Vorfreude, die überall mitschwang. Natürlich glaubte ich an das Christkind, denn ich legte ja meinen Wunschzettel am Abend auf die Fensterbank, und am nächsten Morgen war er verschwunden. Klare Sache, dass ein Engel ihn abgeholt und in den Himmel getragen hatte. Nicht alles musste erklärbar sein, und dieses Nichterklärbare konnte trotzdem froh und glücklich machen.

Es gibt Pädagogen, die der Meinung sind, dass solche Erfahrungen ein Kind von sich selbst ablenken und ein Beispiel erlebten Glücks durch «Selbsttranszendenz» sind – Voraussetzung ist, dass es positive Erlebnisse sind. In meinen Augen gehen magisches Denken und die Fähigkeit zur Transzendenz fließend ineinander über. Denn dass etwas größer ist als man selbst, erleben fast alle Menschen in ihrer Kindheit, und zwar unabhängig davon, ob sie religiös aufwachsen oder nicht. Und wie sagte Martin Luther einst (zumindest wird es ihm zugeschrieben): «Mit jedem Kind, das dir begegnet, ertappst du Gott auf frischer Tat.»

Kinder haben unsichtbare Helfer und Freunde, sie reden mit guten Geistern, die für sie lebendig sind und eine Persönlichkeit haben – und das hat das Potenzial, Vertrauen ins Leben aufzubauen. Später kann man das unsichtbare Wesen Gott nennen, Weltgeist oder kosmische Intelligenz. Oder wie auch immer Menschen dieses Transzendente aus ihrem Glauben heraus bezeichnen: Allah, Jehovah, Athene. Ich möchte Eltern ermutigen, Kindern offen zu begegnen, wenn sie von übersinnlichen Erlebnissen erzählen, und sie nicht auszulachen. Und keinesfalls sollten Eltern befürchten, dass Kinder sich zu Lügnern oder Spinnern entwickeln könnten. Das positive Erlebnis des Unsichtbaren hilft dabei, Vertrauen in das Leben selbst zu entwickeln, speziell in das, was wir nicht be-*greifen* oder kontrollieren können – und das ist schließlich einiges! Auf ein Gefühl von allgemeiner Zuversicht kommt es an. Zu lernen, dass ich nicht alles allein schaffen muss, sondern dass es eine verlässliche Kraft außerhalb meiner selbst gibt, die mich unterstützt, hat mir schon oft geholfen, herausfordernde Situationen unbeschadet zu überstehen. Die Basis hierfür wird in den ersten Lebensjahren gebildet. In einer normalen Entwicklung verliert sich die «Logik» des Osterhasen irgendwann von selbst, doch der Zauber der Kindheit darf bleiben.

Die Kirche bot sich mir als Orientierungsrahmen an, und ich konnte dem, was nicht begreifbar ist, eine Form geben, Bilder oder Geschichten zuordnen. Ungemein spannend war es, als ich bei der Erstkommunion Gott tatsächlich in Form von Brot in die Hand gelegt bekam, auch das begann als magisches Ritual. Ich glaubte fest daran, dass Jesus sich in dem Brot befand, ohne dass es notwendig war zu erklären, wie er da hineingekommen war. Ihn zu essen, erschien mir jedoch viel zu schade, wenn er schon mal bei mir war. Daher versteckte ich die Hostie öfter in meiner Hand, um länger etwas von ihm zu haben. Natürlich habe ich ihn am Ende doch gegessen – er sollte ja auch nicht irgendwo herumliegen. So meine sehr vernünftigen Überlegungen.

Für das Brot gab es den Tabernakel in der Kirche, den «Tresor», der, schön geschmückt und mit einer roten Kerze versehen, das Allerheiligste verwahrt. Ich liebe es bis heute, wenn in einer katholischen Kirche das kleine rote Lichtlein brennt, dann weiß ich: Gott ist zu Hause. Natürlich ist das eine kindliche Vorstellung, Gott ist schließlich überall, doch das Vertrauen, dass Jesus wirklich im Brot ist (wir nennen das Realpräsenz), macht mich innerlich ruhig. Psychotherapeuten, die mit positiven Bildern der Vergangenheit arbeiten, ordnen dieses Denken ebenfalls dem Bereich der inneren Ressourcen zu, jener Quelle, die in jedem Menschen sprudelt. Die Ordensfrau akzeptiert das Wunder, das ich nicht verstehen kann (sonst wäre es ja keins), aber auch nicht verstehen muss. Ich bin da sehr pragmatisch, und ebenso wie man sagt: Wer heilt, hat recht, sage ich: Was stärkt, hat auch recht. Dies kann – muss aber nicht – überleiten zu einer religiösen Lebenshaltung.

Dabei vergesse ich nicht, dass die Entwicklung von Dogmen, auch dem Dogma der Eucharistie, im Lauf der Jahrhunderte nicht der Vertiefung der Gottesbeziehung diente oder dem Anzapfen der inneren Quelle, sondern hauptsächlich dem Eigennutz. Je mächtiger die Kirche wurde, desto mehr wurde in die letzte gemeinsame Mahlzeit Jesu mit seinen Jüngern hineininterpretiert. Schließlich wurde das so kompliziert, dass im Grunde niemand mehr verstand, was eigentlich genau geschieht, wenn ein Priester Hostie und Wein durch seine Worte verwandelt, und ich denke, genau das war auch beabsichtigt. Wissen ist Macht, heißt es, und als Kirchenmänner die Einzigen waren, die Zugang zu diesem Wissen hatten, wurde der Klerus für den Kontakt zu Gott unverzichtbar. Besonders krass zeigte sich das, als der Kirchenreformer Jan Hus im 14. Jahrhundert den sogenannten Laienkelch (wieder) einführen wollte. Jedes Gemeindemitglied sollte während des Abendmahls von dem Wein trinken, nicht nur die Priester – als Symbol für mehr Teilhabe am Heiligen. Der böhmische Theologieprofessor und Rektor der Universität Prag wurde aufgrund seiner kritischen Haltung von seinen Gegnern dann während eines Konzils in Konstanz gefangen genommen, gefoltert und als Ketzer verbrannt. Das war ungefähr so skandalös, als würde man einen eingeladenen Redner der UNO schnurstracks aus dem Gebäude der Vereinten Nationen entführen und ihn gleich vor dem Haus erschießen. Die Folgen ließen nicht lange auf sich warten. Es entbrannten die Hussitenkriege, die viele Jahre andauerten.

Die Überlegungen, ob Jesus symbolisch, wesensmäßig oder substanziell in der Eucharistie anwesend ist, sind ebenso weit entfernt vom Ursprung wie die komplexen Definitionen der Dreifaltigkeit, haben aber einen hohen Blutzoll gefordert und letztlich zur Abspaltung der evangelischen Konfession geführt. Erneut hatten die Partikularinteressen über das gemeinsame Wohl gesiegt. Das führte direkt in den Dreißigjährigen Krieg, einen Krieg der Konfessionen, der Mitteleuropa komplett verwüstet hat. Bis heute ist das gemeinsame Abendmahl von Evangelischen und Katholischen verboten – zumindest theoretisch. In der Praxis wird das Gebot häufig ignoriert (ebenso wie viele andere Gebote). Wichtiger ist, dass jeder Mensch die Möglichkeit hat und die Fähigkeit besitzt, Jesus und Gott unmittelbar zu spüren und mit ihnen zu sprechen, und das habe ich von Kindheit an getan, ohne darüber nachzudenken.

Für mich war es als Kind trotzdem reizvoll, herauszufinden, welche religiösen Symbole es gab und welche Bedeutung sie hatten, um dann immer aktiver am religiösen Ritus teilnehmen zu können.

Es verstärkte mein Gefühl von Zugehörigkeit – ebenfalls ganz wichtig für jedes Kind. Und als ich schließlich alt genug war, um im Chor mitzusingen oder, später, bei Jugendgottesdiensten die Fürbitten zu schreiben und vorzulesen, war ich zwar sehr aufgeregt, aber zugleich ungemein stolz. Nun glauben viele Eltern heute nicht mehr an Gott, sie gehen in keinen Gottesdienst, sind aber dennoch verunsichert, fragen sich, ob Religion im Leben ihrer Sprösslinge trotzdem eine Rolle spielen sollte, und wenn ja, welche. Soll man abends gemeinsam beten? Kirchen besuchen, obwohl man die Frage nicht beantworten kann, was es damit auf sich hat? Ich finde: ja. Wir können die Institution Kirche ablehnen, aber wir müssen Gott deswegen nicht gleich mit aussortieren. Die Kleinen zeigen uns immer wieder, dass es das «Größere» in der Welt offenbar gibt. Und biblische Geschichten, wie auch das Leben Jesu, bergen nicht nur ein magisches Potenzial des Guten, sondern eine unglaubliche moralische Kraft, die Eltern nutzen können, selbst wenn sie sich keinem Glauben zugehörig fühlen.

Wir müssen uns nur damit beschäftigen und diesen Schatz wiederbeleben. Wer ist Sankt Martin gewesen? Ach so, er hat mit einem Bettler seinen warmen Wintermantel geteilt und ruft uns auf, seinem Beispiel zu folgen. Warum sitzen dann überall Bettler auf der Straße und wühlen in Mülltonnen? Unsere Kinder fragen das, und in meinen Augen reicht es nicht aus, ihnen zu erklären, dass die Welt schlecht ist, dass es Menschen gibt, die Böses tun – oder dass sie zu klein sind, um das zu verstehen. Wir sollten ihnen mehr anbieten, und es ist auch mehr vorhanden. Dafür müssen wir erst einmal für uns Werte definieren, an denen wir unser Leben aktiv ausrichten wollen.

Eltern möchten ihren Kindern den Spaß am Weihnachtsmann nicht verderben, sie wollen aber genauso wenig «lügen», was ich gut verstehen kann. Doch woran glauben wir? An Erfolg, an Geld, an Macht? Haben sich unsere religiösen Feste deswegen in

Konsumveranstaltungen verwandelt, unsere Heiligen in Comic-figuren? Ob mit Gott oder ohne: Ohne klare, menschliche Standpunkte, die wir unseren Kindern *vorleben*, damit sie eine Orientierung über das hinaus gewinnen, was die Werbung uns verspricht, ohne eingewurzelte Werte werden wir den Herausforderungen der Gegenwart und Zukunft nicht gewachsen sein. Und diese Werte stehen uns doch zur Verfügung! Wir haben eine christliche Tradition – und die in meinen Augen größte Leistung dieser Kultur ist die Idee von der Würde des Menschen, die schließlich zur Deklaration der Menschenrechte geführt hat. Glauben wir daran? Wahrscheinlich. Handeln wir danach? Schon schwieriger. Und wenn nicht, was hält uns davon ab? Sind es gute Gründe? Vorgeschobene? Das sind meines Erachtens die entscheidenden Fragen dieser Zeit.

Der sogenannte Dekalog, die griechische Bezeichnung für die Zehn Gebote, ist ein guter moralischer Wegweiser. Jesus hat noch einen draufgesetzt, als er nicht nur die Nächstenliebe forderte, sondern auch die Feindesliebe – die denkbar radikalste moralische Forderung. Aber während sich die Christen jahrhundertelang mit dem Argument herausreden konnten: «Ja, der Herr Jesus konnte seine Feinde natürlich lieben, der war ja auch ein Gott!», zieht diese Begründung langsam nicht mehr. Hirnwissenschaftler haben bewiesen, dass man Empathie erlernen kann, also die Fähigkeit, sich in andere hineinzuversetzen und mitfühlend zu handeln. Grundlage dafür ist die Wahrnehmung des Selbst – vor allem der inneren Welt. Je offener ich für meine eigenen Gefühle bin, desto eher kann ich verstehen, warum ein anderer tut, was er tut, und genau das ist der erste Schritt zur Feindesliebe. Man muss nur von der Couch aufstehen, die Chipstüte weglegen und diesen ersten Schritt machen!

Dabei geht es mir nicht darum, ob wir so konsequent sein können wie Jesus oder so gütig und großzügig – man muss es aber wenigstens versuchen. Und das Kind nicht gleich mit dem Bade ausschütten. Wir können Gott aus unserem Leben verbannen, und das wäre sehr schade, doch menschliche Überzeugungen von Frieden und Gerechtigkeit sind unverzichtbar. Nur sie können Egoismus und Herrschsucht entmachten, sobald wir ihnen politisches Gewicht verleihen. Wenn wir uns jedoch ausschließlich darauf konzentrieren, dem eigenen Vorteil zu folgen, wenn wir uns nicht die Zeit nehmen, uns mit dem Sinn unseres Lebens zu beschäftigen, haben wir am Ende keine eigene Meinung mehr. Dann sind wir Spielball der Mächtigen, die uns diktieren werden, was wir zu tun und zu denken haben. Wieder einmal.

3. Ein Guckfräulein entdeckt die weibliche Seite Gottes

«Soso, du möchtest Kinderkrankenschwester werden. Und warum möchtest du das?» Schwester Rosemarie musterte mich mit strengem Blick. Ich war in der neunten Klasse, knapp fünfzehn, und hatte mich auf eine Lehrstelle als Kinderkrankenschwester beworben. Die Uniklinik Düsseldorf hatte allein auf meine Bewerbung geantwortet.

«Weil ich glaube, dass ich das gut kann. Ich kann mich gut in Kinder einfühlen und habe viel Erfahrung.»

«Was für eine Erfahrung ist das?» Sie schaute meine Mutter an, die mich zu dem Gespräch begleitete. Wahrscheinlich dachte sie, ich hätte fünf jüngere Geschwister, dabei war ich zu Hause die Jüngste.

«Ich bin eine gute Babysitterin», gab ich zur Antwort, und die Schulschwester verdrehte die Augen.

«Babysitterin ...», sie räusperte sich, «das ist doch überhaupt nicht zu vergleichen mit ...»

Das Gespräch drohte zu scheitern, bevor es richtig begonnen hatte. Aber ich mochte Schwester Rosemarie. Sie war hager, wirkte streng, aber nicht kalt. Ich konnte ein Herz unter der rauen Schale spüren. Und da fasste ich mir auch eins und versuchte ihr zu erklären, warum ich diesen Beruf ergreifen wollte. Ich erzählte ihr von den Ängsten der Kinder am Abend, von Koliken, Waden-wickeln und schlechten Träumen, vom Fieber und von der Ruhe, die ihre kleinen Körper in sich aufnehmen, wenn man sich einen Moment zu ihnen ans Bett setzt. Und wie wichtig Körperkontakt ist. Ich erzählte ihr von den ungefähr zwanzig Schützlingen, die ich im Lauf der letzten Jahre betreut hatte, in meinem Dorf, quer durch die ganze Nachbarschaft. Je länger ich sprach, umso freundlicher wurde ihr Gesichtsausdruck.

«Ich möchte *un-be-dingt* Kinderkrankenschwester werden!», versicherte ich am Ende meiner Ausführungen nachdrücklich.

Meine Mutter nickte, ebenso nachdrücklich, wie ich aus dem Augenwinkel sehen konnte. Schwester Rosemarie schaute mich an, prüfend, dann warf sie einen langen Blick auf meine letzten beiden Zeugnisse. Sie fasste sich kurz.

«Kind, mit solchen Leistungen geht es nicht», sagte sie, «mit diesen Noten kann ich dich nicht nehmen. Leider. Du müsstest schon einen besseren Schnitt erreichen.»

Sie hatte *leider* gesagt! Sie würde mich nehmen, wenn ... Das allein zählte.

«Wie viel besser?», fragte ich etwas atemlos.

«Nicht schlechter als 2,5.»

Ich horchte kurz in mich hinein. «Das kann ich schaffen», hörte ich mich sagen. «Oder, Mama?» Ich wandte den Kopf. Für einen Moment war mir mulmig zumute.

Meine Mutter lächelte mich an, nickte erneut und wandte sich dann Schwester Rosemarie zu: «Sie schafft das. Wenn sie sich etwas in den Kopf gesetzt hat, findet sie einen Weg.»

Schon als kleines Mädchen war ich vernarrt in Babys – eigentlich hat sich daran bis heute nicht viel geändert. Da ich keine kleineren Geschwister hatte, die ich verhätscheln, herzen oder herumtragen konnte, begnügte ich mich vorerst mit Puppen. Etwa ab dem zehnten Lebensjahr wechselte ich zu echten Säuglingen, ein Quantensprung! Ich war ein Naturtalent und hatte schnell heraus, mich in diese wortlosen (wenngleich ganz und gar nicht stummen)

Wesen hineinzuversetzen. Ich besaß ein intuitives Gespür für das, was sie brauchten. So war ich bald eine gerngesehene und häufig angefragte Babysitterin, die sich nicht nur um die Kleinen kümmerte, sondern das Rundum-Sorglos-Paket gleich mit im Angebot hatte: Essen zubereiten, Aufräumen, Baden, Wickeln, ins Bett bringen, Geschichten vorlesen, Trösten.

Manchmal bekam ich für meine «Dienste» einen kleinen Obolus, doch das interessierte mich weniger als das gute Gefühl, das sich dabei einstellte: Hantierte ich in fremden Wohnungen und Häusern herum, träumte ich davon, einen eigenen Haushalt zu haben und unabhängig zu sein, und war selig. Dass ich später eigene Kinder haben würde, stand außer Frage. Familie, Fürsorge und soziales Engagement waren bei uns selbstverständlich, und es ist eine meiner großen Stärken: mich um Ältere und Jüngere zu kümmern. Allerdings habe ich inzwischen auch die Kehrseite der Medaille kennengelernt, weil ich nämlich gern übertreibe und dann zu viel tue, auf Kosten der eigenen Kräfte. Vor allem spüre ich das, seit ich mit Kindern zusammenlebe – ich bin ja nicht mehr zwanzig.

Das Phänomen «Überforderung» hielt ich lange für etwas typisch Katholisches, speziell im Ordensleben, denn Selbstaufopferung gehört zu einem guten Nonnendasein einfach dazu. Jammern kommt da nicht infrage, oder hat der Herr Jesus etwa über seine vielen Aufgaben gejammert? Eben! Doch sich selbst zu übernehmen ist nicht katholisch, auch nicht christlich, sondern offenbar eine allgemein menschliche Eigenart. In Japan kann man sich sogar gegen den Tod durch Überarbeitung versichern, und dieser Tod hat einen Namen: *Karoshi*. Selbstausbeutung ist fester Bestandteil (fast) jeder guten Karriere und Fremdausbeutung Charakteristikum (fast) eines jedes guten Geschäfts. Entweder geht man über die eigenen Grenzen oder über die der anderen. Dauerüberforderung mit dem Ergebnis Burnout ist im ersten Fall schon vorprogrammiert, im anderen führt es zur Erschöpfung der

Ressourcen. Wenn man diesen Gedanken einmal weiterspinnt, passt auch die globale Erwärmung dazu.

Jesus hat einen anderen Lebensstil gewählt. Überwältigten ihn die Anforderungen der Menschen, dann zog er sich zurück. Er konnte anscheinend gut einschätzen, wann ihm etwas zu viel wurde, und dann setzte er Grenzen. War er müde, fand er im Alleinsein und im Zwiegespräch mit Gott neue Kraft. Ähnliche Ratschläge findet man heute in jedem Burnout-Ratgeber, doch es ist schwer, sie zu befolgen, wenn die Meinung vorherrscht, dass man etwas Gutes nur verdient, wenn man sich nonstop anstrengt. Wer auf Pausen besteht oder sich im richtigen Moment herauszieht, wer seine Überstunden in Anspruch nimmt oder gar als Mann die Elternzeit nimmt, gilt rasch als nicht belastbar, sogar als Faulpelz, und schadet seiner beruflichen Laufbahn – ein falsches Konzept von ständiger Verfügbarkeit, das aber tief sitzt.

Als Fünfzehnjährige hatte ich noch keine Energieengpässe, und Kinder waren für mich das Größte. Aber dann bekam meine kleine heile Familienwelt jedoch einen deutlichen Riss, und zwar im Religionsunterricht. Unser Kaplan saß auf der Kante des Lehrerpults, schaute mit ernster Miene in unsere Gesichter und sagte: «Es gibt Kinder, die haben keine Familie mehr. Und es gibt auch Kinder, die niemand haben will.»

Von Waisenkindern hatte ich schon erfahren, denn gleich neben dem Kindergarten befand sich ein Heim, und in ihm wohnte Erik, mein elternloser Grundschulfreund. Erst beim Aufschreiben dieser Erinnerung fällt mir auf, dass ich so gut wie nichts über sein Zuhause erfuhr, auch nie dorthin eingeladen wurde, obwohl wir oft zusammen spielten. Er sagte nie ein Wort über den Tod seiner Eltern – oder waren sie vielleicht gar nicht gestorben? Ich fragte ihn nicht danach, gab mir nur alle Mühe, ihn aufzuheitern, denn ich fühlte, dass ihn etwas bedrückte. Ich führte seine Traurigkeit darauf zurück, dass er keine richtige Familie hatte. Eine Vorstellung von den Abgründen, die sich in «richtigen» Familien auftun können, hatte ich damals noch nicht. Als Kind hatte ich von familiären Schwierigkeiten nichts mitbekommen, in unserem Ort war Scheidung ein Fremdwort!

«Es gibt sogar Kinder, die werden von ihren Eltern ausgesetzt», bemerkte der Kaplan weiter, und das fand ich nun unerhört.

«Ausgesetzt?», platzte ich in die Klasse hinein. Das klang ja wie bei Hänsel und Gretel! Vor meinem inneren Auge tat sich eine wilde Waldlandschaft auf, in der allein und verlassen ein kleines Bündel lag. Mir schnürte es den Hals zu.

«Weißt du, es gibt Eltern, die können ein Kind nicht aufziehen, vielleicht weil sie zu arm sind ...», versuchte der mitleidige Kaplan meinen Schock zu mildern, aber ich starrte ihn nur an. «... oder sie haben schon so viele Kinder, dass für ein weiteres kein Platz mehr da ist. Solche Kinder kann man dann abgeben. Im Krankenhaus. Oder auch in der Kirche.»

Es wurde immer schlimmer. Kinder in der Kirche abgeben? Legte man sie auf den Altar und ging dann wieder? Das konnte doch nicht wahr sein. Doch es war überhaupt nicht abwegig. Ich wusste nicht, dass diese Idee, als sie im Mittelalter aufkam, sogar ein Fortschritt gewesen war – Papst Innozenz III. hatte im 12. Jahrhundert die erste Babyklappe angeordnet, ein sogenannter Drehladen an der Tür des vatikanischen Hospitals vom Heiligen Geist – zur Verhütung von Kindsmord. Meine Welt bestand aus Vater, Mutter, Kindern, Freunden, Tanten, Onkel, Nachbarschaft, und man versuchte einander zu helfen, wo man konnte: Liebe deinen Nächsten! Das war die natürliche Ordnung für mich, und eine größere Ordnung verbarg sich dahinter. Gott, an den ich glaubte, meinte es gut mit den Menschen. Er liebte sie.

«Aber wenn die Eltern zu arm sind, dann kann man ihnen doch mehr Geld geben», schlug ich vor.

Der Kaplan lächelte, nickte – und schwieg.

«Oder Leute, die viel Platz in ihrem Haus haben, könnten die Kinder aufnehmen», fügte ich hinzu. Meiner Einschätzung nach hätte man bei uns zu Hause ohne Probleme noch einige Personen zusätzlich unterbringen können.

«Das geht leider nicht immer», bekam ich zu hören.

Wie viele Erwachsene war auch der Kaplan von meinen radikalen sozialen Reformvorschlägen überfordert. Aber so denken Kinder oft: Sie wissen sehr genau, dass Arme auf der Welt kein Thema wären, würden alle etwas von ihrem Geld oder Essen abgeben – ganz einfach. Bis man ihnen solche Gedanken aberzieht. Trotzdem gab der Kaplan sich Mühe, mir zu antworten. «Bei einigen Kindern weiß man gar nicht, wer ihre Eltern sind. Sie legen ihre Babys ab und verschwinden dann. Das sind die Findelkinder.»

Findelkinder. Das Wort traf mich und löste spontan einen Wunsch aus: Ich wollte auch ein Kind finden! Ein Baby, um genau zu sein. Dieser Wunsch wurde ein Teil meines Lebens, zumal ich sofort damit begann, ihn auf meine (kindliche) Weise in die Tat umzusetzen. Als Erstes musste mein Patenkind, das gerade erst wenige Wochen alt war, als Findelkind herhalten. Paul wurde sorgfältig in eine Babydecke gewickelt und hinter dem Sessel «versteckt». Danach lief ich eine Zeitlang «ahnungslos» durch die Wohnung, bevor ich ihn zu meiner großen Überraschung «fand». Dieser Moment des Findens war ungemein beglückend für mich, und Paul wiederum war so geduldig mit mir (er schrie nie), dass ich ihn mehrmals hintereinander versteckte.

Später lernte ich, dass man Findelkinder zwar findet, aber nicht behält. Dennoch sollten sie weiter eine wichtige Rolle in meinem Dasein spielen, da der intensive Wunsch nicht aufhörte, sondern blieb: Ich will ein Findelkind finden. Das war meine Richtschnur, und von meinen Spielen mit Patenkind Paul bis zu meinem jetzigen Zuhause in einem Kinderdorf richtete ich mein Denken und

Handeln an ihr aus. Meinen Kinderfreund Erik habe ich leider aus den Augen verloren. Er zog später fort, und ich hörte nicht mehr von ihm. Ich hoffe, es geht ihm gut!

Nach der Sonntagsmesse gingen Thea und ich immer gemeinsam in die Pfarrbücherei. Eine feste Tradition, an der wir viele Jahre festhielten. Erst saßen wir auf winzigen, ziemlich unbequemen Stühlchen vor den Bücherkisten und blätterten in Bilderbüchern, und dann lernten wir lesen. Ritual ist Ritual. Zu beratschlagen und zu entscheiden, was man dieses Mal mit nach Hause nehmen wollte, konnte ewig und drei Tage dauern. War die Büchertasche gepackt, schauten wir auf dem Weg zurück zu unseren Eltern gern noch bei den «Großen» vorbei. Die Teenager trafen sich immer Sonntagnachmittag in der Teestube vom Jugendheim. Für uns hieß es: «Eintritt verboten!» Aber die Älteren ein bisschen zu ärgern, indem wir uns dort einschlichen, gehörte zu einem guten Wochenende. Und dieses war sogar ganz besonders gut. Denn ich hatte in einer der Kisten ein Buch gefunden, das mir fast den Atem nahm. Es lag obenauf, und der Titel lautete: *Auf das Herz kommt es an.* Ich konnte es kaum glauben: Es war eine Geschichte über ein Findelkind. Sofort war es um mich geschehen.

«Was hast du da?», fragte Thea nach einer Weile, nachdem wir in der Teestube einen Platz gefunden hatten, wo wir sogar ungestört von den Älteren unsere ausgeliehenen Bücher ansehen konnten. Sie hatte wohl meine Versunkenheit gespürt und selbst nichts Interessantes an ihrem ausgesuchten Exemplar entdeckt.

«Na, ein Buch, was denn sonst ...», nuschelte ich und senkte den Kopf tiefer über die Seiten. Ich wollte weiterlesen und nicht gestört werden, aber so leicht war Thea nicht abzuwimmeln.

«Zeig doch mal, was du dir da ausgeliehen hast.» Sie beugte sich zu mir, um das Buch zu sich zu drehen, damit sie den Titel lesen konnte. Ich verdrehte die Augen und hielt es ihr hin.

«*Auf das Herz kommt es an*», murmelte sie.

«Es geht darin um ein Findelkind», erklärte ich. Und dann merkte ich: Ich war ziemlich aufgeregt über diese Entdeckung. «Jemand hat ein Mädchen gefunden, und dann ist es in ein *Kinderdorf* gekommen.» Ich kostete die Wirkung meiner Worte aus.

«In ein Kinderdorf?», fragte Thea ungläubig. Ich war zufrieden. Sie hatte dieses Wort auch noch nie gehört. «Wohnen da nur Kinder?»

«Nicht ganz», erwiderte ich. «Es ist so was wie ein Heim, aber alle leben gemeinschaftlich zusammen. Ich bin noch nicht so weit.» Und das war der Moment, mit einem leicht vorwurfsvollen Blick die Störung zu beenden und weiterzulesen. Ich stellte mir das Kinderdorf wie unser Dorf vor, nur viel besser: mit Brötchenholen, das eine halbe Stunde dauerte, weil man unterwegs so viele bekannte Leute traf. Alle Türen waren offen, und überall gab es etwas zu essen. Die Kinder hatten Vorfahrt, und vor dem Dorf war ein Schild mit einem durchgestrichenen Auto aufgestellt, darunter stand: «Wir müssen leider draußen bleiben.» Überall durfte man im Kinderdorf spielen, auf jedem Rasen, vor jedem Haus. Es war ein Ort, wo man Kindern zuhörte, wenn sie etwas zu sagen hatten.

«Toll!», sagte Thea nach einer Weile, sie hatte die ganze Zeit aus dem Fenster geguckt, und offenbar waren ihre Gedanken in eine ähnliche Richtung gewandert wie meine.

Am folgenden Sonntag teilte ich ihr meinen Entschluss mit: «Ich will einen Beruf, der mit Kindern zu tun hat, und dann in einem Kinderdorf wohnen.»

Thea las das Buch über das Findelkind, nachdem ich es verschlungen hatte. Ihr Fazit: «Passt! Dein Plan ist genehmigt.» Auch sie wusste, wenn ich mir etwas in den Kopf gesetzt hatte, fand ich auch einen Weg. Damit war im Grunde alles beisammen, was meiner Berufung entgegenkam: Urvertrauen, Gott, Kirche, Findelkinder und Kinderdorf. Mein heutiges Zuhause ist übrigens genau so, wie ich es mir damals vorgestellt habe – das halte ich für ein großes Wunder. Es dauerte allerdings noch zwanzig Jahre, bis ich es fand, und weitere zwölf Jahre, bis ich endlich auf meine «Findelkinder» traf.

In der achten Klasse absolvierte ich ein Schülerpraktikum im Kindergarten. Es gefiel mir dort, aber nicht gut genug, um eine Ausbildung als Erzieherin anzustreben – mein pädagogisches Interesse entwickelte sich erst später. Vorübergehend fand ich auch den Beruf der Hebamme anziehend, bis ich herausfand, dass man da mehr mit Müttern als mit Säuglingen zu tun hat. In der neunten Klasse kam dann ein Berufsberater vom Arbeitsamt in die Schule. Ich sagte ihm, dass ich gern für Kinder sorgen wolle. Er stellte ein paar Nachfragen, zum Beispiel, was ich mit *sorgen* meinen würde. Ich erklärte ihm, dass ich gern Kindern helfen möchte, denen es nicht so gut geht und die allein sind. Er überlegte kurz, schaute in seine Mappe. Dann zog er einen Flyer heraus, drückte ihn mir in die Hand und sagte:

«Mach doch eine Ausbildung zur Kinderkrankenschwester.»

«Krankenschwester?» Ich konnte den skeptischen Unterton deutlich in meiner eigenen Stimme hören.

Er ignorierte es. «Ja, in einem Kinderkrankenhaus.»

Der Mann erklärte mir, dass Kliniken während des Aufenthalts von minderjährigen Patienten die volle Fürsorge übernehmen müssten. Elternunterkünfte oder Eltern-Kind-Zimmer gäbe es kaum, sodass Angehörige abends nach Hause geschickt würden und nicht bei ihrem Sprössling übernachten könnten, und manche Eltern würden auch gar nicht zu Besuch kommen. Letztlich war auch nicht wirklich gewünscht, dass Elternteile zu lange bei ihren Kindern blieben. Es gäbe aufwendige Therapien und lange Aufenthalte, fuhr der Mann fort, über Wochen oder sogar Monate, und die

Nächte könnten sehr lang sein. Diese Patienten bräuchten wirklich jemanden, der sich um sie kümmerte. Mir gefiel, was ich da vernahm. Und am Ende des Gesprächs mit dem Berufsberater war ich Feuer und Flamme. Er sorgte dafür, dass ich an einem Eignungstest teilnehmen konnte. Den Test bestand ich, sodass ich mich bei mehreren Kliniken bewarb. Schließlich war ich bei Schwester Rosemarie gelandet und bekam den gewünschten Ausbildungsplatz in Aussicht gestellt – wenn ich den geforderten Notenschnitt schaffte. Meine schulischen Leistungen waren ziemlich durchschnittlich gewesen, der Schulstoff hatte meiner Meinung nach nichts mit meinem Alltagsleben und meinen Interessen zu tun – eine Erfahrung, die viele andere auch gemacht haben und offenbar immer noch machen.

«Ich bin fast 18 und hab keine Ahnung von Steuern, Miete und Versicherungen. Aber ich kann 'ne Gedichtanalyse schreiben. In vier Sprachen.» Mit dieser 140-Zeichen-Nachricht auf Twitter löste eine Kölner Schülerin eine bildungspolitische Debatte aus – im Januar 2015. Es scheint sich nicht so viel geändert zu haben. Das Ergebnis: unmotivierte Schüler, die sich im Nachhinein nur ungern an ihre Schulzeit erinnern. Es gibt genügend pädagogische Ansätze, daran etwas zu ändern. Aber das Bildungswesen bewegt sich teilweise noch langsamer als die Kirche. Wie auch immer: Ich hatte jetzt ein Ziel vor Augen – und schaffte auch den erforderlichen Notendurchschnitt.

Nach Abschluss der Schule und einer Überbrückungszeit in einer hauswirtschaftlichen Schule wie auch bei meiner Quasi-Au-Pair-Familie in Bonn zog ich als frischgebackener Azubi ins Schwesternwohnheim der Uni-Klinik in Düsseldorf. Es begann eine tolle Zeit. Ich war meine eigene Herrin, lebte mit anderen Schwesternschülerinnen und Examinierten zusammen, und das Wissen flog mir zu, weil es mich endlich interessierte. Da wir Mädchen alle in der gleichen Situation waren – von zu Hause fort, das erste Mal mit eigenem Hausstand in einer fremden Stadt, fanden wir schnell zusammen. Wir gingen aus, nutzten in unserer Freizeit das reichhaltige kulturelle Programm der Großstadt, die Ermäßigungen für Auszubildende bei Theater, Oper oder Kino.

Als Kleinstadtbürgerin war ich regelrecht euphorisch über die Vielfalt und Möglichkeiten großstädtischen Lebens. Wir unternahmen spontan Ausflüge in die nähere Umgebung – hierfür hatte ich mir nach einigen Monaten eine blau-rote Ente zugelegt, mit dem typischen Rolldach, der Revolverschaltung und Fenstern zum Hochklappen. Das Auto war stets voll besetzt. Wir liebten es, durch das vornehme Düsseldorf zu fahren, während aus den (schlechten) Lautsprechern «Relax. Don't Do It!» von Frankie Goes to Hollywood dröhnte, und so mancher Sportwagenfahrer fühlte sich an der Ampel bemüßigt, uns «jungen Dingern» zu zeigen, wer im Asphaltdschungel der Allerschnellste war. Den *jungen Dingern* machte es nichts aus, auch nicht dass wir in etlichen Nächten nur wenig Schlaf bekamen und am nächsten Morgen um sechs der Frühdienst begann. Wir mussten unglaublich viel lernen, aber abends gingen im Wohnheim die Türen auf, das hieß bei uns: «Besuchszeit!»

Meine erste Station war die der Wöchnerinnen und Neugeborenen. Es gab einen großen Raum, der vollgestopft mit Babys war – eine Überdosis! Rooming-in auf den Säuglingsstationen kam Ende der Achtzigerjahre gerade erst auf, sodass die Neugeborenen nur vorübergehend bei ihren Eltern auf dem Zimmer waren. Die Überdosis bedeutete jedoch für mich: Ich war im Paradies gelandet. Von Behaglichkeit im «Kindersaal» zu sprechen, davon war man aber noch weit entfernt. Es ging eher praktisch zu: Drei Wickeltische standen nebeneinander auf der einen, drei weitere an der Fensterseite des Raums. Dazwischen die Reihen mit kleinen Schiebebettchen aus Plexiglas.

Auf der anderen Seite des Flurs befand sich der Kreißsaal – auch nicht besonders heimelig, ganz anders, als es derzeit auf Geburtsstationen üblich ist. «Kreißsaal» ist überhaupt ein übles Wort, leitet es sich doch ab von dem mittelhochdeutschen Begriff *krîzen*, was so viel wie «schreien» oder «stöhnen» bedeutet. Auch das Verb «kreischen» kommt daher, was aber die Geräuschkulisse ganz gut traf. Trotzdem war es für mich ein großes Glück, als ich zum ersten Mal bei einer Geburt dabei sein durfte. Erblickt ein Mensch das Licht der Welt, ist das immer eine Hoffnung, ein Neuanfang. Man sagt ja auch: «Jedes Kind ist eine Brücke zum Himmel.» Nach diesem Erlebnis konnte ich die kleinen Wunderwesen nur mit noch größerem Respekt anschauen. Sie mussten sich von jetzt auf gleich in einer völlig anderen Atmosphäre zurechtfinden, und ich verstand ihr Weinen als Zeichen von Haltlosigkeit und einem Bedürfnis nach Nähe. Gern ließ ich mir daher beim Wickeln ein wenig mehr Zeit.

Gefühle hatten aber wenig Platz im medizinischen Bereich. Einerseits fand ich das gut, weil man mit nüchternem Kopf die richtigen Entscheidungen treffen kann. Außerdem kommt mir meine medizinische Ausbildung jetzt als Kinderdorf-Mutter in vielen Situationen zugute, wo andere Mütter vielleicht die Nerven verlieren würden. Andererseits fehlte es mir im Pflegealltag an persönlicher Anteilnahme – oder hatte ich zu idealisierte Vorstellungen? Ich denke nicht. Unter heutigen Bedingungen würde ich diesen Beruf nicht mehr ausüben wollen. Zeitdruck und ausufernde Bürokratie haben ein rationales, rasches Handeln in einen kurzatmigen gehetzten Berufsalltag verwandelt, nicht viel ist übrig geblieben vom eigentlichen Pflegen. Dabei sollte gerade da, wo es um Heilung geht, Stress vermieden werden, weil Schmerzen und Ängste aufreibend genug sind.

In meinen Augen ist zwischenmenschliche Zuwendung das A und O im medizinischen Bereich, es bleibt aber auf der Strecke, weil Apparate alle Probleme lösen sollen. Das heißt nicht, dass ich die Errungenschaften der Technik und der Wissenschaft nicht anerkenne, aber sie können kein Ersatz sein für die liebevolle Zuwendung von Mensch zu Mensch, die ebenso heilsam ist wie ein gutes Medikament – und das gilt nicht nur für einen Klinikaufenthalt! Keine Pille hätte damals Malik helfen können, einem etwa zwei Jahre alten Jungen, der an Krebs erkrankt war. Er wurde von keinem Elternteil begleitet, meistens schrie und weinte er und ließ niemanden an sich heran. Ich habe mich stundenlang an sein Bett gesetzt, um sein Vertrauen zu gewinnen. So wie der kleine Prinz das Vertrauen des Fuchses gewinnen möchte.

«Spiel mit mir», bittet er den Fuchs.

«Ich bin so traurig», antwortet der Fuchs, und: «Ich kann nicht mit dir spielen, ich bin noch nicht gezähmt.»

So war es auch bei Malik. Er musste sich an mich gewöhnen. Dann durfte ich ihn berühren, sogar wickeln, ohne dass er einen Mucks von sich gab. Aktuell ist es fast unvorstellbar, dass eine Krankenschwester nur am Bett eines Patienten sitzt und sonst nichts tut. Als wäre das Nichtstun! Wir brauchen menschliche Wärme, besonders dann, wenn es uns nicht gut geht und wir schwach sind. Der Mangel daran ist ein schwerwiegendes Problem, doch nur zögerlich gehen die Fachkräfte auf die Straße, um gegen chronische Überforderung zu demonstrieren – sie haben ein schlechtes Gewissen, denn wer versorgt, solange sie streiken, die Alten oder Kranken?

Das Idealbild des deutschen «Gesund- und Krankenpflegers», wie es momentan so schön heißt, hat mit dem der christlichen Ordensschwester große Schnittmengen: Aus einer Herzensneigung heraus versehen sie ihren Auftrag, ihr nicht gerade üppiges Gehalt polstern sie mit Nachtschichten auf. Sie ignorieren eigene Bedürfnisse und gesundheitliche Probleme, bis es nicht mehr geht. Medikamente und Maschinen werden immer kostspieliger, doch für Coaching, Entspannungstraining oder Kurse, in denen man lernt, die Arbeit besser aufzuteilen, zu delegieren oder gar sich selbst abzugrenzen, ist kein Geld vorhanden. Gemessen an unserer Wirtschaftsleistung gibt Deutschland Unsummen für das Gesundheitssystem aus, nur bei den Personalkosten wird gespart, und das ist und bleibt die falsche Stelle.

Die Begeisterung für das Kloster war während des ersten Ausbildungsjahrs ins Hintertreffen geraten. Nach wie vor stand ich mit Marie in Briefkontakt, allerdings spärlicher, weil sie jetzt in einer Phase war, in der ihre Kontakte zur Außenwelt weniger wurden. Mein Interesse war jedoch nicht erloschen, und ich erinnerte mich gern an die fröhliche Gemeinschaft – nur war sie so weit weg! Der Besuch bei Marie hatte mir *eine* Art von Klosterleben gezeigt, aber ich wusste mittlerweile, dass es Orden gab wie Sand am Meer und alle möglichen Formen der beruflichen Ausübung von Ordensfrauen. Man konnte Schulschwester sein, Krankenhausschwester, eine Schwester, die sich der Sozialarbeit widmet oder einen Kindergarten leitet. Natürlich gab es auch Frauen, die zurückgezogen und kontemplativ lebten. Irgendwann, als ich mich im Krankenhaus eingelebt hatte, wollte ich mehr über sie erfahren – doch wie? Internet gab es noch nicht für Normalsterbliche, und in Telefonbüchern verschiedener Städte alle Einträge, die mit «Kloster» begannen, herauszusuchen, dafür hatte ich definitiv keine Zeit.

Wieder kam der Zufall zu Hilfe. Ich hörte von «Tagen der Begegnung», einem Event für Jugendliche in Münster, die Mönche und Nonnen kennenlernen wollten. Heute weiß ich: Schon mancher verwandelte sich anlässlich solcher Schnuppertage vom Bankkaufmann zum Bettelmönch. Auf Klosterisch werden interessierte Neulinge «Guckfräuleins» genannt, bei den Männern sind es die «Sehmänner». Und genau darum ging es mir – ich wollte nur mal gucken.

Die erste Überraschung gab es schon bei der Ankunft: Etwa 150 junge Erwachsene zwischen sechzehn und fünfundzwanzig hatten sich zu den Schnuppertagen angemeldet, mit so vielen Leuten hatte ich nicht gerechnet. Bisher war ich mir exotisch vorgekommen, wie ein Tier mit blauen Streifen in einer Herde, in der alle anderen grüne Streifen hatten. Niemand aus dem Schwesternheim konnte mein Interesse am Klosterleben nachvollziehen, daher war es toll, so viele Gleichgesinnte zu treffen.

Nach der Eingangsveranstaltung wurden wir auf verschiedene Ordenshäuser der Stadt verteilt. Die Gruppen waren zwischen vier und fünfzehn Personen groß, je nach Größe des Gästetrakts der einzelnen Konvente. Wir wurden nach Geschlechtern getrennt, und jeweils eine Schwester oder ein Bruder nahm uns mit zu sich «nach Hause». Ich wurde Schwester Anna-Magdalena zugeordnet, die in einem großen Gebäude wohnte, das Anfang des 20. Jahrhunderts gebaut worden war. Wir wurden durch lange Gänge mit Steinfußböden geführt, sie rochen nach Reinigungsmittel und hatten eine beeindruckende Anzahl an Türen. Da wir Gäste waren, wurden wir nicht im Hauptgebäude, sondern im gerade fertiggestellten Noviziatshaus untergebracht. Bislang war hier noch keine Novizin (Klosterisch: Azubi) eingezogen. Ich bekam ein kleines, helles Zimmer mit Kleiderschrank, Bett, Schreibtisch, Stuhl und Kommode zugewiesen, an der Wand hingen ein Kreuz und ein Heiligenbild – die typische Inneneinrichtung eines Klosterzimmers. Am ersten Abend aßen nur die Gruppenmitglieder zusammen, anschließend saßen wir alle noch mit Schwester Anna-Magdalena beieinander und redeten über Gott und die Welt. Irgendwann stand die Schwester auf und sprach ein einfaches Abendgebet. Danach schlug sie uns vor, doch mal auszuprobieren, bis zum nächsten Morgen zu schweigen.

«Ich habe sowieso keine Verabredung mehr», witzelte ich, vorlaut wie immer. «Aber vielleicht möchte ich ja noch mit Gott reden.»

Sie lächelte mich an. «Das ist kein Verbot», sagte sie und fügte erklärend hinzu: «Wir versuchen nach dem letzten Gottesdienst bis zum Morgen nicht mehr zu sprechen, weil Reden sehr stark ablenken kann.»

«Von was?», fragte ich.

«Von allem», lautete die rätselhafte Antwort.

Ich nickte, ohne zu verstehen, doch ich war sowieso müde von der letzten Woche, in der ich Frühdienst auf der Chirurgie gehabt hatte. Da konnte Stillsein keineswegs schaden. Zurück in meiner Klosterzelle, ließ ich mich auf den Stuhl fallen und den Raum auf mich wirken.

«Schön hier», sagte ich halblaut zu mir selbst, «so ruhig.»

Ich blieb sitzen. Es wurde langsam dunkel. Ich rührte mich nicht vom Fleck. Niemand wollte etwas von mir, und ich konnte für mich sein. Wie wohl das tat! Die Einfachheit der Einrichtung und die Stille im Haus – an diesem Abend wurde meine Liebe zum Schweigen geboren. Es war wie Wurzeln schlagen im Nichts! Keine Musik, die dudelte, kein Buch, das mich beschäftigte, keine Notizen, die ich über meinen Lernstoff zu machen hatte, kein Gespräch, über das ich nachsann.

«Wüstentage», ich erwähnte es schon, halte ich für sehr sinnvoll. Unsere Gehirne sind nicht darauf geeicht, vierundzwanzig Stunden am Tag Eindrücke aufzunehmen, zumindest nicht in der Menge, an die wir uns scheinbar gewöhnt haben. Der permanente Geräuschpegel des Alltags – Verkehr, Baustellen, Telefon, Fernseher – muss verarbeitet werden. Das geht am besten beim Nichtstun und im Schweigen, ist aber gar nicht einfach, es sei denn, man ist todmüde, so wie ich es an jenem Abend war – oder geübt. Ebbt der äußere Krach ab, erleben die meisten, dass der «innere Krach» erst richtig losgeht. Unangenehme Gedanken, Befürchtungen, Dialogfetzen, Dinge, die zu tun sind – all das kann plötzlich auftauchen. Auch Gefühle wie Nervosität und Einsamkeit steigen möglicherweise in einem hoch – das Geplapper des Alltags hatte sie nur verdeckt. Daher ist es leicht gesagt: «Nimm dir Zeit, entspanne dich, komm zur Ruhe», wenn man häufig bei einem solchen Versuch das Gegenteil erlebt. Die gute Nachricht ist: Abschalten kann man lernen. Wenn wir dranbleiben und Zeiten der Ruhe regelmäßig wiederholen, beruhigt sich der Geist irgendwann. Vielleicht ist das auch einer der Gründe, warum Ordensleute im Schnitt gesünder sind als «Weltmenschen» – weil sie so viel schweigen dürfen, oder müssen; je nachdem, wie man es empfindet.

Im religiösen Leben ist das Schweigen mit einer Absicht verbunden, die über das reine Wohlfühlen oder Ausruhen hinausgeht. Äußerlich still zu sein, öffnet die Tür für spirituelle Wahrnehmungen, die vielleicht nie ans Licht gelangen, solange man etwas «tut». Die Stille Gottes ist wie ein wolkenloser Himmel. Der Dominikaner Meister Eckhart hat dem Schweigen eine ganze Lob-Predigt gewidmet und erklärt, dass Gott dann am besten zu einer Seele sprechen kann, wenn sie ihn auch mal zu Wort kommen lässt, mit anderen Worten, wenn man den Mund hält: «Inmitten des Schweigens ward mir zugesprochen ein verborgenes Wort.»

An jenem Abend im Klosterzimmer erhielt ich einen Vorgeschmack davon. Ich saß und schwieg, bis es dunkel war. Bald darauf schlief ich tief und fest.

Der nächste Tag begann mit einer Gebetszeit, sämtliche Bewohnerinnen des Klosters waren anwesend. In der großen, düsteren Kirche saßen in den vorderen Bänken etwa fünfzig dunkel gekleidete Schwestern, die neugierig hochblickten, manche nur für einen Augenblick. Wer weiß, vielleicht hofften sie auf potenzielle Kandidatinnen für ihr Kloster.

Nach dem Kirchgang gab es ein einfaches Frühstück, darauf folgte meine erste Bibelmeditation. Diesen Begriff hatte ich noch nie gehört, war aber neugierig. Wir wurden eingeladen, ein Kissen zu nehmen und uns in einem hellen, leeren Raum zu verteilen. Ich sicherte mir einen Platz an einem der tiefliegenden Fenster: Sollte mir langweilig werden, konnte ich immer noch hinausschauen. So mein Plan. Schwester Anna-Magdalena verteilte Zettel mit Bibelstellen an uns, jede Schnuppernde bekam eine.

«Lest eure Passage mehrmals durch», lautete die Anweisung, «dann versucht euch vorzustellen, wie die Situation damals gewesen sein könnte.»

«Was meinen Sie mit vorstellen?», fragte ich. «Soll ich mir einfach etwas ausdenken?»

«Alles ist erlaubt», bestätigte die Schwester. «Fühlt euch ein in die Situation und fühlt euch angesprochen von der Geschichte. Fragt euch, was Gott euch damit sagen möchte. Dann haltet inne. Versucht nicht darüber nachzudenken und hört auf das, was sich in euch tut.»

Auf das zu hören, was sich in mir tat, war die komischste Anweisung, die ich je erhalten hatte. Während ich noch darüber nachdachte, was es bedeuten könnte, vernahm ich abermals die Stimme von Schwester Anna-Magdalena: «Ihr habt dreißig Minuten Zeit!»

Konnte ich überhaupt so lange still sitzen? Es war jetzt eine völlig andere Situation als am Abend zuvor, doch ich nahm mir vor durchzuhalten. Danach schaute ich auf den Zettel in meiner Hand, da stand: «1 Könige 19, 9a, 11–13.» Eine Bibel hatten wir ausgehändigt bekommen, aber wie um Himmels willen sollte ich in einem so dicken Buch die richtige Stelle finden? Es war – obwohl ich durch und durch katholisch bin – das erste Mal, dass ich selbst einen Vers nachschlagen musste. Hilflos blätterte ich durch die Seiten, wurde dann aber schneller als gedacht fündig. Das Buch der Könige befindet sich relativ am Anfang des Alten Testaments, und es gibt zwei davon. Gespannt fing ich an zu lesen. Es war die Geschichte von Elija, einem Propheten des alten Israel. Er wird verfolgt und versteckt sich in einer Höhle, um darin zu übernachten.

Und Gott sprach zu ihm: «Was willst du hier, Elija?»

Beneidenswert, dass Gott zu ihm sprach, dachte ich sofort. Das wünschte ich mir auch. Dann ging es weiter:

«Komm heraus und stell dich auf den Berg vor den Herrn.»

Er sollte also Gott treffen, von Angesicht zu Angesicht. Aber erst einmal blieb er in der Höhle, denn es kam ein heftiger Sturm auf, der die Berge zerriss, bei dem Felsen zerbrachen. Es gab keinen großen Schutz mehr für Elija, der jedoch stoisch weiter wartete. Gott war *nicht* in dem Sturm, erklärte das Buch der Könige.

Aha, dachte ich, wo ist er dann?

Als Nächstes erfolge ein Erdbeben. Ich wurde misstrauisch: Wollte Gott Elija umbringen, oder was sollte das? Gott war auch nicht im Erbeben. Als Krönung des Desasters war Elija einer Feuersbrunst ausgesetzt. Spätestens hier wäre ich davongelaufen. Tat Elija aber nicht, er blieb in seiner Höhle. Fazit: Gott war bislang nicht erschienen, und Elija hatte drei Katastrophen überlebt. Und nun? Als letzter Satz stand da:

«Nach dem Feuer kam ein sanftes, leises Säuseln. Als Elija es hörte, hüllte er sein Gesicht in den Mantel, trat hinaus und stellte sich an den Eingang der Höhle.»

Ich war verblüfft. Der Gott des Alten Testaments ist sehr machtvoll, nicht selten wird er wütend. Er schickt die Sintflut, bringt die Menschheit fast um, und dass er sie am Ende verschont, ist mehr seiner Tier- und Pflanzenliebe zuzuschreiben, denn diesen Teil der Schöpfung fand ER sehr gelungen. Erhaltenswerte menschliche Qualitäten konnte er nicht finden, was sehr bezeichnend ist. Gott ruft zum Krieg auf, wird selbst zum Krieger, teilt für Mose das Meer, bevor er dann die Ägypter tötet, als er die Wogen zurückfluten lässt. Solche Passagen gibt es viele: Gott ist mächtig, der Mensch winzig. Gott schickt Donner und Blitz – der Mensch wirft sich in den Staub. Gott befiehlt, der Mensch hat zu gehorchen. Gott rächt. Gott straft.

Mit solchen Vorstellungen sind die meisten Christen aufgewachsen, auch ich, doch diese Ideen waren mir im Innersten immer fremd geblieben. Klar hatte ich mich als kleines Mädchen vor dem «Blitzstrahl» aus Gottes Augen gefürchtet, weil ich ein Papierflugzeug in der Kirche auf den Weg brachte. Doch je älter ich wurde, desto überflüssiger fand ich solche Bilder. Ich brachte Gott nicht mit Bedrohung in Verbindung, auch nicht mit großem Getöse, den prasselnden Klängen der Kirchenorgel oder wortgewaltigen Predigten. Und schon als mir nahegelegt wurde, zur Beichte zu gehen, um einem fremden Mann, einem Stellvertreter Gottes, anzuvertrauen, was ich nicht gut gemacht hatte, war ich überzeugt: Gott ist mir nicht böse. Für ihn brauche ich das nicht zu machen.

Die Geschichte von der leisen Begegnung des Elija, wo kein Kniefall notwendig ist und kein Asche-auf-mein-Haupt-Streuen, die gab mir auf einmal recht. Dass der «Allmächtige» auch sanft ist, eine weibliche Seite hat, das berührte mich tief und sprach mich als werdende Frau natürlich stark an. Gottes Zärtlichkeit ist leider nicht so populär wie das Bild vom allmächtigen Richter oder allwissenden Vater, was daran liegt, dass Kirchenmänner in der Geschichte Gott nach *ihrem* Abbild geschaffen hatten – und nach dem Abbild ihrer Gesellschaft, in der Probleme meistens mit der Faust oder dem Schwert gelöst wurden.

Doch es gab und gibt Ausnahmen. Im Februar 2015 las ich auf einer Internetplattform, dass ein amerikanischer Priester im Hospital während einer Nahtoderfahrung Gott traf – in Form einer warmen, tröstlichen und mütterlichen Lichtgestalt. Als Vater O'Neill daraufhin sein neues Verständnis von Gottmutter, Sohn und Heiligem Geist mit der ganzen Christenheit teilen wollte, bekam er Ärger mit seinen Oberen, und der Erzbischof von Boston beeilte sich zu versichern, der Priester hätte halluziniert. Gott wäre selbstverständlich *keine* Frau. Einige Zeit später stellte sich heraus, dass die Geschichte ein Hoax gewesen war, ein Internetmärchen – allerdings kam es mir sehr realistisch vor.

Auch in dem wunderbaren Roman *Die Hütte* des Kanadiers William Paul Young ist Gott eine Frau, eine kräftige und herzliche Afroamerikanerin. Jesus ist ein hebräischer Handwerker und der Heilige Geist eine Asiatin namens Sarayu, was «Wind» bedeutet. Gott gesteht, dass die Schöpfung einen Weg eingeschlagen hat, den sie nicht vorhergesehen hatte: «Das ‹Streben nach Macht und Unabhängigkeit› ist so weit verbreitet, dass ihr es heute als normal anseht.» Doch sie respektiert die Willensfreiheit und sogar das Böse: «Ich zwinge euch niemals meinen Willen auf und lasse euch völlige Entscheidungsfreiheit, selbst wenn eure Handlungen zerstörerisch und leidvoll für euch selbst oder andere sind.» Elija hätte wahrscheinlich nicht von einer mütterlichen Gottheit gesprochen. Und auch ich tue das nur, um in «gängigen» Vorstellungen zu sprechen. Gott ist natürlich weder weiblich noch männlich. Doch Elija erkannte, dass Gott in dem Leisen und Sanften zu finden ist, und was davon nach den Schnuppertagen in mir blieb, war die tiefe Sehnsucht, Gott zu begegnen, von Angesicht zu Angesicht, so still wie das Säuseln vor der Höhle des Elija.

4. Krankenschwester oder Klosterfrau? Zwei Seelen wohnen, ach, in meiner Brust

Auf der Frühchenstation gab es ein kleines Mädchen, Carina, das sehr unruhig war und die ganze Zeit mit ihren winzigen Armen und Beinen in ihrem Inkubator ruderte, als würde sie Halt suchen. Ihr kleiner Körper, gerade mal 1050 Gramm schwer, sah so unglaublich verloren in dem Kasten aus Plexiglas aus – wie ein Vögelchen, das aus dem Nest gepurzelt war. Aus einer Intuition heraus habe ich sie in einem Tuch vor meinen Bauch gebunden und machte dann mit meiner Arbeit, Hemdchen und Jäckchen ineinanderlegen und falten, weiter. Sie wurde sofort ruhig und schlief nach kurzer Zeit tief und fest. Weil es so gut funktionierte, wiederholte ich dieses Vorgehen auch mit anderen Kindern, und die Methode bewährte sich. Da sie aber bei uns auf der Station noch nicht praktiziert wurde, bekam ich mit mancher der älteren Schwestern Ärger. Als Schwesternschülerin solle ich solche Experimente bitte lassen, hieß es. Ich machte trotzdem mit ihnen weiter, zumindest wenn sie nicht im Dienst waren. Gestärkt war ich aus meiner «Höhle» namens Kloster wieder herausgekommen und stellte mich dem spannenden Alltag des Kinderkrankenhauses.

Bis weit in die achtziger Jahre hinein war es noch üblich, dass man Neugeborene nicht «verwöhnen» durfte – auch nicht wenn sie weinten. Schreien lassen!, das war die Devise. Das würde die Lungen stärken. Ein Überbleibsel der Nazi-Pädagogik, wie ich nachgelesen habe. Der Erziehungsratgeber von Johanna Haarer:

Die deutsche Mutter und ihr erstes Kind von 1936 ist da ganz rigoros: Wenn das Kind schreit und auch der Schnuller nicht hilft, «dann, liebe Mutter, werde hart! Fange nur ja nicht an, das Kind aus dem Bett herauszunehmen, es zu tragen, zu wiegen oder es auf dem Schoß zu halten.» In vielen Bücherschränken der Nachkriegszeit stand noch dieses «Werk», wurde sogar mangels Alternativen mehrmals erneut aufgelegt, und ich denke, dass diese Art von Lektüre meine älteren Kolleginnen beeinflusst hat.

Von Anfang an hielt ich nichts von dieser «Hart-wie-Kruppstahl»-Mentalität, ich war aber auch in einer anderen Zeit aufgewachsen. Für mich war klar, dass Körperkontakt den meisten kleinen Patienten das noch ungewohnte und sehr frühe Dasein außerhalb des mütterlichen Bauchs leichter machte, selbst wenn sie Schmerzen hatten. Nur die Dosis musste man herausfinden: Manchmal reichte es schon, wenn man im selben Raum blieb. Die Mütter freuten sich, wenn ich Dienst hatte: Sie wussten, dass ich ihre Kinder nicht schreien lassen würde. Später, ich war längst auf einer anderen Station, kam unerwartet eine Bestätigung meiner Einschätzung: Schwester Katrin trat nach dem Schichtwechsel in das winzige Schwesternzimmer, das nur mit einem Schreibtisch, der obligatorischen Kaffeemaschine und ein paar Stühlen ausgestattet war. Darin hielt man sich auf, wenn mal nichts zu tun war, was jedoch nur selten vorkam. Ich hatte gerade eine Tasse Kaffee vor mir stehen, als sie mit einer Zeitschrift vor meiner Nase herumwedelte.

«Dich hab ich gesucht», rief sie gut gelaunt, knallte das Heft schließlich auf den Tisch und schlug es auf. «Hier, schau mal ...»

Es war ein Artikel über eine Methode, die Ärzte in Kolumbien entwickelt hatten, doch ich fand kaum Zeit, die ersten Sätze zu lesen. Katrin stieß energisch mit dem Finger auf die Stelle, die ihr wichtig war. «Eigentlich ist es aus der Not heraus entstanden. Sie hatten zwei Frühgeborene, aber keinen Inkubator mehr frei ...»

«Das ist ja blöd, dann kühlen die Kinder zu schnell aus», murmelte ich automatisch beim Lesen.

«Genau. Und deshalb haben die Kinderärzte dort die Babys ihren Müttern auf die Brust gelegt. Dann Tücher drauf, damit die Wärme nicht verloren geht. Fertig.»

«Genial!», sagte ich.

«Deine Methode!», triumphierte sie, und wir lachten, weil wir beide die Gesichter unserer brummigen Schwestern vor Augen hatten. Ich freute mich, dass meine «umstrittene» Vorgehensweise jetzt wissenschaftliche Bestätigung fand. Die «Kängurumethode», die 1979 in Kolumbiens Hauptstadt Bogotá entdeckt wurde, hat ihre Wirksamkeit mittlerweile in vielen Studien unter Beweis gestellt: Legt man ein Frühchen nackt auf die Brust von Mutter oder Vater – oder einer anderen Bezugsperson –, entwickelt das kleine Wesen sich besser. Den Herzschlag eines anderen Menschen zu hören, macht (nicht nur) die Winzlinge ausgeglichener, und häufig schlafen sie auch schneller ein. Das kann sich als schwierig gestalten, wenn sie «verkabelt» sind, permanent Sauerstoff oder Nährflüssigkeit zugeführt bekommen. Aber selbst davon lassen sich die Pfleger und Pflegerinnen nicht entmutigen. «Känguru» wird in vielen pränatalen Stationen angeboten, da Kinder, die berührt werden, eine größere Überlebenschance haben. Ist eigentlich auch klar, finde ich, wenn man das Herz auf dem rechten Fleck hat.

Düsseldorf war eine wunderbare Stadt, doch hin und wieder dachte ich ans Kloster – und verspürte dann Sehnsucht. Nach Marie und Hildegard, nach dem Gefühl der Gemeinschaft, nach einer Begegnung mit der unerklärlichen Kraft in mir. Diese zwei Welten befanden sich auf Kollisionskurs, sie passten nicht zusammen.

Nahm die Sehnsucht nach Stille überhand oder wollte ich mit jemandem über meine Suche sprechen, fuhr ich in ein Männerkloster in der Umgebung. Nach und nach wurde ich in ihm fast wie ein Familienmitglied aufgenommen. Bis heute habe ich Kontakt zu den Brüdern, wenn auch leider viel zu selten. Sicherlich hätte ich während meiner Ausbildung die Fromme sein können: jeden Tag in die Messe gehen, regelmäßig meditieren, mich mehr zurückziehen. Doch wozu sich abmühen mit Dingen, die das Leben so viel unbequemer machten? Was ich suchte, war Gemeinschaft und die Beziehung zu Gott, und das konnte ich auch bei einem Glas Wein mit Freunden genießen. Und wenn mir das Herz in der Oper aufging, fühlte ich mich der Ewigkeit nahe.

Ein Jahr nach den ersten Schnuppertagen im Kloster meldete ich mich zu weiteren in Münster an. Vielleicht wird ja die Erleuchtung über mich kommen, dachte ich, wenn ich dort bin. Auch hatte ich dieses Mal ein paar konkrete Fragen im Gepäck. Bei meiner Ankunft erschien mir die Situation geradezu vertraut: Wieder einmal kamen wir in Kleingruppen in die verschiedenen Ordenshäuser der Stadt, dieses Mal brachte man mich in einem anderen Frauenkloster unter. Es war ein allerdings ähnlich großer Bau aus dem frühen 20. Jahrhundert wie im Jahr zuvor, mit langen Gängen und dem typischen Geruch von Reinigungsmittel – das schien zu Klöstern zu gehören. Schwester Gudrun, die unsere Gruppe betreute, war Mitte dreißig und trug ein kurzes schwarzes Ordenskleid mit Schleier. Modern ist anders, dachte ich. Längst nicht jede Nonne hatte die Beine für ein derartiges Outfit. Es ist wirklich eine Herausforderung, eine Berufsbekleidung zu kreieren, die an den verschiedenen Frauenkörpern (er)tragbar aussieht. Als wir bei den Dominikanerinnen an einem neuen Modell für das Ordenskleid tüftelten, gab uns eine meiner Mitschwestern mit auf den Weg: «Denkt auch an die kleinen Dicken!»

Mittlerweile bin ich Fachfrau in dem lustigen Ratespiel «Welcher Orden ist das?» und kann an den Farben, am Schnitt und den Utensilien erkennen, um welche Tracht es sich handelt – oder zumindest einen Trend abgeben, eher franziskanisch, benediktinisch oder eher neue geistliche Gemeinschaft. Da gibt es enorme Unterschiede – vom einfachen Umhang bis zur kompletten *Uniform* inklusive Schuhe und Strümpfe. Aber ich möchte nicht vorgreifen. Damals war alles, was damit zusammenhing, ein Buch mit sieben Siegeln für mich. In diesem Jahr erfuhr ich mehr über einzelne Orden und die Entwicklung des Mönchstums. Trockener Stoff eigentlich, aber zugleich ein spannender, jahrhundertelanger Fortsetzungsroman. In dem Buch *Ora et labora. Die großen Orden*, an dem ich mitwirkte, werden die Besonderheiten der einzelnen Gemeinschaften beleuchtet.

«Eine klösterliche Gemeinschaft ähnelt dem Ideal Platons.» Schwester Gudrun fiel es leicht, uns in den Bann zu ziehen – altmodische Kleidung hin oder her. Sie erzählte frei von der Leber weg, wahrscheinlich war es das, was mir am meisten an ihr gefiel. «Das bedeutet im Klartext: Jeder trägt etwas zum Gemeinwesen bei, und alles ist gleich wichtig; es gibt keine Rangordnung. Es ist dieselbe Idee, die auch Platons Werk *Der Staat* zugrunde liegt. Viele Jahre später hat Karl Marx die des Griechen dann geklaut und gesagt: ‹Jeder nach seinen Fähigkeiten, jedem nach seinen Bedürfnissen.› Klingt verdammt ähnlich, oder?» Schwester Gudrun grinste in die Runde.

Ohne dass man mich als kommunistisch bezeichnen konnte, fand ich das gut. Sind Ordensleute berufstätig, zahlen alle in eine gemeinsame Kasse ein, und daraus werden sämtliche Ausgaben bestritten – *jedem nach seinen Bedürfnissen*. Das ist einer der Unterschiede zwischen Nonnen und Ordensschwestern. Letztere haben Berufe und gehen auch außerhalb des Klosters zur Arbeit. Auch ich werde fälschlicherweise oft als Nonne bezeichnet, obwohl ich eine Schwester bin. Nonnen leben kontemplativ und eher abgeschirmt von der Welt, sie beten die klassischen sieben Gebetszeiten, die Benedikt erstmals eingeführt hatte. Schwestern wiederum sind in sogenannten Kongregationen zusammengeschlossen, jenseits der klassischen Orden. Sie durften sich dann eine der bestehenden Regeln (benediktinisch, franziskanisch, augustinisch etc.) als Grundlage auswählen und sie in Konstitutionen (Klosterisch: Verfassung) passend für den eigenen Alltag umschreiben.

Innerhalb beider Lebensformen haben sich die evangelischen Räte durchgesetzt. Das sind keine ernst dreinblickenden Männer, die einem Untersuchungsausschuss vorsitzen, sondern Ratschläge von Jesus, die aus dem Neuen Testament abgeleitet wurden: Armut, Ehelosigkeit und Gehorsam. Sie wurden mal streng, mal großzügig, phasenweise auch gar nicht befolgt, zum Beispiel zu Zeiten der Renaissancepäpste, die ihre Schlafgemächer mit erotischen Zeichnungen schmückten und ihren Neffen oder leiblichen Söhnen (!) hohe Kirchenämter vermachten. Ich erfuhr nun anlässlich meines zweiten Besuchs in Münster, dass die Geschichte der einzelnen Orden großen Veränderungen unterlag: Viele Gemeinschaften begannen streng und asketisch, wurden aber im Lauf der Zeit reich und behäbig.

«In Schwesternkreisen erzählen wir uns gern die Geschichte der Seenotrettungsstation», bemerkte Schwester Gudrun, nachdem sie uns eine Art Stammbaum mit vielen unterschiedlichen Orden an einer Tafel aufgemalt hatte. «Einst wurden der Orden, die Seenotrettungsstation, an einer wilden Küste gegründet, wo viele Menschen vom Meer geschluckt wurden. Die Mitglieder der Station retteten schlechte Schwimmer vor dem Ertrinken, und immer mehr Menschen fanden, dass das eine gute Sache war, und sie wurden selbst Mitglied, um weitere Schwimmer zu retten.»

Nach einigen Jahren, so erfuhren wir weiter von Schwester Gudrun, musste die Station vergrößert werden, ein neuer Wohntrakt wurde angebaut. Danach kam noch ein Klubhaus hinzu, weil man abends gesellig beisammensitzen wollte. Man veranstaltete Gesprächskreise, in denen über die besten Methoden der Seenotrettung debattiert wurde. Mit der Zeit wurden diese immer ausgeklügelter, doch die Ertrinkenden vergaß man über all dem Gerede, sie störten nur die Abende und das gute Einvernehmen. Einige Mitglieder regte das auf, weil sie doch genau deswegen gekommen waren. Sie wollten retten, nicht reden. Es gab Streit, der zu einem Bruch führte. Die «Neuen» gründeten ein paar Kilometer weiter eine zweite Station, die sich der gefährdeten Schwimmer mit frischem Elan annahm. Mit den Jahren erging es ihnen dann wie ihren Vorgängern – ihre Station wurde größer, und die Organisation von Rettungsmaßnahmen nahm so viele Kapazitäten in Beschlag, dass die eigentliche Rettung darüber vergessen wurde.

«Heute gibt es so viele Orden», sagte Schwester Gudrun zum Ende ihrer Geschichte, «dass man recht schnell den Überblick verliert. Nicht umsonst witzelt man in der Kirche, dass der Heilige Geist zwei Dinge nicht kennt: das Vermögen der Vatikanbank und die Zahl der Frauenorden.»

Alle lachten herzlich.

«Erinnert mich ein bisschen ans Arbeitsamt», warf eine junge Frau aus meiner Gruppe frech ein und erzählte ihrerseits den Witz eines Arbeitslosen, der zum Amt kommt. «Haben Sie Arbeit für mich?», fragt er seinen Berater. «Logisch», erwidert der Mann hinterm Schreibtisch. «Gerade ist ein Angebot eingetroffen, aus Mallorca! Zwanzig Stunden die Woche, Swimmingpool und Bar zur freien Benutzung, 3500 Mark im Monat.» – «Wollen sie mich veräppeln?», fragt der Mann ungläubig. «Na hören Sie mal», erwidert der Sachbearbeiter empört. «Sie haben schließlich damit angefangen!»

«Nicht schlecht», befand Schwester Gudrun, nachdem wir uns alle wieder beruhigt hatten. «Wenn man zu sehr mit sich selbst beschäftigt ist und sich für unglaublich wichtig hält, verliert man leicht das Ziel aus den Augen. Der Unterschied ist vielleicht, dass niemand im Arbeitsamt rebelliert und eine funktionierende Jobvermittlung ein paar Straßen weiter aufmacht. Im Mönchstum ist das jedoch so gewesen.»

«Aber wenn es den frühen Mönchen so sehr um den Dienst an der Menschheit ging», fragte ich provokant, «warum befinde ich mich dann augenblicklich in einem so herrschaftlichen Gebäude?»

Schwester Gudrun zögerte mit ihrer Erwiderung, schaute mich aber unverwandt an. Wahrscheinlich wollte sie herausfinden, ob ich wirklich eine Antwort hören wollte oder nur gekommen war, um sie anzugreifen. Sie entschied sich, meine Frage ernst zu nehmen.

«Viele Konvente waren eine Art Abstellkammer für junge Adelige. Vor allem jüngeren Söhnen und überzähligen Töchtern, die keine Erbschaft zu erwarten hatten, wurde von der Familie ein geistliches Auskommen gestiftet. Das galt als ‹Zehnt› für Gott – die traditionelle Kirchensteuer von zehn Prozent, die nicht nur in Naturalien abgegolten werden konnte, sondern auch als ‹Schenkung› eines Familienmitglieds.»

«Zuzüglich Ländereien und Wäldern?»

«Ja. Das war damals so üblich. Klöster waren Krankenpflegestationen, Gasthäuser, Handwerks- und Landwirtschaftsbetriebe sowie Schulen – richtige Kulturmotoren. Das sahen zumindest viele Fürsten so und stifteten häufig in unterentwickelten Gegenden. Manche Gemeinschaften zehren bis heute davon, auch unsere. Zudem überließen viele Reiche testamentarisch große Vermögen der Kirche, so konnten sie sich im Büßergewand eines Mönchs aufs Sterbebett legen. Das sollte die Chance erhöhen, vor Gott Gnade zu finden.»

«Selbst wenn man lebenslang ein fürchterlicher Tyrann war?», wollte eine andere Teilnehmerin aus der Runde wissen, und eine weitere fügte hinzu: «Jesus hat doch gesagt, dass ein Reicher nicht in den Himmel kommen kann.»

Schwester Gudrun lächelte. Es gefiel ihr, dass kritisch hinterfragt wurde. «Das stimmt. Aber im Gegenzug einer Schenkung beteten die Mönche und Nonnen regelmäßig für das Seelenheil des Verstorbenen. Dieser Versuch konnte nicht schaden, oder?»

Und so dachten viele. Klöster waren zwar Orte der Selbstentsagung, aber auch das Gegenteil: Oasen des Überflusses inmitten einer armen Bevölkerung, Wirtschaftszentren, Schaltzentralen der Macht. Magenknurren, Übermüdung oder blutende Wunden hatten hier nichts zu suchen. Schon in jungen Jahren, eingesetzt als Äbtissin oder Abt, machte man es sich so gemütlich wie möglich. Anders gesagt: Wo der Reichtum herrscht, verarmen die Sitten. Wo man um das Goldene Kalb tanzt, verliert man Gott aus den Augen. Welch einen Wutanfall hatte Jesus gehabt, als er sah, wie der Tempel Gottes eine Einkaufsmeile geworden war, in der Seelenheil verkauft wurde! Der Ablasshandel späterer Jahrhunderte war nichts anderes. Prasserei und tiefe Frömmigkeit gingen nur selten Hand in Hand. Und nach dem Vorbild von Jesus rebellierten die Zisterzienser im 12. Jahrhundert gegen das prächtige Cluny im Burgund, das seinerseits einst ein Reformkloster gewesen war, bevor es unermesslich reich wurde. Die Zisterzienser wurden auch reich, versteckten das aber besser. Sie entwickelten eine Art schlichten Schick – sie bauten ihre Kirchen ohne prachtvolle Türme oder architektonischen Zierrat, wenn möglich kamen sie auch ohne Farben aus – dafür jedoch verwendeten sie den teuersten Stein weit und breit. Ein gutes Beispiel ist der Altenberger Dom im Rheinisch-Bergischen Kreis aus dem 13. Jahrhundert – farbig sind seine Fenster übrigens schon, nur nicht so knallig bunt wie andere.

Viele Konvente besaßen gestiftete oder geerbte Ländereien, auf denen geschuftet wurde – oder sie rangen der Wildnis neues Kulturland ab. Die sogenannten Bettelorden des 13. Jahrhunderts, wozu auch die Dominikaner gehören, wollten ebenfalls besitzlos leben wie Jesus, doch auch sie wurden unglaublich wohlhabend; sie erbten massenweise städtische Immobilien. Nicht nur einmal wurden Reformstreitereien handgreiflich ausgetragen, wie etwa bei den Karmelitern. Und die Dominikanerinnen von Bethanien (die Schwester Gertrud damals nicht aufzählte) waren im 19. Jahrhundert etlichen Zeitgenossen ein Dorn im Auge, bevor ihnen die Erlaubnis zur Klostergründung gegeben wurde. Mithin: Es gab im Lauf der Jahrhunderte viele charismatische Gründer und Gründerinnen, die verkrustete Strukturen aufbrachen und sich aktuellen Notsituationen oder Ungerechtigkeiten widmeten oder – wie der Gründer Pater Lataste meines Ordens – anfingen, eine Lücke zu füllen (davon später mehr). Für jeden Geschmack findet sich etwas in der Ordenslandschaft, wie ich gern sage. Aber immer noch ertrinken viele.

Klöster waren in der Regel Selbstversorger, das machte sie unabhängig. Fürs Grobe hatte man die Laienbrüder oder -schwestern. Für sie galten die vielen Gebetszeiten nicht, sie waren Ordensleute zweiter Klasse. Aber so manch armer Bauernsohn war froh, wenn er in dieser Stellung wenigstens sein täglich Brot und eine Unterkunft hatte oder als Tagelöhner beschäftigt wurde. Menschen, die nur für das Lebensnotwendige arbeiten und dafür noch dankbar sind – ist es nicht das, wovon Konzernchefs träumen? Rund 800 000 Leiharbeiter gibt es heute in Deutschland, das waren früher die Tagelöhner – auch sie stehen rund um die Uhr zur Verfügung. Schon damals wurde ihnen erzählt, dass sie froh sein sollten, überhaupt eine Beschäftigung zu haben.

Laienbrüder schafften im Kloster das Essen heran und reparierten die Dächer, damit die anderen Bewohner sich ganz der Wissenschaft und dem Studium widmen konnten. Häufig waren sie heiliger als die «echten» Mönche: Paschalis Baylon (1540–1592) war ein frommer Landarbeiter und Hirte, ein demütiger Ratgeber für viele Menschen – und Laienbruder der Franziskaner. Viele Jahre lang leitete er die Küche des Klosters, und seine Speisen müssen köstlich gewesen sein, denn er ist einer der Patrone der Köche. Ebenso wie der arme Laurentius, der aus einem anderen Grund die Ehre des Patronats erlangte: Dieser Heilige wurde als Märtyrer auf einem Grill geröstet. Etwas makaber, ihn zum Schutzpatron der Köche zu machen, doch selbst das kann noch getoppt werden, wenn ein Grillplatz im Wald «Laurentiushütte» oder ein Imbiss «Laurentiusgrill» heißt. Habe ich alles schon gesehen!

Viele kreative und kluge Köpfe versammelten sich in den Klöstern und erhielten dort Raum, um sich zu entfalten – dank der Laienbrüder und -schwestern. Manche Abteien wiesen eine wunderbare Einrichtung auf, Gemeinschaftsräume mit einer Unterbodenheizung, in denen man sich im Winter aufwärmen konnte – diese Tradition hatte man sich von den Römern abgeschaut. Schöne Vorstellung, durchgefroren von der Feldarbeit zu kommen und die Kutte über ein Loch im Boden zu stülpen, aus dem herrlich warme Luft strömt, weil im Keller ein kräftiges Feuer unterhalten wird ...

Christliche Klöster waren auch die ersten Orte, an denen man für Kranke und Schwache sorgte, so gab es mit der Zeit Mönchsärzte und Apotheker, die Kräuterkunde wurde ihre Domäne. Anfangs musste man sehr vorsichtig sein. Viele Kenntnisse der Volksmedizin waren in den ersten Jahrhunderten von der Kirche verdammt worden – zum einen weil Zaubersprüche und Beschwörungen zur Heiltradition gehörten, zum anderen weil man Krankheit als eine Strafe Gottes ansah, wie später die Pest, den «Schwarzen Tod». Derartige Übel konnten nach vorherrschender Meinung nicht durch menschliche Kunst, sondern allein durch Buße oder Pilgerfahrten geheilt werden, mit dem angenehmen Nebeneffekt, dass Geld in die Kassen der Kirche gespült wurde. Ärztliche Praxis verdächtigte man als Eingriff in den Willen des Allmächtigen. Mit dem *Lorscher Arzneibuch*, geschrieben Ende des 8. Jahrhunderts und aufgenommen ins Register des Weltdokumentenerbes, kam es zur Wende. Die Handschrift beginnt mit den selbstbewussten Worten: «Ich bin genötigt, denen zu erwidern, die sagen, ich hätte dieses Buch unnützerweise geschrieben, indem sie behaupten, darin stehe nur wenig Wahres geschrieben. Jedoch wie taub hörte ich nicht auf ihre Worte, weil ich die Notlage der Hilfsbedürftigen für wichtiger ansah als den Tadel derer, die gegen mich tobten.»

Der theologische Kniff, dessen sich der kluge, anonyme Autor bediente, war, die Genesung der Kranken nicht der Heilkunst zuzuschreiben, sondern Gott. Dieser hatte die Arzneien nach seinem Willen wachsen lassen und den Menschen zur Verfügung gestellt. Ob sie eine Wirkung hatten oder nicht, das lag nicht in der Macht der Kräuterkundigen, sondern wurde dem Höchsten anheimgestellt, und so waren die Klosterärzte auf der sicheren Seite. In diesem ersten Arzneibuch des Mittelalters hatte man nicht nur fast 500 gesammelte Rezepte festgehalten, es wurde zudem gefordert, dass die günstige Kräutermedizin allen Menschen gleichermaßen zukommen müsste – egal, ob reich oder arm. Somit war mit dem Arzneibuch zugleich eine soziale Forderung verbunden, die leider nie eingelöst wurde. Klosterprodukte haben jedoch bis heute einen guten Ruf, wie das Kräuterwasser, das die Nonne Maria Clementine Martin 1825 in Köln herstellen ließ. Ihr «Ächtes Spanisches Carmeliter-Melissenwasser» wurde als «Klosterfrau Melissengeist» ein Welterfolg, es soll unter anderem wirksam bei Schlafstörungen sein, was natürlich auch dem hohen Alkoholgehalt geschuldet sein mag. Ein «Nonnenlabel» hat ebenso die ganze Palette der Hildegard-von-Bingen-Produkte – nur mit einem echten Klosterleben haben diese nichts mehr zu tun.

Doch so unterschiedlich die Ansätze waren, eines hatten alle Konvente und Stifte gemein: die Mönchskutte, das Ordensgewand, den Habit. Bei Frauen: den Schleier. Schwester Gudrun kam nun auf dieses Thema zu sprechen. Ein weiteres Reizthema für mich.

«Müssen Sie den Schleier immer tragen?», fragte ich.

«In meiner Zelle lege ich ihn ab. Sobald ich hinausgehe, trage ich ihn. Auch diese Sitte ist übrigens im Mittelalter entstanden.»

Verheiratete Frauen wagten sich damals nie ohne ihre Hauben in der Öffentlichkeit zu zeigen. Die Hauben waren mit einem Schleier bedeckt, dazu drapierten sie sich mit allen möglichen Halstüchern. Und Frauen, die ins Kloster gingen, führte Schwester Gudrun weiter aus, zogen die Witwentracht an, die nicht ohne den Witwenschleier auskam.

«Weil sie für die Welt gestorben waren?», fragte eine Teilnehmerin aus meiner Gruppe.

Na, die schien sich ja gut auszukennen, dachte ich.

«Zumindest mussten sie sich nicht mehr für potenzielle Heiratskandidaten schön machen.»

Alle lachten. Auch ich. Heute kann ich sagen, dass ich den Schleier von Anfang an störend fand, weil ich es nicht mag, wenn etwas meinen Kopf bedeckt. Selbst im Winter trage ich Mützen nicht besonders gern. Damals hatte ich noch keinen Schleier anprobiert, aber die Auskunft von Schwester Gudrun befriedigte mich trotzdem nicht.

«Paulus sagt, es gibt einen anderen Grund für den Schleier», bemerkte ich. «Männer müssen ihr Haar nicht bedecken, weil sie ein Abglanz Gottes sind, die Frau ist aber nur der Abglanz des Mannes.»

Das war's, dachte ich. Jetzt schmeißt sie mich raus. Aber unsere engelsgeduldige Begleiterin nahm selbst diese Herausforderung an. Offenbar konnte sie die leichte Empörung sogar gut verstehen, die in meiner Stimme mitgeschwungen haben musste.

«Ja, das ist wirklich kein Glanzstück von ihm. Paulus lebte in einer Zeit, in der man über Männer und Frauen noch so gedacht hat», sagte sie. «Heute haben sich die theologischen Ansichten über die Frau geändert, der Schleier aber ist geblieben. Für mich ist das kein Zeichen von Diskriminierung, sondern eine Berufskleidung. Mehr sehe ich nicht darin.»

Es war nicht zu ignorieren, dass sie in skeptische Gesichter schaute. «Aber die Frau wird doch immer noch unterdrückt.» Meine Überzeugung konnte ich nicht für mich behalten. Ich musste an eine Situation aus meiner Jugendzeit denken. Als ich gerade mal dreizehn Jahre alt gewesen war, fragte ich meine Freundin Thea eines Morgens verärgert:

«Wieso darf mein Bruder Messdiener sein und ich nicht?» Ich hatte unseren Pastor gebeten, Thea und mich mitmachen zu lassen, doch er hatte nein gesagt.

«Was? Das ist wirklich gemein!» Thea war nicht weniger überrascht als ich.

«Außerdem sehen die Jungs total peinlich aus in den langen Röcken», fügte ich hinzu.

Tatsächlich setzte der katholische Fortschritt in Deutschland damals, in den Siebzigerjahren, gerade erst ein. Das Zweite Vatikanische Konzil (1962–1965) hatte bestimmt, dass der Altardienst *allen* getauften Christen zusteht, so wie es im Paulusbrief an die Korinther formuliert ist: «Wenn ihr zusammenkommt, hat jeder etwas beizutragen» (1. Kor. 26). Es gab somit keinen theologischen Grund mehr, Frauen und Mädchen weiterhin auszuschließen. Doch in der Praxis wurde das mal früher, mal später umgesetzt und in unserer Gemeinde zu spät für Thea und mich. Auf diese Weise bekam ich erstmals einen Geschmack davon, dass man als Mädchen und Frau nicht die gleichen Rechte hat wie die Jungs.

Wenig später eröffnete mir Thea eine ihrer wunderbar praktischen Ideen: «Vielleicht können wir ja in die Stadt umziehen. Meine Schwester hat erzählt, da gibt es schon Ministrantinnen!»

Leider hatten unsere Familien etwas gegen diese Idee, und so mussten wir die Zurücksetzung ertragen. Natürlich nutzten wir jede Gelegenheit, um uns nach und nach doch näher an den Altar heranzubringen – als Vorleserinnen (Lektorinnen) oder für kleinere Hol- und Bringdienste während der Liturgie. Aber es war nicht dasselbe, wie das Weihrauchfass zu schwenken oder die Altarschellen zu läuten. So bin ich schon früh sensibel für das Thema Frauen in der Kirche geworden. Und auch wenn ich mich nicht als Feministin bezeichnen würde (aber warum eigentlich nicht?), finde ich es doch unerhört, dass mein Geschlecht Merkmale haben soll, die mich für kirchliche Ämter ungeeignet machen – in erster Linie für das Priesteramt.

Aktuell steht die Frauenordination nicht zur Diskussion, und obwohl Papst Franziskus so wichtige Zeichen für Toleranz und Offenheit setzt – in dieser Hinsicht gehört er zur alten Garde. Frauen werden gelobt, für unverzichtbar erklärt – und bleiben im Hintertreffen. Immer wenn ich ernsthaft darüber nachdenke, werde ich wütend. Denn das negative Frauenbild hat einen Bart, der noch viel länger ist als der vom Asterix-Druiden Miraculix.

Das philosophische Fundament legten berühmte antike Denker wie Platon – dieser hatte zum Beispiel in seinem Spätwerk *Timaios* geschrieben, dass unehrenhafte Männer mit einer Wiedergeburt als Frau oder als Tier bestraft werden. Unfassbar, Herr Platon! Doch leider nur ein Beispiel von vielen. Jesus lebte in einer Zeit, in der die Minderwertigkeit der Frau allgemeiner Konsens war, doch er setzte sich darüber hinweg. Viele seiner Heilungen galten Frauen, und einige von ihnen begleiteten ihn anschließend auf seiner Wanderschaft. Seine Lieblingsjüngerin war eine ehemalige Prostituierte, Maria Magdalena, die von ihm in aller Öffentlichkeit als Vorbild wahrer Liebe dargestellt wurde. Ich kann den empörten Aufschrei der «moralisch» bewegten Männer durch alle Zeiten hindurch vernehmen. Das war in der damaligen Zeit ungefähr so anstößig, als wollte man das Kanzleramt in einen Sexshop verlegen!

Während die Herren Jünger nach der Verhaftung Jesu vor Angst schlotterten, ihn verrieten oder sich verdrückten, waren es Frauen, die unter dem Kreuz blieben und den qualvollen Tod ihres Meisters bezeugten. Und die erste Person, die den Auferstandenen erblicken durfte (und den übrigen Jüngern die frohe Botschaft überbringen sollte), war abermals – Maria Magdalena. Doch obwohl Jesus eine klare Linie der Gleichberechtigung vorgab, setzte man sich – wie so oft – über ihn hinweg. Paulus schrieb seine Briefe zumeist in guter alter, patriarchalischer Manier: Frauen hätten zu schweigen und dem Manne zu dienen. Es gab jedoch auch andere Töne, zum Beispiel predigte er den Galatern: «Da ist weder Jude noch Grieche, da ist weder Knecht noch Freier, da ist weder Mann noch Weib; denn ihr seid alle einer in Christus Jesus.» (Gal. 3,28)

Da kaum jemand dieses Zitat überhaupt kennt, ist nicht schwer zu erraten, welche Aussagen des Apostels wieder und wieder von Kirchenoberen zitiert wurden und welche unter den Tisch fielen. Die österreichische Filmemacherin Maria von Blumencron hat 2013 in ihrer ZDF-Dokumentation *Jesus und die verschwundenen Frauen* herausgearbeitet, wie Maria Magdalena nach dem Tod von Jesus spurlos aus der Überlieferung verschwindet, später als heimliche Geliebte oder Ehefrau des Herrn wieder auftaucht, bis Kunstschaffende der frühen Neuzeit sie als verführerisches Pin-up-Mädchen mit blankem Busen und einladendem Blick darstellen. Welch eine Transformation! Die Apostelin Junia verwandelte sich durch einen Kopierfehler (wer's glaubt, wird selig) sogar in den Apostel Junias – vielleicht die erste Geschlechtsumwandlung der Geschichte.

Dass Frauen in den frühchristlichen Gemeinden etwa ein Drittel der Führungspositionen innehatten, wurde und wird weitgehend unterschlagen. Da die Kirchenväter der ersten Jahrhunderte leider nicht gerade Frauenfreunde waren, begann das Blatt sich sehr zu Ungunsten der weiblichen Gläubigen zu wenden. Die feministische Schweizer Theologin Helen Schüngel-Straumann versuchte eine Erklärung. Ihrer Meinung nach fühlten sich religiöse Männer durch die Schönheit der Frauen in ihrer Keuschheit beunruhigt und abgelenkt. Es war offenbar leichter für die «heiligen» Gottessucher, eine Frau als Verführerin abzustempeln, als selbst die Verantwortung für die eigenen sexuellen Wünsche zu übernehmen. Das ging so weit, dass sämtliche späteren Theologen die Frau mit dem Bösen gleichsetzten. Dies gelang durch einen ebenso einfachen wie unglaublich dreisten sprachlichen Kniff: Weil das lateinische Wort *malum* zwei Bedeutungen hat: «Apfel» und «das Böse», zogen Theologen den Schluss, dass der Apfel im Paradiesgarten das Böse beinhaltete. Und weil Eva nun mal den Apfel zuerst angenommen hatte, war sie am Ende auch die Böse. Der Rest ging ganz leicht – Frauen waren schwach im Glauben, in der Versuchung, in ihren seelischen und geistigen Kräften. So entstand der Mythos vom «schwachen Geschlecht» und von der verführten Verführerin armer unschuldiger Männer, der sich bis heute hartnäckig hält. Man muss nur in eine Suchmaschine die Begriffe «Eva» und «Werbung» eingeben, dann versteht man, was ich meine.

Fast tausend Jahre nach den Kirchenvätern, von Origines bis Augustinus, war der bedeutende Kirchenlehrer Thomas von Aquin (1225–1274) immer noch nicht schlauer. In seinem Hauptwerk, der *Summa theologica* (*Summe der Theologie*), bezeichnet der auf einem italienischen Schloss Geborene die Geburt von Mädchen als das Ergebnis schadhaften Samens oder feuchter Südwinde. Südwinde! Und das von einem Dominikaner, da kann ich nur sagen: «Schäm dich, Bruder!» Ansonsten hat er aber sehr kluge Sachen geschrieben.

Priesterinnen gibt es in der evangelischen Kirche und auch bei den Altkatholiken, die sich 1872 gründeten, weil sie nicht akzeptierten, dass der Papst sich selbst für unfehlbar erklärte. Der argentinische Bischof Rómulo Braschi weihte im Jahr 2002 mehrere Frauen zu katholischen Priesterinnen, eine davon sogar als Bischöfin, die Österreicherin Christine Mayr-Lumetzberger. Alle Frauen wurden exkommuniziert. In einem Interview mit der Deutschen Welle 2014 spricht sie von weltweit 180 zu Priesterinnen geweihten Frauen – die heimlich ihre Arbeit tun müssen, weil die Kirche sie nicht anerkennt. Ein Lichtblick kam Anfang 2015 aus England, und zwar aus einer anderen Konfession als der meinen: Die anglikanische Kirche weihte ihre erste Bischöfin: Libby Lane, Mutter von zwei erwachsenen Kindern, eine sympathische Frau, die mit beiden Beinen auf der Erde steht und in ihrer Freizeit Saxophon spielt. Obwohl konservative Männer fast Amok liefen, um die Weihe zu verhindern, kann sie unbehelligt ihrer Berufung folgen – ohne sich verstecken zu müssen. Daher gebe ich die Hoffnung nicht auf, dass eines Tages der Heilige Geist auch über unsere Patriarchen kommt und der «Wind of Change» die Kinder, vor allem die Mädchen von morgen, ergreifen kann.

Frauen hatten es gesellschaftlich und kirchlich immer schwerer als Männer, das gab auch Schwester Gudrun zu. Dafür waren sie doppelt motiviert, erklärte sie. Ein geistliches Leben, so streng es auch gestaltet war, bedeutete nicht nur eine Direktverbindung zum Himmel, sondern für eine Frau den Gipfel an vorstellbarer Freiheit. Als das erste europäische Frauenkloster im Jahr 558 seine Gründungserlaubnis bekam, meldeten sich auf Anhieb 200 Interessentinnen. Sie wollten der fränkischen Königin Radegundis ins geistliche Leben folgen. So begann die Frauenpower hinter der Klostermauer! Als weiteres Beispiel von «Emanzipation pur» nannte Schwester Gudrun die heilige Katharina von Siena, geboren 1347: «Ihre Mutter wollte sie unter allen Umständen verheiraten, aber Katharina wehrte sich mit Händen und Füßen.»

«Wie alt war sie da?», wollte ich wissen.

«Zwölf.»

Ich war geschockt: «Mit zwölf Jahren sollte sie heiraten?» Ich konnte es kaum glauben. Aber im Mittelalter wurde aufgrund der kurzen Lebenserwartung oft so früh eine Ehe eingegangen. Es war etwas Normales. Ich war froh, in der Neuzeit zu leben, und überzeugt davon, dass die Menschheit das Mittelalter glücklich überwunden hatte. Heute weiß ich, dass dem leider nicht so ist. Die Vereinten Nationen schätzen, dass weltweit jährlich rund 140 Millionen minderjährige Mädchen meist gegen ihren Willen verheiratet werden. Das sind so viele wie die gesamte Bevölkerung Russlands! Ich finde das skandalös. Doch sich gegen eine Zwangsheirat zur Wehr zu setzen, ist außerordentlich schwierig, damals wie heute. Die Vereinten Nationen verabschiedeten im Herbst 2013 eine Resolution, in der es heißt, dass Zwangsverheiratung gegen die Menschenrechte verstößt. Ein wichtiger Schritt war das, auf einem leider sehr mühsamen Weg. Für Katharina von Siena schien es jedenfalls so gut wie unmöglich, einer Verheiratung zu entkommen.

«Ihre Mutter machte ihr die Hölle heiß», fuhr Schwester Gudrun fort. «Wahrscheinlich lud sie zu jeder Gelegenheit junge Männer ein, die als Schwiegersöhne infrage kamen. So war es zu dieser Zeit üblich.»

Vor meinem inneren Auge sah ich ein sich widersetzendes Mädchen, das von der Mutter mit Gewalt zum Abendessen gezerrt wird – und das bei der ersten sich bietenden Gelegenheit wieder entwischt. Ein bisschen wie mein Vorbild Pippi Langstrumpf, natürlich nur viel heiliger.

«Und was hat ihr Vater dazu gesagt?», fragte eine weitere Teilnehmerin.

«Der hat sich das Ganze eine Weile lang angeschaut. Dann soll er eine weiße Taube über dem Kopf seiner Tochter gesehen haben, woraufhin er anordnete, dass man sie in Ruhe lassen solle. Aber ...»

«... aber?», horchte ich auf.

«Tatsächlich bekam sie die Pocken. Anschließend, nachdem sie wieder gesundet war, war ihr Gesicht durch Narben entstellt, und ihre Eltern erlaubten ihr in einen Orden einzutreten.»

«Eine entstellte Frau war nichts mehr wert auf dem Heiratsmarkt», stellte ich nach kurzem Nachdenken fest.

Schwester Gudrun lachte: «Aber die Geschichte mit der weißen Taube über dem Kopf ist natürlich schöner.»

Die junge Italienerin erreichte noch viel. Die Kirche befand sich in einem furchtbaren Chaos, es gab zwei Päpste, die einander bekämpften und das geistige Leben dadurch fast vollständig lähmten. In dieser von Kriegen dominierten Zeit erhob Katharina ihre Stimme und wirbelte ordentlich Staub auf. Eine Frau aus dem Volk, die Fürsten, Päpsten und Königen ins Gewissen redete, wortgewaltig und mutig. Sie erinnerte die Herrschenden an ihre moralischen Verpflichtungen Gott und der Welt gegenüber, und europaweit holte man ihren Rat ein. Nicht umsonst ist sie eine Patronin Europas – übrigens gemeinsam mit dem heiligen Benedikt und anderen. Katharina starb jung, mit dreiunddreißig, doch erfüllt. Ihre Lebensgeschichte erinnerte mich daran, dass ich selbst auf der Suche war. Im Gegensatz zu der berühmten Kirchenlehrerin wusste ich mit zwanzig nicht, was ich wollte.

«Katharina sagte wiederholt, die Kirche sei reformbedürftig», beendete Schwester Gudrun ihren Vortrag. «Sie ist es noch immer, und das nicht nur in einer Hinsicht.»

Ich war überrascht. «Warum sind Sie dann nicht längst aus der Kirche ausgetreten?»

Es entstand eine kleine Pause, Schwester Gudrun dachte nach, dann sagte sie: «Weil sie auch reform*fähig* ist. Und wahrscheinlich bin ich eine Art Maulwurf in diesem Verein. Oder eine Wühlmaus. Ich möchte vieles verändern. Aber das kann ich einzig von innen heraus tun. Weil jede echte Veränderung nur hier drin passiert.» Sie tippte sanft auf ihr eigenes Herz. «Also bleibe ich hier, als Wühlmaus Gottes.»

Wühlmaus Gottes, da klang etwas in mir an, selbst wenn ich den Vergleich mit einer Maus nicht besonders ansprechend fand. Erhabene Tiere wären mir lieber gewesen. Aber Elefant Gottes? Tiger oder Löwe Gottes? Je länger ich darüber nachsann, desto besser gefiel mir das Bild von der Wühlmaus und dem Maulwurf, und ich konnte mir eine ähnliche Rolle für mich selbst vorstellen. Schwester Gudrun eine Wühlmaus, ich ein Maulwurf: im Geiste Jesu leben und doch widerständig sein, mitten im Verein. Überall auf der idyllischen Wiese kleine Erdhaufen anlegen. Nicht zu jedem gestutzten Rasen ja und amen sagen. Aus heutiger Erfahrung weiß ich übrigens um die Macht der Wühlmäuse! Die nagen auch schon mal an Wurzeln, sodass große Bäume plötzlich umfallen. Vielleicht war es ja doch möglich, in einen Orden einzutreten, trotz meiner kritischen Haltung gegenüber der Obrigkeit und dem gesamten Kirchenverein. Das dachte ich damals – zum ersten Mal. Aber nur kurz. Schließlich wollte ich nur mal gucken!

Im Nachhinein würde ich sagen: Schwester Gudrun gab mir ein wichtiges Puzzleteil in die Hand. Durch ihr Vorbild hat sie mir Mut gemacht. Von ihr lernte ich, dass ich nicht mit allem einverstanden sein muss, sondern Stellung beziehen kann und trotzdem Vereinsmitglied bleiben darf. Dabei bin ich jemand, der offene Konfrontationen überhaupt nicht mag. Und es hat auch Zeit gebraucht, bis ich sagen konnte: Ich mache vieles anders und gehöre trotzdem dazu. Schwester Gudrun hatte diesen Punkt schon erreicht, und ich denke oft an sie zurück.

Nach meiner Rückkehr von den zweiten Schnuppertagen hatte ich das Gefühl, auf einen anderen Planeten zurückzukehren, so intensiv war der Aufenthalt gewesen. Fortan lebte ich in Parallelwelten. Eine Zeitlang funktionierte es. Mehrfach fuhr ich nach Dänemark, um Marie zu besuchen. Ich merkte, dass es mich nicht zu den frommen Ritualen des Ordenslebens hinzog. Der asketische Typ bin ich nun mal nicht, zudem war ich blutjung und wollte etwas erleben. Meine Freunde in Düsseldorf wussten über meine Touren nach Dänemark Bescheid. Doch die meisten von ihnen hielten meine Gottsuche für eine Art Tick und amüsierten sich insgeheim darüber. Trotzdem wurde das Gefühl, dass ich ins Kloster wollte, mit jedem Aufenthalt intensiver. War es überhaupt mein Gefühl? Oder lag es daran, dass mir vermittelt wurde, dass man auf mich wartete und eigentlich schon längst ein Zimmer für mich reserviert hatte?

Schwester Hildegard machte keinen Hehl daraus, dass sie mich für etwas Besonderes hielt, und sie versicherte mir mehrfach im Brustton der Überzeugung, dass Gott mich ins Klosterleben berief. Warum zögerte ich dann aber? Ich solle keine Angst haben, beteuerte Schwester Hildegard. Der Schatz im Himmel sei unermesslich kostbar. So lockte sie mich, wieder und wieder. Weil ich mich trotzdem nicht entscheiden konnte, wurde eine andere Interessentin ins Spiel gebracht. Sollte sie vor mir eintreten – und sei es auch nur für einen Tag –, stünde sie in der «Rangordnung» über mir. (So ist es in allen benediktinisch ausgerichteten Klöstern). Es entstand ein subtiler Druck. Ich wand mich. Noch die Ausbildung beenden und dann ...

Auf meinen Rückfahrten nach Düsseldorf verdrängte ich all diese Gedanken. Und als ich dann doch von meinen Überlegungen erzählte, konnte sich niemand vorstellen, dass ich unter Metern aus weißem Wollstoff verschwinden könnte – am wenigsten ich selbst. Denn brave Kleidung war nun gar nicht mein Stil, ich liebte das Kunterbunte. Selbst bei den obligatorischen Krankenschwesternsandalen hatte ich mich gegen die weißen Exemplare entschieden und stattdessen farbige Schuhe gekauft, und mit der Verkäuferin hatte ich sogar ernsthaft diskutiert, ob man nicht einen pinkfarbenen sowie einen grünen Schuh zusammen tragen könnte. Das wäre doch schön, als Aufheiterung für die kranken Kinder. Hinter meinem Rücken wurden schon Wetten abgeschlossen, wie lange ich es im Kloster wohl aushalten würde.

«Wie viele Schwestern gibt es da eigentlich in Dänemark?», fragte Mocki eines Abends. Er war einer der Freunde, die ich während meiner Zeit in Düsseldorf kennenlernte. Er studierte Mathematik, kam aber gern zu uns ins Schwesternwohnheim auf ein Glas Wein oder zwei vorbei. Ein lustiger Typ mit einem Wirrwarr von dunklen Haaren auf dem Kopf. «Im Moment nur fünf junge und sieben alte Schwestern, aber das ändert sich gerade. Es gibt noch ein paar Mädels, die eintreten wollen!»

«Ach, und du bist vielleicht eine von denen, oder was?»

«Ich weiß es doch nicht», jammerte ich.

«Könntest du dir das wirklich vorstellen, in einem Kloster zu leben, ich meine, auf Dauer?» Lolo, eine andere Schwesternschülerin in unserem Heim, klein und sehr drahtig, war davon überzeugt, dass ich spätestens nach ein paar Monaten wieder in Deutschland sein würde.

«Irgendwie kann ich es schon und irgendwie auch nicht», sagte ich leicht genervt und füllte ihr Glas nach, «das ist ja das Problem!» Ich konnte es selbst nicht glauben, dass es so schwer war, eine diesbezügliche Entscheidung zu treffen. Ich war so hin und her gerissen, was auch mein Genervtsein erklärte.

«Was sagt denn dein Bauchgefühl?», hakte Mocki nach und fuhr sich mit der Hand durch sein wuscheliges Schwarzhaar. «Darauf ist doch bislang immer Verlass gewesen?» Er kannte mich mittlerweile ziemlich gut.

«Mein Bauchgefühl sagt gar nichts. Also: Ich lass es einfach auf mich zukommen.» Energisch stellte ich mein Glas auf den Tisch.

«Aber so viel Zeit hast du nicht mehr», erinnerte mich Lolo. «Die Prüfungen sind in einem halben Jahr.»

Der Knoten in meinem Magen war wieder spürbar.

«Kann ich dich denn dort besuchen? Und können wir miteinander telefonieren?» Lolo fiel der Gedanke schwer, keinen Alltag mehr mit mir zu teilen. Im Schwesternheim lebten wir wie in einer riesigen WG zusammen. Und selbst nach den Prüfungen konnten wir weiter in der Klinik arbeiten und hier wohnen bleiben.

«Besuchen geht bestimmt, aber es gibt nur ein Telefon für alle. Außerdem glaube ich, dass man dort auch nicht mit Freunden telefonieren soll», sagte ich ziemlich kleinlaut.

«Nicht mit Freunden telefonieren? Das ist unmenschlich! Freundschaft ist doch wichtig!»

Die Gespräche gingen jedes Mal in diese Richtung: Das Ordensleben ist eine unmenschliche Lebensform. Das geht gar nicht, das ist völlig daneben. In den Augen meiner Freunde spiegelten sich meine eigenen Zweifel.

«Na ja, unmenschlich vielleicht nicht, aber Freunde lenken auch von Gott ab.» Ich startete einen erneuten Erklärungsversuch, auch deshalb, weil sich mir der tiefere Sinn des Kontaktverbots ehrlich gesagt selbst nicht erschloss, ich aber irgendwie dazu stehen wollte, dass solche Regeln wohl richtig sein mussten. Und ich kam abermals an den Punkt, wo mir die Argumente ausgingen für das, was sich bei gestandenen Ordensfrauen so selbstverständlich anhörte – ganz gleich, ob es Schwester Hildegard, Schwester Gudrun oder Schwester Anna-Magdalena war. Ich hoffte innig, dass mein innerer Kompass sich irgendwann melden und mir eine klare Ansage machen würde. Dass er es nicht tat und was die Gründe dafür waren, verstand ich erst etliche Jahre später. Eine eindeutige Reaktion gab es nur, wenn jemand mir sinngemäß sagte:

«Wie kann denn eine so hübsche Frau ins Kloster gehen, das ist doch Verschwendung!» Dann wurde ich nämlich wütend. Als wäre gutes Aussehen eine Verpflichtung zur Heirat! Und manchmal entwischten mir dann diese Worte, sehr stolz: «Für Gott nur das Beste!»

Im letzten Halbjahr meiner Ausbildung wurde ich auf die Kinderkrebsstation versetzt. Das war eine sehr eindrucksvolle Erfahrung für mich. Viele der kleinen Patienten, für die es keine Chance mehr gab, verbrachten ihre letzten Tage oft in Hospizen, oder sie durften nach Hause, in ihre vertraute Umgebung. Doch die Zeit bis dahin verbrachten sie bei uns. Da meistens die Angehörigen den ganzen Tag bei den Kindern am Bett saßen, war ich pflegerisch nicht so sehr involviert, und gab es extreme Krisenzeiten, wurde die Begleitung sterbender Kinder zumeist den Examinierten überlassen. Aber ich habe die Atmosphäre, die Sorge, die Hektik mitbekommen, wenn sich der Zustand von einem der Kleinen akut verschlechterte.

Gern ging ich zu Marlene. Sie war fünf und hatte einen Hirntumor. Marlene verbrachte regelmäßig mehrere Wochen auf der Station, und wir hatten vom ersten Moment an einen guten Draht zueinander. Zwischen uns entwickelte sich ein kleines Ritual, das sie immer aufheitern konnte: Ich setzte mich an ihr Bett und holte mit verschwörerischer Miene einen Latex-Handschuh heraus. Manchmal fing sie schon in diesem Augenblick an zu glucksen, dann legte ich den Finger an die Lippen, damit niemand auf uns aufmerksam wurde. Manchmal betrachtete sie mich aber auch nur mit einem freundlichen, jedoch ernsten Blick. Dann wusste ich: Sie hat Schmerzen. Ich blies den Handschuh auf und verknotete ihn. Anschließend malte ich ein Katzengesicht darauf und fing entweder an zu miauen, oder die Katze erzählte ihr, was auf der Station gerade los war. Dort herumlaufen konnte sie ja nicht mehr. Man mag denken, dass die Erfahrung mit Krankheit, Sterben und Tod auf einer solchen Abteilung extrem belastend sein muss. Doch die Situationen, die ich erlebte, waren nicht beängstigend – im Gegenteil.

Mit großem Staunen stellte ich fest, dass sterbende Kinder eine unglaubliche Reife haben. Es war nicht notwendig, an ihrem Bett Gebete zu sprechen – das große Unsichtbare war sowieso um sie herum. Sie waren in Gott geborgen. Körperlich konnte es ihnen schlecht gehen, doch trotz ihrer Schmerzen oder der Übelkeit waren sie diejenigen, die versuchten ihre Eltern aufzumuntern. Sie wollten stets spielen, und auf keinen Fall wollten sie auf ihre Krankheit festgelegt werden. Sie lächelten allen zu, die das Zimmer betraten, oder meckerten, wenn man nicht an das versprochene Eis gedacht hatte. Ich spürte: Diese Kinder waren schon fertig mit ihrem Leben, auch wenn es nur drei, sechs oder zehn Jahre gedauert hatte. Für sie war der Tod an sich nichts Schlimmes, sie konnten ohne Bedauern gehen. Rainer Maria Rilke beschrieb das sehr schön in den *Aufzeichnungen des Malte Laurids Brigge*: «Ja die Kinder, sogar die ganz kleinen, hatten nicht irgendeinen Kindertod, sie nahmen sich zusammen und starben das, was sie schon waren, und das, was sie geworden wären.» Genauso habe ich es empfunden.

Schlimm war die riesige Lücke, die ein Kind nach seinem Tod in der Familie hinterließ. Das Unverständnis und der große Schmerz, dass es überhaupt sterben musste. Meine Vorstellung von Leben war sehr klassisch: Man wird geboren, versorgt, wächst gesund heran, geht zur Schule, macht eine Ausbildung, bekommt Kinder, geht seinen Weg, wird älter und alt und stirbt. Krankheit in frühen Jahren gehörte eindeutig nicht zu diesem Bild, doch nun wurde ich damit konfrontiert. Bis heute habe ich den Sinn davon nicht verstanden. Ich weiß nur: Das gehört dazu, dieses Leben ist nicht glatt, nicht geradlinig, nicht schmerzfrei und nicht gerecht. Die

Kinder sahen es aber offenbar nicht so. Später traf ich auch Erwachsene, die erst durch ihre Krankheit wirklich lebendig wurden, das Leben schätzen und genießen lernten, behutsamer mit sich und anderen umgingen, bewusstere Entscheidungen trafen. Dabei war der geistige Zustand von Freude und Gelöstheit manchmal konträr zu den körperlichen Symptomen – genau wie bei den kleinen Patienten auf der Krebsstation.

Im Markusevangelium gibt es eine Heilungsgeschichte, in der Jesus zu einem gelähmten Mann sagt: «Deine Sünden sind vergeben.» Was der Betroffene darüber denkt, erfährt der Leser nicht. Ob er insgeheim gehofft hat, wieder laufen zu können? Vielleicht, vielleicht auch nicht. Ich denke: Jesus hat wahrgenommen, dass die wahre Krankheit des Mannes seine psychische Belastung war, die Sündenlast, und die nahm er von seinen Schultern. Dem Kranken mag das genügt haben, denn ein inneres Leiden wie schwere Schuldgefühle kann schwerer bedrücken als ein körperliches. Doch die Pharisäer, die wieder einmal in der Nähe sind und die Situation genau beobachten, denken im Stillen: Er lästert Gott. Nur Gott kann Sünden vergeben. Und nicht zum ersten Mal liest Jesus ihre Gedanken und fragt sie provozierend: «Was ist wohl leichter – einem Menschen die Sünden zu vergeben oder einem Gelähmten zu sagen, dass er herumgehen soll?»

Klar, dass es für Außenstehende einfacher ist, eine echte Heilung mit Knalleffekt zu sehen, denn das andere passiert ja nur im Menschen selbst, und das kann keiner nachvollziehen, deswegen sagte er zu dem Gelähmten: «Steh auf, nimm dein Bett und geh nach Hause.» Und das macht dieser dann auch. Jetzt war allen bewusst: Jesus lügt nicht, wenn er behauptet, er würde Sünden vergeben. Ob die Pharisäer das so gut fanden, ist eine andere Geschichte, doch damit hatte Jesus bewiesen, dass er Vollmacht von Gott hatte. Er hat die äußere Heilung als Zeichen für die innere vollzogen.

Damals, auf der Krebsstation, fand ich es trotzdem nicht fair, dass ein Leben so früh enden musste, und ich stritt mit Gott. Eine Antwort habe ich nicht bekommen. Aber vielleicht waren die Kinder selbst eine Botschaft, denn sie trugen keine seelische Last und vermittelten mir: «Rege dich nicht auf, das war mein Leben. Es ist okay, wenn du mich loslässt.»

Dieser direkte Umgang mit Krankheit und Tod hat mir gezeigt, dass gesundes Leben nicht selbstverständlich ist. Und der symbolische Totenkopf, von dem ich schon berichtet habe, ist vielleicht gar nicht so unpraktisch. Denn die Dankbarkeit über einen reibungslos funktionierenden Körper kommt meistens erst dann, wenn er nicht so funktioniert, wie er soll. Meine eigenen Krankheitszustände waren zum Glück noch nie lebensbedrohlich gewesen, doch lang andauernde Rückenschmerzen ließen mich erfreut aufjubeln, als sie endlich aufhörten. Einige Wochen auf Krücken nach einem Unfall verdeutlichten mir, wie wunderbar es ist, wenn man einfach die Treppen hinaufgehen kann, um etwas Vergessenes zu holen. Halsschmerzen zeigen, wie herrlich es ist, schlucken zu können, ohne dass es weh tut. Ein schmerzfreies Dasein wäre das Paradies, aber da sind wir bekanntermaßen recht früh rausgeflogen. Vielleicht sollte ich meine Krücken an die Wand meines Zimmers hängen statt eines Totenschädels. Sie könnten mich erinnern: «Gedenke, Jordana, dass Gesundheit ein Geschenk ist, mit dem du sorgsam umgehen sollst.»

Während der drei Jahre meiner Ausbildung hatte ich ein besonders enges Verhältnis zu Schwester Annemarie entwickelt, die ihren Beruf mit Leib und Seele ausübte. Ich glaube, sie sah sich selbst in mir, und ich schaute mir vieles von ihr ab. Die anderen Schülerinnen hatten immer ein wenig Angst vor ihr. Ich überhaupt nicht. Ich konnte mich immer sehr gut mit ihr unterhalten. Auch darüber, dass für mich der Beruf Berufung war, während viele andere die Ausbildung als Sprungbrett betrachteten, etwa für ein Medizinstudium. Aber war die Ausbildung nicht auch für mich nur ein Sprungbrett gewesen? Die Kinderkrebsstation waren meine letzten Monate in Düsseldorf. Die Prüfung bestand ich mit Bravour. Schwester Annemarie hätte mich gern behalten, und nach dem Abschluss bekam ich ein sehr attraktives Angebot in einer meiner Lieblingsabteilungen, natürlich einer mit Säuglingen.

Eine Freundin, die Existenzgründerseminare leitet, fängt ihre Seminare stets mit der Frage an, ob die Teilnehmer in der Kindheit einen Traumberuf gehabt hätten, und bei den meisten zeigt sich, dass es ganz konkrete Vorstellungen gab; Kinder denken zwischen dem fünften und zehnten Lebensjahr nämlich oft über ihre Zukunft nach. Aber aus tausendundeinem Grund kommt dann alles anders, und sie verlieren ihre ursprünglichen Wünsche aus den Augen. Manche haben Familien, die ihre Idee nicht unterstützten. Andere haben Freunde, die ihre Vorstellung lächerlich fanden. Wieder andere entscheiden sich gegen ihren Traumberuf, weil ihnen Geld wichtiger ist, als Erfüllung in einem nicht so gut bezahlten Job zu finden. Viele trauen sich auch nicht, ihren eigenen Weg zu gehen, oder sie wissen nicht, wie sie das anstellen können. Allen ist jedoch gemeinsam, dass sie mit ihrer bisherigen Berufswahl nicht zufrieden sind, dass sich etwas «falsch» anfühlt.

Mein Traumberuf war: «irgendwas mit Kindern» und «irgendwas mit Gott». Das ließ sich damals nicht unter einen Hut bringen, doch Schwester Hildegard hatte mir eine sehr große Möhre vor die Nase gehängt. Ich hatte ihr von den Kinderdörfern erzählt und dass ich schon seit meiner Kindheit fasziniert von ihnen war. Sie deutete an, dass ein Kloster durchaus ein Kinderdorf gründen könnte, warum nicht? Das gab den Ausschlag.

Gern hätte ich beides sofort gehabt − Beruf und spirituelles Leben. Doch das kam zu diesem Zeitpunkt aus der Sicht der Klosterleitung nicht infrage. Entweder ganz oder gar nicht, hieß es. Sicher, jeder Entschluss kostet einen Preis. Und am Ende entschied ich mich für Dänemark. Für den Konvent, in dem Marie und Schwester Hildegard, die mittlerweile wie erwartet Priorin geworden war, auf mich warteten.

5. Die «Grell-Grässlich-Gruselig»-Party

Mocki hatte sich als Feuer verkleidet, er trug eine knallrote Plastikbrille, kunstvoll geschminkte Flammen im Gesicht und gelb-rote Kleidung. Andi war ganz in Schwarz gekleidet und sah aus wie Mister Tod. Lolo hatte sich ein Phantasiekostüm gebastelt, das in einer Kopfbedeckung gipfelte, die aus einer bunten Feinstrumpfhose bestand, in die sie Schlangenluftballons geschoben hatte. Die Beine der Strumpfhose standen wie Teufelshörner von ihrem Kopf ab. Sie war offensichtlich immer noch nicht einverstanden damit, dass ich fortging.

Meinen Abschied von der Welt, wie es meine Freunde theatralisch nannten, feierte ich mit einem Riesenfest, einer Kostümparty unter dem Motto: «Grell-Grässlich-Gruselig». Es hatte sich herumgesprochen, dass es sich um eine offizielle Weltentsagungsveranstaltung handelte, und niemand wollte sich diese Gelegenheit entgehen lassen – es war rappelvoll im Schwesternwohnheim. Ich selbst schritt in würdevoller Miene in einem langen Kleid mit Barockbordüren in einem schreienden Pink umher, dazu hatte ich ein mehrfarbiges Make-up aufgelegt, und ein ebenso buntes Tuch bändigte meine langen Haare. Auf dieser Party verdrängte ich den Gedanken, dass ein Schleier sicherlich nicht so auffällig sein würde.

Nach und nach füllte sich der Gang des Wohnheimes, das in den letzten Jahren meine Heimat geworden war, mit zweibeinigen Wesen, die der Phantasie eines Hieronymus Bosch hätten entsprungen sein können. Einige erkannte ich kaum wieder! Während einer kleinen Tanzpause stand ich mit meiner Clique im Flur zusammen, und wir erhoben die Gläser auf meine Zukunft.

«Was machst du eigentlich, wenn du wieder zurückwillst? Kannst du dann einfach so gehen?», fragte Mocki.

«Haha, das ist wohl jetzt nicht ganz uneigennützig gefragt, oder? Wünschst du dir das etwa, Mocki?» Lolo warf ihre Bemerkung mit einem süffisanten Lächeln ein.

Mocki errötete, was man unter der Schminke jedoch kaum sehen konnte. Ich mochte ihn auch.

«Klar, ich kann jederzeit gehen, wenn ich es möchte», sagte ich schnell. Insgeheim dachte ich, dass ich das bestimmt auch tun würde, denn meine Freunde zu verlassen, erschien mir schlagartig gänzlich unmöglich. Hätte ich nicht doch besser die angebotene Stelle annehmen sollen? Wollte ich nicht viel lieber hierbleiben? Schon wieder dieses Hin und Her! Ich hatte genug davon. Dein Entschluss ist gefasst, rief ich mich zur Ordnung, und hat man eine Entscheidung getroffen, muss man auch dazu stehen. Das war einer dieser handelsüblichen Glaubenssätze, die ich erst viel später wieder loswurde. Heute frage ich mich manchmal, was wohl aus mir geworden wäre, hätte ich den anderen Weg eingeschlagen. Doch im Grunde kenne ich die Antwort: Ich hätte als Kinderkrankenschwester gearbeitet, wahrscheinlich geheiratet, selbst Kinder bekommen, und zwar mehrere, und würde heute vielleicht sehnsüchtig auf meine Rente warten. Ob mein Leben dann so spannend gewesen wäre, wie ich es im Orden erfuhr? Womöglich hätte ich noch ein Studium angefangen, das mag sein. Doch inzwischen liegt diese Party fünfundzwanzig Jahre zurück, und ich kann mir letztlich kein anderes Leben mehr vorstellen.

In den Tagen, die folgten, musste ich mich von vielen Dingen trennen, die sich im Lauf der Jahre angesammelt hatten. Gerade war ich einundzwanzig geworden, und ich hatte bislang keine größeren Reichtümer angehäuft, aber Geschirr, Deko und ein paar Möbelstücke besaß ich schon. Davon musste ich mich größtenteils verabschieden. Auch den Inhalt meines Kleiderschranks hatte ich aufs Minimum zu reduzieren. In Dänemark würde ich die Kandidatinnen-Kleidung tragen, die ich schon an Marie gesehen hatte, später das Ordenskleid. Nur für körperliche Tätigkeiten brauchte ich ein Paar Jeans, T-Shirts, einen Pullover, eine warme Jacke, feste Schuhe. Also lud ich zum letzten Mal ein, diesmal zur «Nimm-mich-mit»-Party. Meine Zimmertür stand offen, jeder durfte sich etwas aussuchen – Zimmertrödel sozusagen, ohne Bezahlung. Aus einem CD-Player dröhnte abwechselnd von Freddy Quinn: «Nimm mich mit, Kapitän, auf die Reise» und «Junge, komm bald wieder». Die Lieder spiegelten meine Stimmung gut wider, abermals war ich hin und her gerissen.

Eine Schwesternkollegin wünschte sich mein Sofa für ihr Gästezimmer, und nachdem sie es mit ihrem Mann abgeholt hatte, konnte ich mich nur noch aufs Bett setzen. Lolo übergab ich mein kostbares Laura-Ashley-Kleid, das ich mir von meinem kleinen Ausbildungsgehalt geleistet hatte. Ich überreichte es ihr feierlich, aber auch mit einem wehmütigen Blick. Sie sah es und sagte in beruhigendem Ton: «Wenn du austrittst, bekommst du es wieder.» Der bunte Papagei aus Holz, der am Fenster hing, zog bei Ina ein, und meine Töpfe fanden bei Anna ein neues Zuhause. So leerte sich nach und nach mein Zimmer. Und dann geschah etwas Unerwartetes: Mit jedem Stück, von dem ich mich trennte, wurde mir leichter ums Herz. Endlich frei!, dachte ich. Ich hatte das Bild des heiligen Franz von Assisi vor Augen, wie er auf dem Marktplatz steht, in seinen teuren Fürsten-Klamotten, die mit einer kitschigen Borte aus Gold und Silber besetzt waren. Er zieht alles aus und wirft seinem Vater den Kleiderhaufen vor die Füße. Endlich frei! Frei für Gott! Frei, um Jesus zu folgen! Es war ein inniger Moment, der leider nur sehr kurz währte.

Am meisten beschäftigte mich, was ich mit meiner geliebten Ente machen sollte. Treu hatte sie mich viele Kilometer gefahren, häufig nach Dänemark, auch quer durch Schweden. Seit der Schlüssel im Zündschloss abbrach, wurde sie sogar zu einer Spezialente. Ein findiger Freund baute mir auf dem idyllischen Campingplatz am See, wo es passierte, einen Kippschalter vom Baumarkt ein und legte die beiden Enden der Zündung so aneinander, dass ich mit dem abgebrochenen Schlüssel einen Kurzschluss herstellen konnte. Der ließ dann den Motor an. Auf diese Weise konnten wir die Reise fortsetzen. Mit heutigen Autos wäre das nicht mehr möglich, die haben sich in fahrende Computer verwandelt. So hat das analoge Zeitalter auch seine Vorteile gehabt.

Verkaufen wollte ich das Fahrzeug nicht. Es hatte nur einen Liebhaberwert und gerade mal sechs Monate TÜV. Doch auf einmal wusste ich, was zu tun war: Lolo sollte die Ente bekommen. Meine Gefährtin und mein Gefährt – gemeinsam würden sie weiterfahren, und ich wäre auf diese Weise noch ein bisschen anwesend. Lolo strahlte, als ich ihr sagte, dass sie meine Ente übernehmen solle. An einem Tag kurz vor meinem Umzug vollzogen wir feierlich die «Schlüsselübergabe», bei geöffnetem Verdeck und im Beisein aller Freunde. Im ersten Brief schrieb mir Lolo, meine Ente hätte sofort nach meiner Abreise den Geist aufgegeben. Eine Reparatur lohne sich nicht. Sie hatte mit mir gemeinsam der Welt entsagt. Welch treues Gefährt! Ich nahm es als gutes Omen. Lolo als schlechtes, wie sie mir später erzählte. Magisches Denken.

In der Klosterausbildung geht es auch darum: Bindungen loszulassen, materiellen Dingen nicht so viel Raum zu geben, den eigenen Willen zurückzunehmen, kurz, den Egoismus zu zügeln und sich mehr dem großen Ganzen – Gott – anzuvertrauen. Denn: Ist der Egoismus nicht die Wurzel aller Ungerechtigkeit? Der tragisch verunglückte österreichische Sänger Falco veröffentlichte kurz vor seinem Tod den Song «Egoist», mit dem Refrain: «Die ganze Welt dreht sich um mich, denn ich bin nur ein Egoist / Der Mensch, der mir am nächsten ist, bin ich, ich bin ein Egoist / Die ganze Welt dreht sich um mich ...»

Man kann in unserer Zeit fast von einer Religion des Egoismus sprechen, und ich finde es nachvollziehbar: Heute würde es mir schwerer fallen als damals, meine sämtlichen Sachen wegzugeben. Auch in mir steckt eine Jägerin (Schnäppchen) und eine Sammlerin (von schönen Dingen). Ich habe eine Beziehung zu meinen bescheidenen Besitztümern aufgebaut, verbunden mit Erinnerungen. Und so versucht jeder, seine Dinge zusammenzuhalten, für sich und die Seinen zu sorgen. Die längste Zeit musste der *Homo sapiens* seine Nahrung mühsam beschaffen – sammeln oder jagen, meistens beides –, während er sich zugleich gegen Raubtiere und Naturkatastrophen zur Wehr setzen musste. Das Leben war kurz, unsicher und gefährlich. War zu viel Nahrung vorhanden, wurde geprasst. Da hieß es nicht: «Gib deinen Anteil den Armen», sondern: «Friss so viel, wie du kannst!»

Egoismus war überlebenswichtig, so die vorherrschende Meinung von Evolutionsbiologen. So viel in sich hineinzustopfen, wie es nur ging, das verschaffte dem Urmenschen Fettpolster und einen Wettbewerbsvorteil: Wurde das Angebot wieder knapp, konnte man von seinem Bauchspeck zehren. So hat sich ein Menschenbild durchgesetzt, das uns als zutiefst selbstsüchtige Wesen beschreibt. Maximaler Gewinn ist auch das Ziel globalisierter Wirtschaft, und das Streben nach Status und vorübergehendem Ruhm hat den Glauben an die Unsterblichkeit abgelöst. Wachstum und Wohlstand sind das Gebet der Politik. Ja, ich kann mir vorstellen, dass der Wunsch, Dinge zu besitzen, aus derselben Wurzel stammt wie der Impuls, sich Reserven anzufuttern. Im Zeitalter der Supermärkte ist es im Grunde noch genauso. Sonderangebote im Faltblättchen? Kauf so viel, wie du kannst! Aber heute ziehen wir keinen Vorteil mehr daraus, denn da das Überangebot ständig vorhanden ist, werden wir zu dick, und das macht uns krank. Diabetes, Bluthochdruck, Burnout. All dies sind Symptome einer überforderten Gesellschaft.

Zudem ersticken wir in den Dingen, die wir angehäuft haben, und das ist kaum noch schön zu nennen. Besitz weckt auch weitere Begehrlichkeiten: Was könnte ich nicht alles mit einer großzügigen Spende für das Kloster anfangen, was nicht alles anschaffen für die Kinder? Wenn ich durch die Stadt flaniere und die Auslagen der Geschäfte anschaue, verspüre ich das Habenwollen: Ich möchte das da. Oder dies vielleicht? Jenes hätte ich auch ganz gern. Sehr menschlich, sehr egoistisch. Die amerikanische Psychologin und Marketingprofessorin Kathleen D. Vohs veröffentlichte 2006 in dem Magazin *Science* Studienergebnisse über die psychologischen Auswirkungen von Geld. Sie fand heraus, dass eine gefüllte Brieftasche uns die Illusion persönlicher Unabhängigkeit vermittelt. Je mehr die Testpersonen über viel Geld nachdachten, desto eher waren sie der Ansicht, andere nicht zu brauchen. Umgekehrt waren sie auch weniger bereit, ihre Mitmenschen zu unterstützen oder etwas von ihrem Reichtum abzugeben.

Ich denke, die Finanzkrise 2009 weckte international erstmals ernsthafte Zweifel daran, ob ein auf Eigennutz basierendes ökonomisches System dauerhaft funktionieren kann. In diesem System will nicht nur jeder haben, sondern es wird einem auch eingeredet, was man noch alles braucht. Die Magie der Werbung funktioniert immer. Kaum sitze ich auf der Couch und der Abendfilm hat begonnen, wird der erste Werbespot eingeblendet: Chips. Wie die krachen und wie lecker sie aussehen! Wie fröhlich und gut gelaunt die Leute sind, die Gummibärchen essen, und was für tolle Freunde man bekommt, wenn man Küsschen verschenkt oder ein bestimmtes Bier trinkt. Mir läuft das Wasser im Mund zusammen. Ich will Chips essen. Habe ich aber nicht. Dann esse ich eben etwas anderes. Den ganzen Abend über sehe ich Menschen, die glücklich sind, weil sie haben dürfen, was ich nicht habe. Wie soll man da nicht hungrig werden?

Diese Hypnose ist so perfekt, dass man Unmengen von Geld in Werbung steckt – weltweit fast 500 Milliarden Euro jährlich. Folgt man dem Schweizer Soziologen und Globalisierungskritiker Jean Ziegler, würde ein Fünftel der Summe ausreichen, um den Hunger weltweit abzuschaffen! Ja, richtig gelesen – ein Fünftel des weltweiten Werbeetats genügt. Er muss es wissen, denn acht Jahre lang, von 2000 bis 2008, war er Sonderberichterstatter der Vereinten Nationen für das Recht auf Nahrung. Er bereiste viele Länder und sah sich an, was die ungerechte Verteilung der Güter – direkte Folgen des Egoismus – den Menschen antut: «Der Hunger ist das Werk von Menschen und mit Abstand der Hauptgrund für Tod und Verlust auf unserem Planeten.» Doch die meisten Strategien, Vermögen und Ressourcen gerechter umzuverteilen, haben mit Zwang zu tun: Die einen wollen die Reichen enteignen, wie es Karl Marx gefordert hat, andere, wie die OECD, die Organisation für wirtschaftliche Zusammenarbeit und Entwicklung, eine Vermögenssteuer einführen. Wieder andere, so der alttestamentarische Prophet Amos, beschwören den Zorn Gottes, was Ausbeuter und Mächtige betrifft: «Darum, weil ihr die Armen unterdrückt und nehmt von ihnen hohe Abgaben an Korn, so sollt ihr in den Häusern nicht wohnen, die ihr von Quadersteinen gebaut habt.» Anschließend geißelt Amos das Annehmen von Bestechungsgeldern und die Beugung des Rechts – doch bisher scheint das Geißeln nicht recht geholfen zu haben, wie man den Tageszeitungen entnehmen kann.

Jean Ziegler fordert eine Reichensteuer rund um den Erdball. Seine Haltung ist klar: Ein Kind, das an Hunger stirbt, wird ermordet. Und ich finde, er hat recht – wie auch Papst Franziskus schon mehrfach betont hat: Diese Wirtschaft tötet. Es gibt Zeiten, da habe ich ein schlechtes Gewissen, weil es mir so gut geht und ich alles habe, während anderswo Menschen sterben müssen, weil sie nicht genug zu essen haben, mehr als achtzehn Millionen jährlich. Eine Zahl, die so unvorstellbar ist, dass sie uns im Grunde gar nicht berühren kann. Doch ich glaube nicht, dass mit Druck von oben etwas zu erzielen ist. Jeder Zwang schafft neue Unterdrückung, Unterdrückung schafft Unzufriedenheit, und Unzufriedenheit findet immer ein Ventil, um sich zu entladen, meist in Form von Gewalt. Zwang führt also in die Sackgasse. Der einzige Weg zu einer gerechteren Welt ist die Verantwortung jedes Einzelnen. Wenn jeder schaut, was er oder sie tun kann, ist schon viel erreicht: Was brauche ich, was brauche ich nicht? Was ist mein Bedürfnis? Was ist das Bedürfnis des anderen? Was ist gut für die Gemeinschaft, was ist richtig für alle? Das gilt es gegeneinander abzuwägen. Ein anstrengender Prozess, zeitraubend und aufwendig, viel mühsamer als der Rückzug in die kleine Welt der Ich-Bezogenheit. Doch nur so kann der Individualität und Vielfalt der Menschheit entsprochen werden.

Und es gibt ihn, diesen anderen menschlichen Wesenszug: Altruismus. Eigenschaften wie Sanftmut und Hilfsbereitschaft können ebenfalls einen evolutionären Vorteil einbringen, so die Wissenschaftler, nämlich den der Zusammenarbeit, vor allem dann, wenn Menschen aufeinander angewiesen sind. Und sind wir das nicht mehr denn je? In einer Zeit, in der sämtliche Produktionsverläufe rund um den Globus stattfinden? Doch wie Kooperation klappt, welches Lebensglück selbstlose Taten schenken, wie wir teilen können, anstatt alles an uns raffen, das steht nicht auf dem Lernplan unserer Schulen und Universitäten. Dabei wäre Altruismus eine gute Alternative zum Egoismus, auch deshalb, um den Fortbestand der gesamten Spezies zu sichern.

Ich bin dankbar für das, was mich sättigt, kleidet, schützt. Für mich ist schwer zu verstehen, warum so viel geklagt wird –

mitten im Überfluss: über die Sonne, die nicht scheint, die Suppe, die etwas zu kalt serviert wird, das Benzin, das zu teuer ist, die Eintrittspreise für die Sauna – oder was auch immer. Dabei ist es nicht selbstverständlich, dass wir eine so gute ärztliche Versorgung haben, abgesichert sind, wenn wir arbeitslos werden, dass immer genügend Wasser vorhanden ist, niemand verhungert. Eine Reise in Länder, wo all das nicht selbstverständlich ist, kann die Augen öffnen. Und wer dankbar ist, teilt auch lieber, was er hat.

Jesus war Altruist. Es wird berichtet, dass er vor allem, was er tat, erst einmal ein Dankgebet nach oben schickte. Er beutete niemanden aus, und anscheinend war er der Meinung, dass Kampfbereitschaft und Machtstreben furchtbar anstrengend sind, denn er sagte: «Lernt von mir, denn ich bin sanftmütig und von Herzen demütig; so werdet ihr Ruhe finden für eure Seelen. Mein Joch ist sanft, und meine Last ist leicht!»

Die Kirche und die Orden sind seinem Beispiel oft nicht gefolgt, wie ich schon erwähnte: Je mehr feudale Söhne und Töchter einen Chefposten im Kloster besetzten, desto höfischer wurde das Ordensleben. So lautet dann auch ein entsprechender Klosterspruch: «Ich habe ein Armutsgelübde abgelegt, wer mir Böses will, soll mir Geld schicken.» Dass Reichtum gottgefällig ist und Armut eine Strafe, galt den meisten (hochgestellten) Zeitgenossen als ausgemacht. Arm, aber glücklich, das gab es nur in Märchen wie dem vom Hans im Glück. Entsprechend wurde Jesus lange Zeit nicht als Besitzloser dargestellt, der er ja war, sondern als allmächtiger Erlöser (Pantokrator) und König auf dem Thron. Ähnlich stellte man sich den Himmel vor: Wie eine Heiligen-VIP-Lounge mit Gott als Gastgeber, alles bedeckt mit Gold und Edelsteinen. Solange diese Herrlichkeit nicht eintrat, waren die Messen und Prozessionen der Orden im Mittelalter wohl das Prächtigste, was man erleben konnte. Man muss sich nur einmal die Schatzkammer des Kölner Doms ansehen, um eine Vorstellung davon zu erlangen.

Kreative Ideen sind heute ebenso gefragt wie altruistische Vorbilder. Papst Franziskus geht mit gutem Beispiel voran, wenn er nicht in den vatikanischen Palast zieht. Er trägt keine Pelzumhänge, läuft in ausgetretenen Schuhen herum, kritisiert, dass Bischöfe in Luxuslimousinen chauffiert werden – während ihm öffentliche Verkehrsmittel am liebsten sind. Jetzt, wo er Papst ist, muss er sich aber doch fahren lassen, aus Sicherheitsgründen, in einem gebrauchten Ford Focus. Angeblich soll er einem Schweizer Gardisten vor seiner Wohnung persönlich einen Stuhl hingestellt haben, damit dieser nicht stundenlang stehen muss. Einfache, so menschliche Gesten können mehr bewirken als alle Gebote und Verbote zusammen, und man sollte die Kraft des Vorbilds nicht unterschätzen. Ich glaube, es würde viele inspirieren, wenn etwa Bundeskanzlerin Angela Merkel verkündete, von nun an werde sie ausschließlich Secondhandklamotten aus Oxfam-Läden tragen, oder wenn Sigmar Gabriel sich dem «Containern» verschriebe, um auf diese Weise gegen die Verschwendung von Lebensmitteln zu reagieren. Ursula von der Leyen könnte wiederum den Inhalt ihres Kühlschranks auf der Internetplattform «Foodsharing» zur Verfügung stellen, bevor sie in den Urlaub fährt: Ein Kilo Möhren, zwei Liter Milch bitte da und dort abholen. In Köln wurden über die Foodsharing-Website nach Ende des Karnevals sogar vier Tüten Kamelle angeboten. Im Kinderdorf können wir nicht containern, aber wir bekommen regelmäßig Lebensmittel aus den umliegenden Läden als Spende. Man würde sie sonst wegschmeißen. So versuchen auch wir einen kleinen Teil dazu beizutragen, die Welt ein winziges Stückchen reicher und gerechter zu machen.

Es existieren viele Konzepte darüber, wie man Ressourcen einsparen oder etwas vom eigenen Wohlstand abgeben kann. Kleine Initiativen und Start-up-Unternehmen, bei denen nicht Gewinnmaximierung über allem steht, schießen wie Pilze aus dem Boden. Man kann zum Bespiel «echten» Ökostrom beziehen, von Firmen, die in erneuerbare Energien investieren und nicht nur irgendwo grünen Strom dazukaufen. Man kann sein Geld bei einer Ethik-Bank anlegen, die keine Geschäfte mit Waffenhändlern macht oder mit Staaten, die Kinderarbeit dulden. In allen Großstädten etablieren sich Repair-Cafés, in denen Fahrräder oder auch Haushaltsgeräte unter Anleitung repariert werden können, damit man beispielsweise nicht jedes zweite Jahr einen neuen Fön kaufen muss. Die Belegschaft der Textilfirma manomama von Sina Trinkwalder besteht fast ausschließlich aus Menschen, die in den Jobcentern als nicht vermittelbar gelten. Alle haben unbefristete Arbeitsverhältnisse, Stundenlöhne von mindestens zehn Euro und Arbeitszeiten, die mit einer Familie vereinbar sind. Das Unternehmen macht trotzdem Gewinn. Nicht Gier-Gewinn, sondern Gewinn für alle. Das ist der größte Schatz, den man auf Erden erlangen kann.

Es braucht natürlich auch andere, die mitmachen. Der Kölner Pfarrer Franz Meurer ist ein «Anschieber» von Projekten. Er ist ein Pfarrer der Armen, und von manchen wird er «Erzbischof der Herzen» genannt. Franz Meurer ist nicht bequem, und er nimmt kein Blatt vor den Mund, wenn es zum Beispiel um das (unsinnige) kirchliche Kondomverbot geht oder das (längst überfällige) Frauenpriestertum. Wir trafen uns auf einer Podiumsdiskussion über Gerechtigkeit in der Kirche und verstanden uns sofort. In seinem Buch *Von wegen nix zu machen ...*, das er zusammen mit Jürgen Becker und Martin Stankowski verfasst hat, schlägt er Dutzende Möglichkeiten vor, Verantwortung zu übernehmen und etwas für andere zu tun, ohne dass man gleich in Armut leben muss. *Werkzeugkiste für Weltverbesserer* ist der Untertitel der kleinen Schrift, und ich kann sie nur wärmstens empfehlen.

Aber zurück ins Kloster nach Dänemark. Meine ersten Erfahrungen mit der Armut waren, verglichen mit echter Armut, sehr moderat. Ich bezog ein kleines Zimmer, zwei mal vier Meter groß.

Meine Zelle. Darin befanden sich: ein Bett, ein Stuhl, ein Tisch (ohne Totenkopf), nicht zu vergessen der Schrank – alles gebraucht. Vor dem Fenster, aus dem ich auf ein Stück Rasen, Bäume und einen Teich blickte, hingen weiße Gardinen mit hellroten Tulpen. Die Gardinen liebte ich besonders, sie machten das skandinavische Flair der Zelle aus. Der gemeinsame «Haushalt» war bereits eingerichtet, ich brachte nur mein Kaffeegeschirr in die Rekreation (Klosterisch: Freizeit) des Noviziats ein, zudem ein paar Bücher und Spiele. Mein Fahrrad hatte ich noch mitgenommen, ansonsten aber galt für mich von nun an: «Bitte darum, wenn du etwas brauchst. Ganz gleich, ob es eine neue Zahnpasta, Socken oder Stifte betrifft.» Das war sehr ungewohnt. Aber es half mir dabei zu überlegen, ob ich das, was ich erfragen wollte, auch wirklich benötigte. Schwierig wurde es beim ersten Weihnachtsfest – ich hatte ja kein eigenes Geld mehr und bekam auch keins. Also war Improvisation gefordert, und statt gekaufter Geschenke bastelte und malte ich stundenlang, schrieb Briefe und Karten. Komisch war es trotzdem. Nicht mehr «mal eben» mit Freunden beim Italiener um die Ecke eine Pizza zu essen oder abends eine Flasche Wein zu öffnen, fiel mir im Rahmen der Armut schwer. Entbehrung konnte ich dies jedoch nicht nennen.

6. Hinter Klostermauern – auf der anderen Seite des Schlüssellochs

Ich träume. Ich träume vom Fliegen. Mit Leichtigkeit schwebe ich durch den Raum, sehe Felder und Wälder unter mir. Was ist das für ein seltsames Geräusch, das ich plötzlich wahrnehme? Doch es stört mich nicht. Ich bewege weiter meine Arme und Beine, komme schneller voran. Das Geräusch wird lauter. Ich schaue umher, ob ich seine Quelle finden kann.

In diesem Moment wachte ich auf. Wo war ich? Ach ja, in meiner Klosterzelle. Ich vernahm die leisen Schritte, auf die mein innerer Wecker schon gewartet hatte. Sie näherten sich dem Zimmer. Dann öffnete sich die Tür einen Spaltbreit, und eine Stimme flüsterte: «Benedicite.» Fast unhörbar antwortete ich: «Dominus.» Die digitale Anzeige meines Weckers blinkte. Es war 03:08 Uhr.

In den mehr als 300 Folgen der ARD-Sendung *Was bin ich?* wurden die Gäste von Moderator Robert Lembke regelmäßig nach einer typischen Handbewegung gefragt, wenn das heitere Beruferaten seinen Anfang nahm. Bei uns gab es kaum etwas Typischeres als das Benedicite-Dominus, eine liturgische Aufforderung, die etwa «Lobet den Herrn» bedeutet. Jedes Gespräch begann mit dieser Segensformel, ganz gleich, ob ich mir einen Spaten auslieh oder ein geistliches Thema anstand. Es sind wahrscheinlich die am häufigsten ausgesprochenen Worte im Kloster, und wenn wir nachts zum Gebet aufstanden, war es unser

Weckruf. Daran musste ich mich erst gewöhnen. Und nicht nur daran.

Seit einigen Monaten war ich jetzt Schwester, und der Eintritt in das kontemplative Leben war die größte Umstellung, die ich bislang erlebt hatte. Ich hatte einen beschaulichen (kontemplativen) Orden gewählt, ohne wirklich zu durchschauen, was auf mich zukam. Sollte ich die Vorstellung gehabt haben, dass ich eine Art *Hanni-und-Nanni*-Existenz führen würde oder ein Aussteigerdasein im Flower-Power-Stil, so verlor sich diese jedenfalls schon gleich in den ersten Wochen nach meinem Umzug. Ich war jetzt kein umworbener Gast mehr, sondern Kandidatin, ich war nur noch eine von vielen. Die Tage waren streng reglementiert, und das ungewohnte Schweigegebot, verbunden mit einem großen Gebets-, Arbeits- und Lernpensum, reizte meine Nerven. Manchmal begann ich in den banalsten Situationen hysterisch zu kichern, oder ich brach wegen Nichtigkeiten in Tränen aus. Das beschauliche Leben war anfangs mehr als ungemütlich für mich.

Der Gedanke von der Beschaulichkeit stammt einmal mehr aus der Antike, und es ist faszinierend, wie viele christliche Vorstellungen aus der «heidnischen» Zeit übernommen, wie viele Kirchen in Deutschland auf Fundamenten römischer Tempel erbaut wurden. Für den Griechen Aristoteles bestand der Inbegriff der Freiheit eines Mannes (ein Frauenfreund sieht für mich anders aus) darin, dass er nicht arbeiten musste, sondern sich den lieben langen Tag mit Philosophie beschäftigen konnte, also mit den wesentlichen Dingen. In seiner *Nikomachischen Ethik* prägte er den Begriff von der vollkommenen Glückseligkeit, die seiner Meinung nach im kontemplativen Leben liegen würde, im *bios theoreticos*. In den Klöstern wurde das Lateinisch zur *vita contemplativa*, wobei eine solche Lebensform mit mehr oder weniger strenger Askese kombiniert wurde. Ähnliches praktizieren bis heute die ultraorthodoxen Juden – religiöse Männer gehen in der

Regel keiner Arbeit nach, sondern studieren die heiligen Schriften. In Israel, wo ihnen eine Art Grundeinkommen gezahlt wird, ist daraus mittlerweile ein Problem entstanden, denn die Zahl der Orthodoxen, die nicht zur wirtschaftlichen Produktivität des Landes beitragen, nimmt aufgrund des Kinderreichtums immer mehr zu. Auch verweigern sie den Militärdienst, was ich ja gut finde. Doch im März 2014 beschloss die Knesset, die Befreiung der Strenggläubigen vom Militärdienst aufzuheben, weil der Bedarf an Soldaten zu groß war. Ein Jahr später kapitulierte Staatschef Benjamin Netanjahu vor den Orthodoxen. Um wiedergewählt zu werden, brauchte er die Stimmen der Parteien Schas und Vereinigtes Thora-Judentum, und die verlangten als Gegenleistung für ihre Unterstützung die Rücknahme des umstrittenen Gesetzes. Das ist wohl höhere Politik.

Im frühen Mittelalter war es vor allem Papst Gregor I., der definierte, wie der aktive und der kontemplative Weg des christlichen Glaubens aussehen sollte, wobei auch er Letzterem den Vorrang einräumte. Das hatte wahrscheinlich persönliche Gründe, denn Gregor war der erste Mönchspapst der Geschichte und hatte sich angeblich nicht darum gerissen, eine solch steile Kirchenkarriere zu machen. Überliefert sind jedenfalls seine Klagen darüber, dass ihm das Antlitz des Schöpfers und die innere Ruhe entzogen worden seien durch den Zwang, die Angelegenheiten der Kirche zu regeln. Ganz ähnlich bedauern heute vielbeschäftigte Zeitgenossen, dass sie keine Muße mehr finden, sich mit dem Wesentlichen zu beschäftigen. Aber es kann auch ein Trick des Kirchenfürsten gewesen sein, um sich möglichst bescheiden zu geben – das war damals modern und kommt bis heute gut an. Papst Benedikt XVI. ist zum Beispiel ein Gregor-Fan und pries ihn in den höchsten Tönen als «Friedensfürst».

Tatsächlich hat Gregor I. in der Kirche so viele Weichen gesetzt wie kaum ein anderer. Mehr als 800 Briefe hat er geschrieben und noch nebenbei den Kalender und die Liturgie reformiert, alles in nur vierzehn Jahren seines Pontifikats. Gregor I. war aber ein knallharter Machtpolitiker. Er war der Erste, der den Titel des Papstes («Papa») gesetzlich für den Bischofssitz von Rom festschrieb, und er war der Erste, der meinte, man könne die Heiden (es ging um Nichtchristen in Sardinien) ruhig mit Prügel und Folter zum Christentum «bekehren» – eine Ansicht, die in den ersten Jahrhunderten nach Jesus noch undenkbar gewesen wäre.

Die einst kleine verfolgte Sekte der Christen hatte sich zur Weltreligion gemausert, und sie sollte immer noch mächtiger werden. Gregor I. legte einen wichtigen Teil des Fundaments dazu. Die *vita activa* (Klosterisch: das aktive Leben) bestand in seinen Augen darin, die Hungernden zu nähren, den Unwissenden das Wort der Weisheit zu bringen, die Kranken zu pflegen, Irrtümer zu korrigieren und allzu stolze Zeitgenossen zur Demut anzuhalten – all das hatte auch Jesus auf seiner Wanderschaft schon getan. 600 Jahre später erschien dem Papst (und vielen nach ihm) ein Leben in tätiger Nächstenliebe aber nur noch als die Vorstufe eines himmlischeren Daseins; der Königsweg war jener, auf dem ein Mensch sich dem Gebet und der Gottesschau widmete. Es gab und gibt wie immer auch die gegenteilige Meinung: Die «Imitatio Christi» (Klosterisch: Nachfolge Christi), hieß es da, sei das Wesentliche; berühmte Beispiele waren Franz von Assisi oder der heilige Dominikus. Es kam letztlich zu einer Unterscheidung der beiden Ordenswege, und darüber hinaus zu unterschiedlichsten Mischungen.

In der benediktinischen Tradition, in der ich mich in dem dänischen Kloster befand, was Zufall war, stand das *ora* vor dem *labora* – das Beten war also wichtiger als die Arbeit. Die sieben Gebetszeiten setzten sich aus einer festgelegten Reihenfolge von Texten, Hymnen, Liedern, Psalmen, Lesungen und Gebeten zusammen, niedergeschrieben im *Stundenbuch* der Kirche. Von ihm existieren zwei Versionen, das umfangreichere benediktinische sowie das römische (beide Varianten gibt es als App).

Leise stand ich auf und warf einen Blick auf die Uhr. Die roten Zahlen leuchteten 03:09. Ich hatte noch eine Minute Zeit, dann begann die Matutin, das Morgengebet – eigentlich fing es um Punkt 03:15 Uhr an, doch wir sollten schon fünf Minuten vorher in der Kirche sein, damit Ruhe herrschte, wenn es losging, und kein Zurechtgefummel von Kleidung oder Geräusper und Gehuste die innere Einkehr störte. Aber bei wenig Schlaf zählt jede Minute.

Eilig zog ich den Habit über den Schlafanzug, streifte Socken und Schuhe über und schlich so schnell ich konnte in die Kirche, die nur durch das Licht am Tabernakel erleuchtet war. Waschen und richtig anziehen kam später, nach dem zweiten Aufstehen.

Die nächtlichen Gebete mochte ich im Grunde sehr gern, auch wenn sie lange dauerten, fast eine Stunde, an Feiertagen noch länger. Es war dann mucksmäuschenstill um uns herum, selbst die Vögel waren noch nicht wach. Es begann mit dem Ruf «*Domine, labia mea aperies, et os meum annuntiabit laudem tuam*» (Klosterisch: «Herr, öffne meine Lippen, damit mein Mund dein Lob verkünde»), das Ganze dreimal, damit man auch wirklich bei Stimme war. Wer einmal nachts aus dem Tiefschlaf heraus versucht hat, schön zu singen, kann den praktischen Sinn dieser Eröffnung verstehen. Danach erfolgte der Eingangspsalm: «*Venite adoremus Dominus!* – Kommt, lasst uns den Herrn anbeten!»

Die dunkle Kirche füllte sich mit unseren Stimmen, sie erhoben sich ins Gewölbe. Immer wieder ergriff mich dabei die feierliche Gewissheit, dass die Menschen um uns herum noch friedlich in ihren Betten lagen, während wir – stellvertretend für alle Schläfer – vor Gott standen. Das söhnte mich aus mit der frühen Uhrzeit. Denn die beschauliche Lebensform widmet sich nicht nur dem eigenen spirituellen «Gewinn», sondern ist auch ein Menschheitsdienst. Im Gebet stellte ich – wie Jesus – mein Leben und mein Wesen, die Kraft meiner Gedanken und Wünsche zur Verfügung. Das ist ein Ausdruck von Liebe. So ist das Ordensgebet nicht nur Berufung, sondern auch Beruf, und das Wissen, dass diese Gebetsform überall auf ähnliche Weise praktiziert wird und ich das Chorgebet in jedem Land mitbeten kann, fühlt sich gut an, weltumfassend.

Gesungen werden die Psalmen, die König David zugeschrieben werden. Manchmal sind sie voller Lob an Gott, manchmal angstvoll oder wütend. Als Anfängerin musste ich mich erst daran gewöhnen, denn die Aussagen können sehr drastisch sein, wenn zum Beispiel jemand seinen Mitmenschen den Tod wünscht. Irgendwann habe ich begriffen, dass die Psalmen quer durch die ganze Gefühlswelt des Menschen gehen – und alles ist vor Gott erlaubt. Wut, Trauer, Zweifel oder Todessehnsucht sind Gott nicht fremd, und er verachtet es auch nicht, wenn Menschen feindselig denken oder fühlen. Nur wenn sie danach handeln, das wäre etwas anderes, davon bin ich überzeugt.

Anfangs war ich der Meinung, den komplizierten gregorianischen Gesang (auch hier hat Papst Gregor der Große Wichtiges geprägt) würde ich niemals beherrschen: Jede Schwester hatte eine bestimmte Rolle, jede Bewegung einen symbolischen Inhalt. Es gibt acht unterschiedliche Tonarten, genannt Psalmtöne, die wiederum verschiedene Endungen haben. Mal geht die Stimme am Schluss eines Satzes rauf, mal runter – einfach ausgedrückt, in Wirklichkeit ist es viel, viel komplizierter. Die Psalmen werden chorisch gesungen oder gebetet, das bedeutet, eine Stimme beginnt mit dem ersten Teil des Verses, die anderen auf derselben Kirchenseite stimmen ein (manchmal singt die Vorsängerin oder der Vorsänger auch allein einen ganzen Vers), dann ist die andere Seite dran, ein Wechselgebet also. Vor allem die Pausen zwischen den einzelnen

Stellen müssen geübt werden, denn es gibt keinen Takt. Somit wird der gemeinsame Stimmeinsatz zu einer Herausforderung für die ganze Gruppe. Aber wenn man gut aufeinander hört und sich in das Gebet hineingibt, kann es den Himmel öffnen. Wenn man es dann noch schafft, entspannt zwischen bis zu vier unterschiedlichen Büchern zu wechseln, ist man wahrlich ein Profi.

Habe ich schon erwähnt, dass wir das alles nicht auf Deutsch, sondern auf Lateinisch sangen? Kein Wunder, dass es anfangs in unserer kleinen Truppe ziemlich holperte, vor allem in den Nächten «versangen» wir uns ziemlich oft. Dafür war dann Buße zu tun: aufstehen und uns bis zum Boden verneigen. Wer jemals das Spiel «Laurentia, liebe Laurentia mein» gespielt hat, der kann sich vielleicht vorstellen, wie es manchmal bei uns im Chor zuging, da wurde die Buße nämlich zur Turnübung. Die konnte zwar den Geist wieder in Schwung bringen, dennoch hatte Schwester Hildegard nach einiger Zeit die Nase voll von unserem Dilettantismus. Sie lud eine Stimmbildnerin ein, die uns speziell in dieser mittelalterlichen Kunstform unterrichtete. Nach und nach wurden wir erstaunlich gut darin.

Gregorianischer Gesang hat es schon häufig in die Charts geschafft, das begann mit der Gruppe Enigma Anfang der neunziger Jahre und wurde dann immer klösterlicher: So hatten die Zisterzienser vom Stift Heiligenkreuz (durchaus nicht mit finanzieller Motivation) ein Video ihres Chorgesangs auf YouTube hochgeladen und innerhalb kürzester Zeit Hunderttausende von Klicks bekommen. Das war 2007, seitdem verkaufen sie Tonträger in der ganzen Welt. Ihr jüngstes Projekt ist ganz besonders: Nach den Anschlägen auf die Pariser Redaktion der Satirezeitschrift *Charlie Hebdo* entschieden sich die Brüder im Frühjahr 2015 eine CD gegen den wachsenden Antisemitismus aufzunehmen. «Chant for Peace» verbindet die mittelalterlich-christlichen Gesänge der Brüder mit jüdisch-mystischen Texten, interpretiert durch die starke Stimme von Timna Brauer, einer israelisch-österreichischen Sängerin. So kann Spiritualität hinter Klostermauern zu einem weltpolitischen Statement werden!

Die uralten Gesänge bringen offenbar eine Seite der menschlichen Seele zum Klingen, die sonst im Alltag im Verborgenen bleibt. Angeblich sind sie Gesänge des Himmels. Ich kann es bestätigen: Es wird sehr intensiv, wenn man drei bis vier Stunden täglich im Chorgebet verbringt und hochkonzentriert bei der Sache ist. Es hat mich oft innerlich ruhig werden lassen, und diese Ruhe kann sich auch auf andere übertragen. Das gemeinsame Beten, in dem die Stimmen verschmelzen, wird zu einem großen Ganzen, und in dieses Eine konnte ich mich selbst mit hineinnehmen, völlig darin aufgehen. Die Verse wogten wie ein Kornfeld, in das der Wind fuhr. Natürlich gab es auch Zeiten, in denen spirituelle Höhen ausblieben, dann wenn der Kreislauf in die Tiefe rauschte und mir übel war vor Müdigkeit. Doch wenn ich in solchen Augenblicken in die blassen Gesichter der Mitschwestern blickte, die mit ähnlichen Problemen zu kämpfen hatten, entstand so etwas wie wortlose Solidarität.

Das war eine besondere Erfahrung: ein gemeinsames Durchstehen einer Situation, die so extrem ist, dass nur wenige Menschen sie jemals machen würden – wer ist schon so verrückt, aus dem Tiefschlaf heraus singen zu gehen? Die eine oder andere Mitschwester wurde auch zurück ins Bett geschickt, wenn zu erwarten war, dass sie jeden Moment umkippen würde. Aber das war nicht unsere eigene Entscheidung. Schwester Hildegard bestimmte, wem es schlecht ging und wem nicht. Selbst zu denken war nicht erwünscht. Auch selbst zu fühlen nicht. Daran musste ich mich langsam gewöhnen.

War das Morgengebet beendet, durften wir uns wieder hinlegen, und manchmal schaffte ich es sogar einzuschlafen, bevor die Laudes um halb sieben begann, der morgendliche Lobgesang. Zur Laudes erschien ich dann gewaschen und ordentlich angezogen.

Nach dem Morgenlob durfte sich jede von uns einen Platz in der Kirche suchen, um still zu meditieren. Der Tabernakel zog mich an. Aus einem mystischen, vielleicht sogar kindlichen Glauben heraus fühlte ich mich dort Jesus am nächsten. Allerdings wurde aus der Meditation so manches Mal eine «Nickmeditation», wenn die Müdigkeit überhandnahm und der Kopf ständig nach unten fiel. Aber ich war nicht die Einzige, der es so erging.

Es folgte das Frühstück. Unsere Mahlzeiten waren einfach, aber nicht so karg wie in früheren Jahrhunderten, wo es meist nur Wasser, Brot und Gemüse gegeben hatte, damit man nicht zu träge und zu dick bei der Gottessuche wurde. Völlerei war eine Todsünde, schließlich waren Adam und Eva aufgrund ihrer Esslust aus dem Paradies geflogen, und Fasten war die Sühne dafür. Ganz abgesehen davon, dient das Fasten in allen Religionen der inneren und äußeren Reinigung. Die vorösterliche Fastenzeit dauerte im Mittelalter allerdings von September, vom Fest der Kreuzerhöhung, bis Ostern – das war ganz schön heftig.

Erträglicher wurde es erst, als (nördlich der Alpen) Bier zur Fastenspeise erhoben wurde, der Legende nach aufgrund falscher Tatsachen: Ein süddeutscher Abt hatte sich an den Papst in Rom gewandt, er wollte in Erfahrung bringen, ob seine Mönche in dieser Zeit selbstgebrautes Starkbier trinken dürften. Im fernen Rom war das Getränk gänzlich unbekannt, und der Heilige Vater bat um eine Kostprobe, damit er entscheiden könne, ob es der Entsagung diene oder nicht. Ein berittener Bote wurde mit einem Fässchen Bier – die Kölner würden sagen, mit einem Pittermännchen – über die Alpen geschickt. Nach der wochenlangen Reise war der Inhalt des kleinen Fasses nicht nur kräftig durchgeschüttelt, sondern auch viele Male von der Sonne erwärmt worden, sodass das Bier nicht nur schal, sondern auch sauer geworden war. Als es dem Kirchenoberhaupt schließlich kredenzt wurde, spuckte er es mit Abscheu aus und rief: «Igitt! Wer dieses trinkt, der fastet wahrlich!» Wahrscheinlich dachte er bei sich: Die spinnen, die Deutschen, gut, dass wir Italiener unseren Wein haben.

Bier war in Klöstern fortan erlaubt, weshalb es bis heute gern als «flüssiges Brot» bezeichnet wird. Weil der darin enthaltene Hopfen appetitanregend wirkt, wurde es auch zu einer empfohlenen Krankenspeise – so mancher Rausch wird ein angenehmer Nebeneffekt gewesen sein. Wie unschwer zu erraten, einige der bekanntesten Brauereien oder Weinkellereien (Wein ist ebenfalls in der Fastenzeit erlaubt) gingen aus Ordensgemeinschaften hervor. Die strengen Auflagen der vorösterlichen Zeit machten sowieso findig. Da der Grundsatz galt, «Flüssiges bricht das Fasten nicht», durften Tiere des Wassers gegessen werden, mithin Fische, Schnecken, Muscheln und Frösche – wenn man Letzteres denn mochte. Das versuchte man wie immer theologisch zu erklären. In diesem Fall so: Während der Sintflut war nur die Erde dem göttlichen Zorn unterlegen gewesen, weswegen Wasser ein Symbol der Reinheit sei, aber auch alles, was darin leben würde, bis hin zur Gans. Das war wohl höhere Theologie, und manche Mönche warfen angeblich sogar Spanferkel in den Klosterbrunnen oder blutig gejagte Hirsche in den Fluss – denn was man aus dem Wasser zog, konnte ja nichts anderes als ein Fisch sein.

Fleisch war in der Fastenzeit verpönt, weil es den Körper erhitzte – und das wiederum konnte zu allen möglichen Sünden führen. Frei nach dem Motto: «Was ich nicht weiß, macht mich nicht heiß», wurden die Klosterköche jedoch findig darin, Fleisch zu verstecken, schließlich gab es nicht an jedem Ort einen Forellenteich. Bei den Maultaschen verbarg man es im Innern des Nudelteigs – und weil man es nicht sehen konnte, existierte es auch nicht. Warum die Fastenregeln im Mittelalter letztlich immer mehr «gedehnt» wurden, hatte jedoch weniger mit Genusssucht zu tun. Im rauen Klima Mitteleuropas benötigte man einfach mehr Kalorien, damit die Mönche und Nonnen überhaupt überleben konnten. Noch heute wird in vielen Kantinen freitags nur Fisch serviert. Auch das ist eine Tradition aus dem Mittelalter, da Freitag der Todestag Jesu ist. Im Kloster in Dänemark folgte man ihr. Nach dem Frühstück lasen wir eine Stunde lang in einem geistlichen Buch, das die Priorin jeder Schwester zuteilte (wobei wir auch eigene Vorschläge machen konnten). Danach folgte die Terz, das Gebet zur dritten Stunde, das nur etwa fünfzehn Minuten umfasste. Im direkten Anschluss erfolgte die tägliche Eucharistiefeier mit einer Predigt, die vor allem Schwester Sofia – sie war die älteste Schwester – öfter mal zu langweilen schien. Jedenfalls hörte man von ihrem Platz regelmäßig ein laut geflüstertes «Amen», das weniger wie eine fromme Bestätigung klang, sondern eher wie eine Aufforderung, langsam mal zum Ende zu kommen. Bis heute höre ich ihr «Amen», wenn ein Priester allzu lange predigt.

Anschließend ging es ins Kapitel, einer kleinen Schwesternversammlung, in der ein Ausschnitt aus der Benedikt-Regel verlesen wurde. Manchmal gab es auch Ankündigungen, begleitet von einem Psalm. Danach folgte unser Unterricht in den Räumen der Ordensschule: Kirchen- und Ordensgeschichte, Heiligenbiographien, Gebetsformen und einiges mehr. Für den Lateinunterricht kam ein Lehrer von außerhalb, der uns die Sprache als eine lebendige beibrachte. Durch ihn schaffte ich immerhin das kleine Latinum! Zu meiner Ordensausbildung gehörte es auch, ein Instrument zu beherrschen. Ich wählte die Geige – und übte jeden Tag. Trotz eines guten musikalischen Gehörs klangen die ersten Versuche stark nach mittelalterlicher Bußübung – zumindest für die anderen. Aber später mit allen Schwestern in einem Orchester zu spielen, das hatte was, und so schlecht kann ich nicht gewesen sein.

In diesem ersten Jahr genoss ich einerseits das Dasein auf dem Land, das wunderbare Schlossgelände, die Gemeinschaft und das Zugehörigkeitsgefühl, andererseits war ich voller Trauer und vermisste mein altes Leben, vermisste Freiheit, Verrücktheit und Selbstverantwortung. Aber macht man bestimmte Dinge immer wieder, wiederholt Rituale jeden Tag, rezitiert Gebete über viele Stunden, dann passiert etwas. Entweder man wird verrückt, oder der Geist wird leer – und Gott kann in diesen leeren Raum hineinfließen.

Mit der Zeit spürte ich, wie ich mit Gott ins Gespräch kam – immer intensiver und vertrauter. Auch wenn ich ihn nicht sah, Gott war da. Ihm alles erzählen zu können, ihn in mein alltägliches Tun einzubeziehen, das habe ich in diesen Jahren gelernt. Ein Kloster ist somit der Raum, der zur Gotteserfahrung einlädt und alle äußeren Bedingungen bestmöglich danach ausrichtet. Alles kann Gebet werden, kann Sprechen mit Gott sein, wenn das, was man macht, sich in das verwandelt, was man ist. Es ist schwer zu erklären: Das Gebet ist zunächst eine Technik, eine Strategie. Irgendwann hat man sie so verinnerlicht, dass man sie hinter sich lässt, sie vergisst. Dann kann eine Tür aufgehen – im Kopf, im Herzen, im Geist –, und diese Tür führt ins Unbekannte. Dieses Unbekannte habe ich als reine Liebe erfahren.

Viele spirituelle Techniken laufen auf dieselben Ziele hinaus: Gott in der Seele sprechen zu lassen. Lieben zu lernen. Sich frei zu fühlen. Sich so zu fordern, dass eine grenzüberschreitende Erfahrung möglich wird. Neurobiologen haben diesen Zustand mittels Elektroenzephalographie (EEG) bei buddhistischen Mönchen sichtbar gemacht; der Film *Mönche im Labor* der französischen Regisseurin Delphine Morel dokumentiert dieses Experiment. Die Wissenschaftler hatten in der Meditation erfahrene Männer eingeladen und sie gebeten, sich in tiefe Versenkung zu versetzen. Hirnscans zeigten, dass bei den Mönchen das gesamte Gehirn aktiv war, normalerweise sind es nur ein paar Areale. Sie hatten geradezu ein leuchtendes Gehirn.

Eine weitere Gebetsform ist das Herzensgebet oder Ruhegebet: Man spricht oder denkt bei jedem Atemzug den Namen Gottes oder den von Jesus. Man kann aber auch irgendein anderes Wort wählen: Licht, Heil, Liebe, was immer einen anspricht. Die Absicht dieser Gebetstechnik ist es, das Wort so lange zu wiederholen, bis es im Herzen lebendig wird. Die ständige Wiederholung stärkt die Konzentrationskraft. Es bilden sich sogar neue Verbindungen im Gehirn, die Gelassenheit und Mitgefühl fördern. Anfangs aber verzweifelte ich daran.

«Ich kann das einfach nicht», beklagte ich mich bei meiner Priorin. «Beim Einatmen denke ich Jesus, und beim Ausatmen: Ach, die Rosen müssten mal wieder geschnitten werden.»

«Es ist ganz normal, dass unsere Gedanken ruhelos umherschweifen. Es fällt uns aber erst auf, wenn wir versuchen, sie zu bändigen oder in eine bestimmte Richtung zu steuern», erwiderte Schwester Hildegard.

«Aber wie lange dauert es denn, bis sie stillhalten?»

Im Hinduismus, so erfuhr ich später, vergleicht man den Geist des Menschen mit einem Affen, der ständig umherspringt und nichts von Ruhe wissen will. Das ist eine treffende Beschreibung, genauso fühlte es sich nämlich damals an. Jeder Gedanke gab diesem Affen Zucker, hielt ihn bei Laune, ließ ihn auf den nächsten Baum springen. Sich auf ein einziges Wort zu konzentrieren, war ihm viel zu langweilig.

«Es dauert so lange, wie es dauert», war die rätselhafte Antwort meiner Priorin. «Du wirst schon zur Ruhe kommen.»

Und es stimmte. Durch Übung und Gewöhnung lernte ich, mich zu konzentrieren. Etwas Ähnliches erleben Menschen, die erfahren wollen, wie man sich entspannt. Durch autogenes Training oder progressive Muskelentspannung findet erst der Körper Ruhe, und über die Beruhigung des Nervensystems verlieren auch die Gedanken mit der Zeit ihre Dringlichkeit. Meine Methode war das trotzdem nicht. Man muss für sich selbst den Weg finden, der am besten zu einem passt.

Um 11:45 Uhr wurden wir vom Geläut zur Sext gerufen, zum Gebet zur sechsten Stunde, in der Jesus ans Kreuz geschlagen wurde. Meine Armbanduhr trug ich weiterhin, aber nur aus Gewohnheit, denn der Tag wurde durch die Glocke bestimmt, die sich stets zehn Minuten vor dem nächsten Programmpunkt meldete. Genug Zeit, um alles liegen zu lassen und zum Gebet zu eilen. Nach dem Mittagsgebet wurde gegessen, während die Tischleserin ein erbauliches Buch vorlas, häufig Heiligenbiographien, geschrieben von heutigen Autoren. Die Leserinnen durften später nachessen. Gemeinsam zogen wir anschließend in einer Prozession und mit einem Psalm auf den Lippen zurück in die Kirche, zur Non, dem Gebet zur neunten Stunde, dem Todeszeitpunkt Jesu. In der kurzen Pause danach fiel ich nicht selten erschöpft auf mein Bett, um dann zum Arbeitseinsatz mehr oder weniger verschlafen aufzutauchen.

Der Programmpunkt *labora*, also die Arbeit, die wir selbstverständlich mit einem kurzen gemeinsamen Gebet begannen, war der einzige Ausgleich für mich. Es machte mir Freude, auf dem wunderbaren Gelände zu arbeiten, und ich konnte mich austoben. Ich fuhr mit dem uralten Trecker herum, der nur durch verschiedene Tricks in Bewegung zu setzen war, und fand als Gärtnerin ständig irgendwelche Vorwände, dieses Ungetüm zu benutzen. In den Wintermonaten, wenn der Garten ruhte und der Gästestrom im Schloss nachgelassen hatte, renovierten wir nach und nach das historische Gebäude (der Schwesternkonvent befand sich in einem Neubau in Sichtweite, ebenso die Kirche) und strichen Wände, Decken und die unendlich langen Gänge mit weißer oder gelber Farbe an – zum Teil in schwindelerregenden Höhen von mehreren Metern.

In Dänemark wird es im Winter früh dunkel, und an den späten

Nachmittagen blieb ich nicht selten allein im Schloss zurück. Nur vom Licht eines Strahlers beleuchtet, fand ich das Gebäude, offen gestanden, noch genauso gruselig wie in der ersten Nacht. Ich gewöhnte mich nie daran.

Im zweiten Jahr nahmen wir uns die breiten hölzernen Wendeltreppen vom Keller bis zum Speicher vor. In der Mitte waren die dunklen Holzstufen von den vielen Füßen ausgetreten, und ich wurde durch unendliche Stunden des Lackierens vertraut mit jeder Wölbung und jedem kleinsten Spalt, aus dem der Staub nur schwer herausging. Die Stufen habe ich nie gezählt, aber gefühlt waren es Tausende. Bei diesen Arbeiten freundete ich mich mit Filippa an, die nur wenig jünger war als ich und ähnliche Anfangsschwierigkeiten hatte. Schon als Kind war sie in das Kloster gekommen, um mit ihrer Familie an den Besinnungstagen teilzunehmen, die der dänische Bischof jährlich in ihm veranstaltete, und mit sechzehn trat sie dann ein – wie Marie. Unter ihren dunklen, dichten Haaren blitzten Augen voller Leben hervor. Wir verstanden uns auf Anhieb. Am liebsten hätte ich mit Filippa einfach nur geredet und sie gefragt, wie sie das Klosterleben empfand. Doch in vielen Ordensgemeinschaften wird es nicht gern gesehen, wenn zu enge Freundschaften unter Schwestern oder Brüdern entstehen, weil nichts stärker von Gott ablenkt als die menschliche Bindung.

Dass Einsamkeit und Isolation ebenso den Weg zu Gott verstellen können, spielte keine Rolle in der Geschichte der Orden, auch nicht dass Jesus ein ganz anderes Beispiel gegeben hatte: Er war mit seinen Jüngern und vielen anderen Menschen umhergezogen, alle hatten ständig miteinander geredet, gegessen und gefeiert – und das hatte durchaus niemanden von Gott abgehalten. Im traditionellen Klosterleben galt man jedoch als Gefangene Gottes und hatte aller Bindung zu entsagen. Das hatte auch noch einen anderen Grund: Voneinander isolierte Menschen sind leichter zu kontrollieren, und diese Kontrolle war der Kirche meistens wichtiger als die freie Entfaltung der Herzen, die immer gefährlich für die Mächtigen werden kann.

Leider fiel der frommen Entsagung auch nach und nach meine Freundschaft mit Marie zum Opfer: Vor meinen Augen verwandelte sie sich in eine besonders brave und untergebene Schwester, die alles richtig machen wollte – ich erkannte die fröhliche Marie nicht mehr wieder! Dafür galten Filippa und ich schon bald als *Enfants terribles*. Einerseits beliebt wegen unserer Fröhlichkeit, andererseits häufig mit hochgezogenen Augenbrauen bedacht, wenn wir über die Stränge schlugen – und Marie konnte dann besonders missbilligend gucken. Wahrscheinlich fühlte sie sich verantwortlich für meine Unarten, weil sie mich schließlich hierher gebracht hatte. Ich versuchte dann jedes Mal mich zusammenzureißen, doch Filippa und ich brauchten ein Ventil für unsere Energie. Wir wurden findig, uns mit Blicken und kleinen Zeichen zu verständigen, ein schiefes Grinsen, ein scheinheiliges Augen-nach-oben-Verdrehen, ein hochgereckter Daumen – und schon wussten wir, woran wir waren. Und was soll ich sagen, wenn man wie ein Kind behandelt wird, fängt man auch an, sich wie eines zu verhalten. Filippa und ich wetteiferten bald miteinander, uns gegenseitig aus dem (frommen) Konzept zu bringen. Einzige Regel: Wer lacht, hat verloren!

Wie Erstklässler begannen wir mit dem Klassiker aller Streiche und schmierten uns gegenseitig Zahnpasta unter die Türklinke. Daraufhin tauschten wir hinter dem Rücken der anderen empörte und drohende Blicke aus. Dann versteckten wir pieksige Blätter oder kleine Stöcke in den Gummistiefeln unserer Mitschwestern, eine Methode, die nur wirksam war, wenn man sie selten anwandte. Ein kleines «Autsch» war ein großer Sieg. In den übermütigen Anfängen holte Filippa sich sogar bei der Priorin die Erlaubnis, aus meinem Bett den Lattenrost zu entfernen, voller Vorfreude darauf, was passieren würde, wenn ich mich am Abend gemütlich aufs Bett warf. Der Streich gelang, und ich hatte tagelang Rückenschmerzen, aber die Lauscherinnen vor der Tür hatten sich köstlich amüsiert.

Eine Zeitlang waren Filippa und ich «Zimmermädchen-Schwestern»: Wir machten im Schloss die Gästeräume sauber, bezogen Betten, putzten Toiletten. Badezimmer waren meine Spezialität, ich liebte es, mit Wasser herumzuspritzen. Doch die vielen Gebetszeiten der kontemplativen Ordensgemeinschaften sind im Prinzip eher arbeitsunfreundlich, es blieben am Tag nur zweieinhalb Stunden dafür, denn schon um halb sechs rief die Glocke erneut, dieses Mal zur Vesper, zum Abendgebet. Vorher musste man sich schnell umziehen, und hier lieferte ich eines Tages mein Meisterstück ab: Ich nähte Filippas Umhang, den sie zum Gebet zu tragen hatte, heimlich an den Seiten zu. Innerlich glucksend, nahm ich meinen Platz im Chor ein und wartete. Ich wusste, dass Filippa genauso gern wie ich auf die letzte Minute kam. Gefühlte zehn Sekunden vor Beginn des Gebets hörte ich sie, eilig laufend, kein bisschen schwesterlich-würdevoll. Aus dem Augenwinkel sah ich eine erhitzte Filippa zu ihrem Platz rennen und das Stirnrunzeln von Schwester Hildegard. Ansonsten herrschte Schweigen. Es gibt kaum etwas Unangenehmeres, als sich in einer Gruppe zu verspäten, die schweigt. Jeder Schritt, jedes Rascheln dröhnt in den Ohren, doch ich triumphierte.

Das Gebet begann, alles schien gut verlaufen zu sein, ich war stolz auf mich und auch auf Filippa. Doch dann machten wir den Fehler, uns versehentlich anzuschauen. Sofort blickte ich wieder weg, betrachtete intensiv meine Fußspitzen und dachte an schlimme Dinge, um nur ja nicht laut loszuprusten. Doch es war zu spät. Erst erfolgte ein kleines Kichern, getarnt als Räuspern, und Sekunden später platzten wir beide heraus, ohne den Lachanfall in irgendeiner Weise beeinflussen zu können. Das Lachen war stärker als wir, und hatten wir uns gerade beruhigt, ging es von vorne los. Langsam wurde mir jedoch mulmig zumute, eine schlimme Strafe war uns bestimmt sicher. Doch Schwester Hildegard hatte einen guten Tag. Sie belächelte den kindlichen Unfug mit Milde. Es war aber auch ein Ausdruck unserer inneren Kraft, die sich Bahn brach, durch all das Schweigen, die Regeln und die Müdigkeit.

Später erfuhr ich, dass solche Ausbrüche normal sind, wenn man sich von einem Tag auf den anderen von der Welt zurückzieht. Die ganze Energie, die normalerweise nach außen gerichtet ist, bleibt in einem selbst, und da kommt es schon mal zu Überdruck, der sich bei völlig banalen Anlässen entlädt. Im Nachhinein würde ich sagen: Unsere Leiterin hatte ein sehr gutes Gespür dafür. War zu viel Dampf im Kessel, wurde spontan ein Grillabend anberaumt, oder wir fuhren zum Schwimmen ans Meer. Zu solchen Gelegenheiten durften wir sogar den Schleier ausziehen. Jede Minute genossen wir, die der Wind uns um die Ohren blies.

Die Rekreation, eine halbe Stunde nach dem Abendbrot, war ebenfalls ein willkommenes Ventil. Da wurde viel gelacht und erzählt, oder wir spielten Volleyball auf dem Rasen. Als letzte Station des Tages folgte dann die Komplet, das Nachtgebet: «Herr, schenke uns eine ruhige Nacht und erholsamen Schlaf. Was wir heute durch Wort und Werk an Gutem ausgesät haben, das lass Wurzel schlagen und wachsen und heranreifen für die ewige Ernte. Darum bitten wir durch Christus, unseren Herrn.» Schwester Hildegard sprach den Segen: «Eine ruhige Nacht und ein gutes Ende gewähre uns der allmächtige Herr.» Wir antworteten: «Dank sei Gott», also: «*Deo gratias*», und danach war Nachtruhe, Silentium. Um 21 Uhr hatte das Licht aus zu sein. Keine Minute später.

Beten war das letzte Tun am Abend und das erste, was wir am Morgen machten. Das war schwierig und schön zugleich. Für mich war das Wichtigste, zu lernen, mit mir selbst auszukommen, mich zu akzeptieren und mit meinen Krisen umzugehen. Immerhin gab es eine innere Quelle, die mich nährte. Ich stellte fest: Gott bleibt bei dir, ganz gleich, wo du bist, welche Phasen du gerade durchmachst oder wie es dir geht. Es war wie eine Ehe: in guten und in schlechten Zeiten. Wenn ich mich einsam fühlte oder Zweifel auftauchten, betete ich ein Gebet von Charles de Foucauld (1858–1916), der ein französischer Forscher und Priester war:

> *Vater – ich überlasse mich Dir.*
> *Mach Du mit mir, was Dir gefällt.*
> *Was es auch sei, ich danke Dir.*
> *Zu allem bin ich bereit. Wenn nur Dein Wille geschehe.*
> *In mir und in all Deinen Geschöpfen.*
> *In Deine Hände lege ich meine Seele, weil ich Dich liebe*
> *und weil diese Liebe mich treibt, mich Dir hinzugeben.*
> *Ohne Maß, mit einem grenzenlosen Vertrauen, denn ich*
> *liebe Dich.*
> *Du bist mein Vater.*

Ob Gott nun mein Vater oder meine Mutter war, wurde im Lauf der Jahre immer unwichtiger. Die Erfahrung der absoluten Zurückgezogenheit trägt mich dagegen bis heute, und meine Gottesbeziehung wurde damals sehr viel intensiver. Durch meine Anfangsverliebtheit in Gott war ich bereit, alles zu geben, was ich hatte.

7. Und ob ich schon wanderte im finsteren Tal ... Du bist bei mir!

Schwester Hildegard hatte für meine Einkleidung ein altes Braut-Christi-Ritual ausgegraben. Obwohl ich erst wenige Monate Kandidatin war, kam ich schon ins Noviziat – der zweite Schritt in der Ordensausbildung sollte bei mir vollzogen werden. Normalerweise dauert das Noviziat, jedenfalls nach den Regeln des kanonischen Rechts, mindestens ein bis drei Jahre, und nach der Schiller'schen Devise: «Drum prüfe, wer sich ewig bindet» sollte ich in dieser Phase kritisch mit mir selbst sein, sollte herausfinden, ob ich mit den evangelischen Räten (Gehorsam, Armut und Keuschheit) dauerhaft leben könnte. In der benediktinischen Tradition kommt noch die *Stabilitas loci* hinzu, das Leben an einem festen Ort – das Herumwandern wie in den Zeiten Jesu war ja, wie schon gesagt, früh unterbunden worden.

Die Einkleidung war ein Feiertag für mich: Wie bei einer Hochzeit wurde ich zum Altar geführt, ganz in Weiß und mit einem Blumenstrauß in den Händen. Dort zog ich den «alten Menschen» aus, konkret: meine Strickjacke, und trat aus der Welt ins klösterliche Leben über. Gewissermaßen war es meine Verlobungsfeier, und die Ewigen Gelübde bedeuteten die endgültige Trauung. Als Novizin trug ich nun also das weiße Ordensgewand, bestehend aus Unterkleid, Tunika und dem Skapulier, einem Überwurf. Die erste Begegnung damit war allerdings wenig schön gewesen: Als ich es bei der Anprobe überstreifte, drückte der schwere Stoff mich fast nieder, kratzte und engte mich ein. Tränen stiegen in mir hoch.

Schwester Hildegard wies mich zurecht: «Du solltest das Kleid mit Freude entgegennehmen!»

«Aber wie soll ich denn so durch die Welt laufen? Das ist ja wie eine Zwangsjacke!» Ich bekam kaum Luft, was natürlich auch am Tränenstrom lag.

Die Priorin reagierte kühl: «Wenn du es nicht möchtest, solltest du vielleicht wieder nach Hause gehen. Man muss auch würdig sein, um den Habit zu empfangen.»

Das hatte gesessen. Doch die Aufregung über den neuen Lebensabschnitt war schließlich so groß, dass sich das Gewand schon wesentlich leichter anfühlte, als ich an meinem Einkleidungstag folgsam die Arme hob, um in dieses hineinzuschlüpfen. Zuletzt hatte man mich als kleines Mädchen so angezogen. Ich musste auch den weißen Novizinnen-Schleier tragen; erst wenn man sich auf Lebenszeit band, wurde zu Schwarz gewechselt. Der Schleier wurde mit einem kleinen Kämmchen in meine Haare gesteckt, um ihn auf dem Kopf zu halten. Darüber wand sich ein Blumenkranz aus weißen Blüten. Nun war er da, der Augenblick, den ich so lange gefürchtet und zugleich herbeigesehnt hatte: Ich war eine Braut Christi.

Die Braut Christi ist eine Tradition der Liebesmystik, angefangen mit dem Hohelied Salomons im Alten Testament. Wie dieses Liebesgedicht es überhaupt in die Bibel geschafft hatte, ist mir im Grunde schleierhaft (wo wir gerade beim Schleier sind). Es ist so ganz anders als die übrigen Texte im Alten Testament, und nicht nur deshalb, weil die Frau in dem Hohelied deutlich häufiger zu Wort kommt als der Mann, sondern auch weil es offen erotisch ist. Man könnte rot werden, wenn man liest: «Deine zwei Brüste sind wie Rehzwillinge.» (Hohelied 7,4)

Seitenlang werden in dem Liebesgesang die begehrten Körperteile beschrieben – als Rosengarten, Granatapfel, frischer Quell, Salbe, Myrre und Aloe. Ein sehr intimer Text. Trotzdem meinten jüdische Gelehrte, es sollte in die Schriftensammlung des Alten Testaments aufgenommen werden, es stehe symbolisch für das Zwiegespräch des Volkes Israel mit Gott. Die Christen lasen es später als glühende Sehnsucht der Seele nach Jesus (so lese ich es auch am liebsten) oder als Liebesgesäusel zwischen Gott und seiner Kirche. Der Text könnte aber auch als Liebeserklärung von heute durchgehen: «Ein Apfelbaum unter Waldbäumen / ist mein Geliebter unter den Burschen. In seinem Schatten begehre ich zu sitzen. / Wie süß schmeckt seine Frucht meinem Gaumen!» (Hohelied 2,3) Na ja, vielleicht ist es nicht mehr ganz modern. Es klang jedenfalls anders als die Sammlung von «Liebe ist ...»-Cartoons aus meiner Schulzeit: «Liebe ist ... wenn er nachts aufsteht, um dir am Kiosk eine Cola zu holen.» Der Stil hat sich verändert, aber Selbstaufgabe und Opferbereitschaft gelten immer noch als romantisch.

Bräute Christi gibt es seit dem 2. Jahrhundert. Die Verlobung und später die Hochzeit mit Jesus sollten ausdrücken, dass eine Frau ihr Leben ganz und gar spirituell ausrichtete. Sie war vergeben, im wahrsten Sinn des Wortes «unterm Schleier». Jungfräulichkeit wurde dabei vorausgesetzt, das ist heute in den meisten Kongregationen aber nicht mehr der Fall. Damals konnte aber nur eine unberührte Frau die negative Vorstellung vom Weiblichen in den Augen der Theologen entkräften, vielleicht ihre Angst vor den Frauen mindern.

Maria wurde zum Inbegriff der reinen Magd, dabei war sie nicht die erste Jungfrau, die einen Gott zur Welt gebracht hatte – in Ägypten gab es Vorgängerinnen. Es kann aber auch ein Übersetzungsfehler gewesen sein, der aus der «jungen Frau» eine «Jungfrau» machte, und wenn die «Jungfrau zum Kinde kam», musste wohl ein Wunder geschehen sein, an das übrigens auch die

Muslime glauben. Bei ihnen ist Jesus ein geliebter Prophet und dessen Mutter Maryam eine Jungfrau. Allerdings brachte sie Jesus nicht in einem Stall, sondern unter einer Palme zur Welt. Dass im Neuen Testament mehrfach von den Geschwistern Jesu die Rede ist, wurde flugs umgedeutet – das mussten dann wohl die Kinder aus Josefs erster Ehe sein. Schon im 4. Jahrhundert war ausgemacht, dass es eine Beleidigung Gottes war, Maria noch weitere Kinder zuzusprechen, von wegen Nebenbuhler und so. Und auf dem Laterankonzil von 649 (der Lateran war vor dem Petersdom Sitz des Papstes) wurde verbindlich vorgeschrieben, dass die Mutter Gottes vor, während und nach der Geburt Jungfrau war – weil dreifach gemoppelt einfach besser hält.

Dann begann ein solcher Rummel um Maria und ihre Reliquien, dass vorübergehend ihr göttlicher Sohn fast ins Hintertreffen geriet, worüber sich sogar der Koran aufregt. Doch der jungen Frau, die damals vor dem Altar stand, kamen solche Gedanken natürlich nicht in den Sinn. Mir gefiel die Vorstellung, von Gott umworben zu sein, begehrt zu werden. Mit Inbrunst sang ich den Text aus dem Hohelied: «Aufgebrochen bin ich, den zu suchen, den meine Seele liebt. Mit glühendem Herzen verlangt mich, dich, meinen Herrn, zu sehen. Ich suche dich, du selbst bist, der mich findet.» Ich wollte unbedingt gefunden werden.

Bernhard von Clairvaux hat im 12. Jahrhundert die Vereinigung mit Gott gepriesen. Seine sechsundachtzig Meditationen über das biblische Hohelied wurden eine Art Bestseller, der französische Abt war Dichter, Sänger, Musiker, Denker und – fanatischer Kreuzzugsbefürworter, der im Krieg einen Weg sah, Gott seine Liebe zu beweisen (die schon bekannte Mischung aus Schöngeist und Machtpolitiker). Seine Strahlkraft führte nicht nur zur Neugründung von mehr als 167 Klöstern in ganz Europa, auch die weltliche Kunst des Minnesangs wurde durch ihn befruchtet sowie die Frauenmystik. Jesus wurde zum zärtlichen und leidenschaftlichen Geliebten vieler Generationen von Frauen (und mancher Männer), die sich ihm mit Leib und Seele hingeben wollten. Frauen strömten jetzt in die Klöster, und als diese überfüllt waren, bildeten sie Laiengemeinschaften in den Großstädten und gründeten die berühmten Beginen-Höfe in Flandern.

Beginen waren religiöse Frauen ohne Klostergelübde. Es gab Zehntausende von ihnen, und niemand weiß genau, wie es zu dieser Massenbewegung kam. Vielleicht waren es erste Autonomiebestrebungen des weiblichen Geschlechts in einer Zeit, in der die mittelalterliche Gesellschaft sich zu differenzieren begann: Die Geldwirtschaft wurde eingeführt, es entstand das Bürgertum, Bettelorden bildeten sich, Theologen entdeckten das rationale Erkennen, und ihre Gegner (so wie auch Bernhard) betonten den Vorrang der Gnade. Überall in Europa begannen Frauen mit der Niederschrift ihrer Begegnungen mit Gott, sinnlich und übersinnlich zugleich, und das nicht immer in dem üblichen Latein, sondern in Regionaldialekten, in denen sie unmittelbarer ausdrücken konnten, was sie erlebten, so wie Hadewijch, eine im 13. Jahrhundert in Brabant wirkende Mystikerin:

Du bist boshaft und mildgesinnt,
Gewaltsam wie ein Wüstentier,
Wild wie ein Löwe, sanft wie ein Kind,
Und doch voll ungezähmter Gier.

Das waren ungewohnte Töne, und die Frauen waren sich bewusst, dass sie sich dadurch in Gefahr der Ketzerei begaben. Mechthild von Magdeburg (um 1210–1270), auch eine Mystikerin, schrieb: «Hätte Gott es nicht selbst auf wundersame Weise in meinem Herzen unterfangen – ich schwiege noch heute und hätte nie geschrieben.» Wessen Herz überfließt, dessen Mund muss sprechen. Und je besser sich die Erwählten vernetzten, umso mehr waren sie von ihrem Auftrag überzeugt: «Dieses Buch sende ich nun allen geistlichen Menschen, den schlechten und den guten, denn wenn die Säulen fallen, dann kann das Gebäude nicht überdauern.»

Als fallende Säulen bezeichnete Mechthild von Magdeburg die unzähligen Kirchenmänner mit unheiligem Lebenswandel, die sie in ihrer gelegentlichen Drastik auch «stinkende Böcke» nannte, und da war sie nicht die Einzige. Etliche brautmystische Schriften reihten sich in die immer lauter werdende Kirchenkritik der Zeit ein, mit dem Ruf nach Reformen, die auch dringend notwendig waren. Und das wiederum änderte das Gottesbild der einfachen Leute: Der unnahbare Weltenherrscher Christus, den man im Königsportal der Kathedrale von Chartres thronen sieht und den weltliche und geistliche Fürsten nach ihrem eigenen Bild geschaffen hatten, stieg herab aus seiner Höhe und wurde (abermals) ein echter Mensch. Mit seinem einfachen Leben, seinem Umherpilgern, der Bereitschaft, Schmerzen zu ertragen und jedem Rede und Antwort zu stehen, stand er im krassen Gegensatz zur Amtskirche, deren Paläste ständig größere Ausmaße annahmen. Wobei der Höhepunkt noch längst nicht erreicht war, der war den Renaissance-Päpsten vorbehalten, die am Ende den Stuhl Petri ihren Söhnen und Neffen vererbten. Aber weil zum Machtmenschen anscheinend auch der Schöngeist gehört, hätte es ohne sie die phantastischen Werke eines Leonardo da Vinci niemals gegeben. So hat wohl vieles zwei Seiten.

Dass das Thema Prunk und Protz noch hochaktuell ist, zeigt sich, wenn man etwa nach Limburg zu dem ehemaligen Koikarpfen-Bischof Tebartz-van Elst schaut oder in die Bilanzen, die das Bistum Köln im Frühjahr 2015 veröffentlicht hat. Der vorgelegte Jahresabschluss für 2013 wies ein Vermögen von 3,35 Milliarden Euro aus – hauptsächlich bestehend aus Aktien und Immobilien. Kunstschätze wie der Dreikönigsschrein im Dom, der alljährlich Millionen Besucher nach Köln lockt, waren dabei nicht erfasst. Arm ist wirklich anders!

Jesus wurde also im Mittelalter wiederentdeckt als Vorbild der Liebe und des Verzeihens. Er machte sich die Mühe, die Menschen aufzusuchen, und er gab ihnen einen Wert, den sie in den Jahrhunderten zuvor immer mehr verloren hatten, in diesem Jammertal der Sünde. Das war natürlich Zündstoff für die Kirche, und wenn sogar Frauen es wagten, darüber zu sprechen, wer Jesu war, nämlich «einer von ihnen», dann war der Ofen ganz aus. Man statuierte Exempel. Zum Beispiel klagte man die Gelehrte Margareta Porete (um 1250–1310) in Paris der Ketzerei an. Sie war intelligenter als die meisten Theologen ihrer Zeit – welch ein Affront. Sie hatte erfahren, dass jeder wahre Liebende die göttliche Sonne im Herzen trägt und Gott dann durch einen solchen Menschen wirkt. Wer das nicht verstand, für den hatte sie nur folgende Worte übrig: «Solche Leute, die ich Esel nenne, suchen Gott in den Geschöpfen, durch Gebete in den Kirchen, im geschaffenen Paradies, in Menschenworten und in Schriften ... Ach weh! Was schaffen sie sich für Beschwerden, es ist zum Erbarmen!»

Nicht die Kirche, nicht die Sakramente befreien, erklärte die Begine weiter. Allein die Liebe sei die große Lehrmeisterin der Seelen: «Die Liebe zerstört nie, vielmehr unterweist und ernährt und unterstützt sie jene, die sich ihr anvertrauen. Denn sie ist sättigend und ein Abgrund und ein überlaufendes Meer.»

Was für wundervolle Worte! Doch sie trafen die Kirche mitten ins Herz, weil sie im Grunde den gesamten Klerus für überflüssig erklärten. Ein Jahr lang wurde Margareta im Kerker festgehalten und gefoltert, man wollte unbedingt, dass sie ihr Buch widerrief. Aber das tat sie nicht, und so war sie eine der Ersten, die für ihre Kirchenkritik mit dem Tode bestraft wurde. Nach ihrem Feuertod setzte eine Verfolgungswelle sondergleichen ein, und der Stand der Beginen wurde verboten. Margaretes Buch hat jedoch überlebt, und man kann es bis heute lesen. Es trägt den wunderbaren Titel: *Der Spiegel der einfachen Seelen.*

Gott sei Dank wurde ich im 20. Jahrhundert geboren und bin als Frau dem Mann gleichgestellt, zumindest theoretisch, auch wenn das in der Praxis noch an etlichen gesellschaftlichen Schaltstellen hinkt. Ich darf jedoch sagen, was ich denke und fühle. Und als Schwester bin ich heute vieles mehr als nur Braut: Ich bin Freundin, Nachfolgerin, Gleichgesinnte, Jüngerin, Schwester, Kind Gottes, Volk Gottes. Doch obwohl ich ein Teil der Kirche bin und auch dazu stehe, teile ich die Anschauung von Margareta Porete und vielen anderen bekannten und namenlosen Gottessuchern, dass es keine Vermittlung durch Priester braucht, um eine Erfahrung des Großen, und mit DEM Großen zu machen. Wer würde Gott vorschreiben wollen, welche Wege er zu den Menschen geht? Wem er sich zeigt und wem nicht? Doch der Kirche bleibt die Mystik bis heute ein Dorn im Auge, weil wahre Liebe letztlich unkontrollierbar ist und immer auch eine soziale Sprengkraft in sich trägt, siehe Gandhi, Nelson Mandela, Pater Willigis Jäger oder den Dalai Lama.

Damals war ich weit davon entfernt, eine Predigerin der Liebe zu sein, aber verliebt, das war ich auf jeden Fall. Überschwänglich glücklich war ich an meinem Verlobungstag, und auch danach war ich wieder und wieder beseelt von der schwärmerischen Tiefe, die ich in den Texten der heiligen Frauen gefunden hatte: nur Du und ich. Mit Schmetterlingen im Bauch und allem, was dazugehört. Die Liebesspiele im «Bett der Minne» waren zwar nicht mein Ding, auch konnte ich mich mit der unterwürfigen Haltung vieler Autorinnen nicht identifizieren, doch ich wusste: Je klüger eine Frau war, desto kleiner musste sie sich machen, um nicht das Schicksal von Margareta Porete zu teilen.

Am Tag meiner Einkleidung gab es nur wenig Vorbehalte der Brautmystik gegenüber, und die unangenehme Erfahrung mit Hildegard schob ich erst einmal in den Hintergrund.

Der aufregendste Moment war für mich die Verkündigung meines Ordensnamens. Bis dahin war er ein Geheimnis zwischen mir und Hildegard gewesen, und meine Mitschwestern hatten umsonst versucht, uns einen Hinweis zu entlocken. Die Namensfindung war spannend gewesen. Fast so, als erwartete ich ein Kind. Ich kann verstehen, wie schwierig es für Eltern ist, einen Namen für ihr Kind auszusuchen. Man hat alle Möglichkeiten, doch hat man einmal gewählt, bleibt dieser Name für immer. Und wer war ich? Es wurde gewitzelt, dass ich wohl Schwester Nichtstnutzia oder Schwester Humpelina heißen würde, obwohl ich gar nicht humpelte, oder sonst einen dieser außergewöhnlichen Namen bekäme, die man in der Ordenslandschaft häufiger findet – in manchen Gemeinschaften darf es nämlich keine Namensdopplungen geben (Gott könnte die Schwestern sonst womöglich verwechseln). Und in Zeiten mit vielen Mitgliedern hatte man schon die abenteuerlichsten Namen erfunden – Veneranda, Leokardia, Immaculata, Adelgundis, Deogratia.

Diese Tradition ist auf den Propheten Jesaja zurückzuführen: «Man ruft dich mit einem neuen Namen, den der Mund des Herrn für dich bestimmt.» (Jesaja 62, 2–4) Zwar wird an dieser Textstelle von der Stadt Jerusalem gesprochen (eine weitere Braut des Herrn), doch daraus hat man abgeleitet, dass Gott Mönche und Nonnen mit einem eigenen Namen ins geistliche Leben hineinruft. Als ich den meinen wählte, wollte ich deutlich machen: Ich fange von vorne an! Ein starkes Symbol dafür, dass man aus dem heraustritt, in das man hineingeboren wurde, und es hinter sich lässt, weil Gott spricht: «Folge mir nach.» Das gibt es auch in anderen Kulturen.

Von den Aborigines weiß ich, dass sie in jedem Lebensabschnitt anders heißen. Desgleichen in buddhistischen Gemeinschaften: Hier werden dem ins Kloster Eintretenden ausdrucksstarke Namen verliehen, etwa «Klarer Berg», «Herbstkind» oder auch «Kleiner Teufel». Sie sollen das Potenzial des Menschen zum Ausdruck bringen.

In christlichen Orden darf man entweder selbst entscheiden, oder die Oberen treffen die Auswahl – oder man wählt zwischen drei Vorschlägen aus. Seit dem Zweiten Vatikanischen Konzil kann man auch seinen Taufnamen behalten, schließlich hat dieser eine Bedeutung und macht mich zum Kind Gottes. Aber für mich kam das nicht infrage. In etlichen Gemeinschaften steht noch ein «Maria» vor dem Ordensnamen, so war es hier in Dänemark. Entsprechende Attribute können hinzutreten, etwa bei den Unbeschuhten Karmelitinnen. Johannes *vom Kreuz* oder Teresa *von Ávila* (die mit ganzem Namen Teresa von Jesus hieß) sind bekanntere Beispiele. Und die «kleine Theresa» von Lisieux war: *Therese vom Kinde Jesus und von dem Heiligen Antlitz*. Als Rufname ist das nicht wirklich geeignet, denn wie klingt das: «Theresa vom Kinde Jesus und von dem Heiligen Antlitz, kannst du mir bitte mal das Salz reichen?» Nein, ich denke, Thérèse von Lisieux wurde einfach «Thérèse» genannt.

Irgendwann wurde mir klar: Ich wollte mir Franz von Assisi zum Vorbild nehmen, als geistlichen «Paten» und persönlichen Schutzpatron. Er hatte es mir aus unterschiedlichen Gründen angetan. Er war ja ein Aussteiger und Kritiker der Kirche. Fast wäre auch er bei den Ketzern gelandet, mit seiner Lehre von der radikalen Armut Jesu und seiner Aufforderung an die Kirchenoberen, ihren Prunk abzulegen. Doch der damals amtierende Papst Innozenz III. war ein ungemein kluger Stratege. Die Kirche hatte ein großes Problem damit, dass immer mehr Menschen (nicht nur Frauen) erst in Italien, dann in ganz Europa dem «armen Christus» folgen wollten.

Auch sie hatten die Nase voll von Priestern, die Wasser predigten, aber Wein tranken. Indem Papst Innozenz III. Franziskus erlaubte, einen Orden zu gründen, band er viele kritische Geister in die Kirche ein, anstatt gegen sie einen Kreuzzug zu führen.

Vor allem aber inspirierte Franziskus mich durch sein sanftes Wesen, durch seine Verbundenheit und Freude an der Schönheit der Natur – damals etwas Neuartiges. Wunderbar sein «Sonnengesang»:

> *Gelobt seist du, mein Herr,*
> *mit allen deinen Geschöpfen,*
> *zumal dem Herrn Bruder Sonne,*
> *welcher der Tag ist und durch den du uns leuchtest.*
> *Und schön ist er und strahlend mit großem Glanz:*
> *Von dir, Höchster, ein Sinnbild.*

Es war ein feierlicher Moment, als diese Worte dann an meinem Ehrentag verlesen wurden, und sehr passend für mich. Nirgendwo fühlte ich mich schließlich wohler als draußen unter freiem Himmel. Noch wichtiger aber war mir ein Gebet, was dem heiligen Franziskus zugesprochen wird und das ich seither schon viele hundert Male gebetet habe:

> *Herr, mach mich zu einem Werkzeug deines Friedens,*
> *dass ich liebe, wo man hasst;*
> *dass ich verzeihe, wo man beleidigt;*
> *dass ich verbinde, wo Streit ist;*
> *dass ich die Wahrheit sage, wo Irrtum ist;*
> *dass ich den Glauben bringe, wo Zweifel droht;*
> *dass ich Hoffnung wecke, wo Verzweiflung quält;*
> *dass ich Licht entzünde, wo Finsternis regiert;*
> *dass ich Freude bringe, wo der Kummer wohnt.*

Und dann sagte der Prior vor dem Altar, ein Mönch und Priester, der meiner Feier vorstand: «Von nun an sollst du Schwester Maria Franziska heißen.» Auch im Kloster galt, dass manche Dinge nicht von den Nonnen allein gemacht werden konnten und ein Segen nur «richtig» war, wenn ein Mann ihn gab. Ein Raunen ging durch die Kirche, und es war verschiedenartig zu interpretieren: «Franziska, ja, das passt ...» – «Woher hat sie denn diese Idee?» – «Da muss ich mich aber dran gewöhnen.» Ich bekam eine Gänsehaut. Mit meinem neuen Namen war ich überglücklich, und sobald es möglich war, ließ ich ihn stolz in den Reisepass eintragen, als Ordens- und Künstlername. In den neuen biometrischen Pässen, in denen alle Köpfe irgendwie viereckig aussehen, wurde dies leider wieder gestrichen, sodass in meinem aktuellen Ausweis einzig mein Geburtsname steht. Schade eigentlich.

Nach und nach gewöhnte ich mich an das zurückgezogene Leben. Ich lernte, dass eine Klosterberufung nicht automatisch einhergeht mit Visionen und Jubelerlebnissen, so wie es bei manchen Mystikerinnen ja der Fall gewesen war. Gott sei Dank ließen aber ganz allmählich die weltlichen «Entzugserscheinungen» nach, und die Sehnsucht nach einem Glas Wein mit Freunden war nicht mehr so quälend. Gott wurde der einzige Ansprechpartner meiner Zweifel und Fragen, meiner Schwärmereien und frommen Gedanken. Ich wuchs in eine Beziehung hinein, die mir kein Leben «da draußen» bieten konnte. Und dazu war ich hergekommen. Womit ich mich jedoch weiterhin schwertat, war das Gelübde des Gehorsams. Fast über Nacht hatte ich mich von einem freien Menschen, der selbstverantwortlich Entscheidungen trifft, in eine Ordensangehörige verwandelt, die ihrer Oberin Gehorsam versprochen hatte. Von Anfang an teilte Schwester Hildegard uns mit, wie das zu verstehen war: «Wenn ich euch sage, ihr sollt die Blumen verkehrt herum einpflanzen, dann habt ihr nicht zu fragen, sondern es zu machen!»

Zuerst fand ich solche Aussagen zwar komisch, nahm sie aber nicht sehr ernst. Doch das war ein Irrtum! Als ich die Gemeinschaft zum ersten Mal besucht hatte, war vieles noch nicht so streng hierarchisiert gewesen. Zu Schwester Hildegard hatten wir eher ein freundschaftliches Verhältnis gehabt, hatten zusammen gelacht, auf Augenhöhe miteinander geredet und Ideen ausgetauscht. Seit sie Priorin war, hatte sie eine ganz bestimmte Vision entwickelt, was das Leben in einem Kloster betraf. Im Großen und Ganzen konnte ich ihre Ansichten zwar teilen, doch den Weg zur Umsetzung ihrer Vision fand ich zum Teil sehr antiquiert. Es begann damit, dass wir sie «Mutter» nennen und siezen mussten, so wie es die Tradition vorschrieb. Doch die Veränderungen reichten noch viel weiter. Wir siezten bald nicht nur sie, sondern auch alle Schwestern, die die Ewige Profess abgelegt, also ihre Ausbildung beendet hatten. Eines Tages wurde sogar meine Freundin Marie zur «Sie», und ich fürchtete mich vor dem Tag, an dem man auch mich mit «Hören Sie mal, Schwester Franziska ...» ansprechen würde.

Was die Priorin mit alten Ritualen begonnen hatte, setzte sie mit der Wiederbelebung mittelalterlicher Regeln fort. Diese legen die Verhältnisse im Kloster fest. Ein Abt oder eine Äbtissin verfügt über unbegrenzte Entscheidungsgewalt. Mönche und Nonnen geloben bedingungslosen Gehorsam, der wiederum gleichgesetzt wird mit dem Gehorsam gegen Gott. Aber ich fand, man konnte es auch übertreiben.

«Komm doch bitte mal zu mir!», rief mich Mutter Hildegard eines Nachmittags. Ihr Tonfall war seltsam und ungewohnt und verhieß nichts Gutes. Sie hielt mir ein kleines gemaltes Bild unter die Nase.

«Was ist das?»

«Äh, das habe ich dem Pater gemalt und geschenkt. Ich wollte ihm eine Freude machen.» Gemeint war unser Seelsorger, der mir die Beichte abnahm.

«Du hast hier nichts, aber auch gar nichts zu verschenken, ohne mich vorher zu fragen!»

Ich war so überrascht, dass ich mich wortlos zurückzog. Noch nicht einmal ein Bildchen durfte ich verschenken? Ich hatte Papier und Stifte schon erfragt – das Kunstwerk darauf war jedoch von mir. Durfte ich es nicht verschenken, an wen ich wollte? Aber gut, ich wollte ja den Gehorsam radikal erfahren, und ich vertraute meiner Priorin. Also schluckte ich hinunter, was mir aufstieß. Doch mit der Zeit fielen mir mehr und mehr Dinge auf, die mich störten und beunruhigten.

«Ich möchte, dass ihr sorgsamer mit den Sachen umgeht!», forderte Hildegard eines Morgens von uns, als sie das Schweigen im Kapitel mit einem «Benedicite» brach. «Mir fällt auf, dass immer wieder Geschirr zu Bruch geht und Bestecke zerkratzt sind.» Ich schaute zu Boden und schwieg. In meinen Augen hielt sich der Porzellanschaden während unserer Mahlzeiten und beim Abwasch im Rahmen.

«Es kann nicht angehen, dass wir uns der höchsten Aufgabe widmen wollen und in Kleinigkeiten nachlässig und unaufmerksam sind. Denn das Große spiegelt sich im Kleinen getreu wider!» Da stimmte ich ihr innerlich zu. «Daher möchte ich, dass jede Schwester, die etwas fallen lässt oder zerbricht, dafür Buße tut», fuhr sie fort. Was sollte das nun wieder? Aus den Augenwinkeln schaute ich zu den anderen – um mich herum nur ausdruckslose Gesichter. Bei manchen sogar zustimmendes Nicken. «Von jetzt an soll diejenige, die etwas beschädigt hat, in der Mitte des Refektoriums knien, bis ich das Zeichen gebe, dass es genug ist!»

Niemand sagte etwas. Eine Stimme in mir flüsterte: «Was soll das? Das ist doch peinlich.» Doch sie wurde abermals nicht laut. Täglich wurde uns aus der Regel des heiligen Benedikt vorgelesen. Darin steht, dass die Oberen mit voller Absicht unbequeme und unangenehme Herausforderungen an die Novizinnen stellen *müssen*, als Test, inwieweit sie ihren Eigenwillen zurückstellen können. Es geht ja gerade darum, den Eigenwillen und Egoismus aufzugeben, damit Gottes Wirken offenbar werden und sein Wille geschehen kann. Wahrscheinlich war das wieder so eine Übung, beschloss ich und versenkte die Zweifel tief in meinem Herzen.

Von diesem Tag an knieten die Schwestern, die etwas kaputt gemacht hatten, mitten im Speiseraum und unter den Augen aller auf dem harten Steinboden – bis Hildegard ihr Zeichen gab. Das konnte bis zum Ende der Vorspeise dauern oder sogar länger. Und da alle so taten, als wäre das ganz normal, fand auch ich es nach einer Weile (fast) normal. War ich «dran», dachte ich während des Kniens an irgendetwas anderes. Ich musste nur aufpassen, dass ich nicht zu weit abschweifte, damit ich das Klopfzeichen meiner Erlösung vom Tisch der Priorin nicht überhörte. Hätte sie gewusst, dass ich mich nicht mit frommen Gebeten beschäftigte, hätte ich wahrscheinlich länger knien müssen. So aber hielten die Strafen sich in Grenzen, und da ich mit der Zeit die charakteristischen «Schwesternknie» entwickelt hatte, also eine Hornhaut vom vielen Beten (kein Scherz!), tat es auch irgendwann nicht mehr weh. Durchhaltevermögen war nun mal angesagt.

Unabhängig davon häuften sich Situationen im Miteinander, die mir verkehrt erschienen, und erneut war ich hin und her gerissen. Ich war hier, um ein neuer Mensch zu werden und meine alten Vorstellungen abzulegen. Skepsis war da nicht angebracht. Zudem konnte ich mich mit niemandem über meine Zweifel unterhalten. Kontakt nach außen war nicht gewünscht, Freundschaften im Kloster nicht möglich, wenn Sprechen erlaubt war – zum Beispiel während der Rekreation –, hielt sich Hildegard in unserer Nähe auf, sodass kein Gedankenaustausch möglich war. Ansonsten mussten wir ja schweigen. Im dritten Jahr durften wir nicht einmal mehr mit Gästen sprechen, die das Schloss besuchten, sondern sollten selbst auf einfachste Fragen, wie etwa jene, wo es denn zur Toilette gehe, mit «Wir dürfen nicht mit den Gästen sprechen» antworten. Ganz daran gehalten habe ich mich nicht, denn wenn doch einer dringend musste ... Aber immer schwang dabei die Angst mit, dass ich dabei beobachtet wurde. Es hieß, nur durch Abgeschiedenheit könnten wir mehr und mehr in die Gottesbeziehung hineinwachsen. So wagte ich es auch nicht, mich Filippa anzuvertrauen oder sie irgendwo abzupassen, um heimlich mit ihr zu reden. Im Nachhinein finde ich das ganz unglaublich, aber so war es.

Anfangs gab es durchaus auch harmonische Zeiten, wo wir uns gemeinsam vor dem Fernseher einige Serien anschauten (vor allem in der Weihnachtszeit) und uns ausgelassen amüsierten. Meistens blieb das Radio, das in meinen alten Kassettenrecorder integriert war, jedoch stumm. Das alles diene nur der Ablenkung, hieß es, und so verstand ich es. Dann kam der nächste Übergriff: Hildegard verlangte eines Tages, dass wir von nun an die Briefe, die wir nach Hause schrieben, offen vor ihr Zimmer ablegen sollten. Ich war schockiert, denn das ist eine Praxis, wie sie in Gefängnissen üblich ist, da wird die Post von Häftlingen vor dem Absenden von der Anstaltsleitung gelesen. Meinetwegen war ich eine Gefangene Gottes, aber war es richtig, dass ich zugleich eine Gefangene meiner Oberin war? Ob Hildegard meine Briefe las? Ich habe es nie erfahren. Ich weiß nur, dass ich von diesem Moment an nichts Wichtiges mehr in meinen Briefen festhielt. Und schon gar nichts Kritisches.

Werden Menschen durch Gewalt traumatisiert, so kann das auf unterschiedliche Art und Weise geschehen. Die Gewalt kann abrupt und heftig auftreten, wie im Krieg, bei einer Vergewaltigung oder einer Prügelei, sie kann sich jedoch auch fast unmerklich ins

Leben einschleichen, vor allem wenn sie von Personen ausgeht, die man gut kennt und denen man sich anvertraut hat. Zwar ist die erste Form zunächst dramatischer und krasser, auch leichter zu beweisen, und die natürlichen Schutzreflexe zeigen sich deutlich – man will weglaufen oder versucht, das Erlebte zu verdrängen, vom eigenen Körper zu lösen. Schleichender Missbrauch, in diesem Fall von Machtmissbrauch, umgeht diese natürlichen Mechanismen, zumal wenn die Gruppendynamik so verläuft, dass man sich fragen muss, ob die eigene Wahrnehmung überhaupt richtig ist. Heute weiß ich, dass die machthungrige Seite von Hildegard immer deutlicher zum Vorschein kam. Damals war ich mir nicht sicher: Veränderte sie sich wirklich, oder war es nur mein rebellischer Geist, der sich an dem störte, was geschah? Ich wollte ihr zutiefst vertrauen und schämte mich dafür, dass ich an ihr zweifelte. Doch stets von neuem regte sich Widerstand in mir, ohne dass ich etwas dagegen tun konnte.

Der nächste Einschnitt erfolgte einige Monate später. Für den Fall, dass man zu viel geredet hatte oder womöglich ohne das obligatorische «Benedicite» einen Satz begann, wurden Schuldbekenntnisse eingeführt. Sie fanden jeden Freitag statt. Es handelte sich um öffentliche Beichten, wenn man so will. Vor der gesamten Gruppe wurde nach und nach jedes noch so absurde innerliche «Vergehen» mitgeteilt, und schon nach kurzer Zeit verwandelten sich die Freitage in Tribunale, in denen die schonungslosesten Selbstanklagen in den höchsten Tönen belobigt wurden. Dies führte zu einem abartigen Wettbewerb: Wer konnte den besten Seelenstriptease absolvieren? Es war geradezu masochistisch.

Aber selbst die schlimmste Selbstzerfleischung kann im christlichen Kontext als Sühnetat für das Leiden Christi gedeutet werden. Von Martin Luther wird zum Beispiel berichtet, dass er sich derart sündenhaft vorkam, dass er wegen jeder Kleinigkeit in die Beichte rannte, um die Absolution zu erhalten – manchmal mehrfach am

Tag. Die kindliche Furcht vor dem Strafgericht Gottes, jahrhundertelang eingebläut in die Seelen der Menschen, führt zu krankhaften Schuldgefühlen und diese wieder zu schrecklichen Selbstbildern – im Kloster kamen sie alle zum Vorschein. Ich hingegen hatte kein Bedürfnis nach dieser Art von Selbstquälerei. Intuitiv spürte ich, dass Hildegard hier ein machtvolles Kontrollinstrument in ihren Händen hielt, schließlich berichteten meine Mitschwestern – unter großen Qualen – auch über ihr Misstrauen gegenüber der Priorin selbst, und ich begriff, dass ich nicht die Einzige war, die von Zweifeln heimgesucht wurde. Wir alle hatten deswegen ein schlechtes Gewissen. Die einen öffentlich, die anderen insgeheim. Ich gehörte zu Letzteren.

Als ich mich zum ersten Mal weigerte mitzuspielen, wurde ich prompt für meine Halsstarrigkeit gerügt und bestraft. Zeitweise durften meine Mitschwestern kein Wort mehr an mich richten und mich nicht einmal ansehen, damit ich geläutert wurde und auf den richtigen Weg zurückfand. Auch das ist nach den Ordensregeln erlaubt: «Zum Fortschritt im Guten ermutige er (der Abt) alle, die gehorsam, willig und geduldig sind; streng zurechtweisen und bestrafen soll er jene, die nachlässig und widerspenstig sind.» (Regel des hl. Benedikt, Kapitel 2, 25)

Einmal befahl uns unsere Leiterin in den Wald zu gehen und laut zu schreien. Nach anfänglichem Zögern gehorchten meine Mitschwestern und verwandelten sich in kreischende Furien, die alles rausließen, was sich in ihnen angestaut hatte. Das ist vielleicht hilfreich, wenn man eine Urschreitherapie absolviert, aber das taten wir ja hier nicht. Außerdem: Kreischen war nicht meine Art, Energie loszuwerden. Wieder weigerte ich mich – und wurde öffentlich zurechtgewiesen: Ich könne nicht loslassen und sei keine gute Schwester. Ich blieb stumm und schüttelte nur den Kopf. Blieb abseits. Wurde wochenlang ignoriert, auch Mutter Hildegard übersah mich demonstrativ. Heute weiß ich, dass diese schrittweise Isolierung und das Mobbing von Andersdenkenden ein typisches Merkmal von restriktiven Machtstrukturen ist, auch von Sekten. Damals fühlte es sich so an, dass der Boden unter mir brüchig wurde. Ich stand nicht über den Dingen. Das Muster von Liebeszuwendung und Liebesentzug, das sich permanent wiederholte, löste tiefe Verunsicherung in mir aus. Ich fühlte mich verstoßen. Ich weinte mich in den Schlaf. Und ich begann, das «Gesamtbild» von den fröhlichen, musizierenden Schwestern zu stören. Man sah mir deutlich an, dass ich das nicht mehr war: eine fröhliche, musizierende Schwester. Ich zog mich in mich selbst zurück und ins Gebet. Es war das Einzige, was half, und nach einer Weile (wir sprechen von Monaten) gewann ich mein Gleichgewicht zurück. Doch dann kam der Teufel.

Der Teufel hatte bis dahin in meinem Leben keine Rolle gespielt, doch nun zog er bei uns ein. Auf einmal war er in aller Munde und vor allem im Mund von Mutter Hildegard. Satan war verantwortlich für alles, was uns beunruhigte, für alles, was schiefging. Da wir uns gleichsam in einer Laborsituation befanden, köchelten wir im eigenen Saft, ohne die Möglichkeit, unsere Erfahrungen mit irgendetwas Vernünftigem in Beziehung setzen zu können. Unsere Priorin malte den Teufel im wahrsten Sinne des Wortes an die Wand. Tagsüber versuchte er, in unsere Herzen hineinzukriechen, in Form von widerwilligen Gedanken. In der Nacht hatten mehr und mehr Schwestern das deutliche Gefühl, dass er durch die Gänge des Hauses schlich. Er versetzte Schwestern sogar in Schockstarre! Die Angst wuchs, wurde unablässig weiter geschürt. Seitdem weiß ich, dass Angst eine ansteckende Krankheit ist.

Es wurde mir eingeredet, Satan sei schuld daran, dass ich mich immer unwohler fühlte. Obwohl Nachdenken und Nachfragen eine positive Funktion haben und ein Regulativ sind, wurde jetzt so argumentiert:

Frage: «Mir geht es nicht gut. Ich vermisse meine Freunde.»

Antwort: «Der Teufel will, dass es dir im Kloster nicht gut geht. Er kann es nicht haben, dass du Gott dienst. Deswegen schickt er dir die Traurigkeit.»

Frage: «Aber es ist doch gut, jemanden zu vermissen, weil man damit zeigt, dass man ihn mag, und das will Gott doch von mir!?»

Antwort: «Ja, aber du darfst nicht die Freundschaft über Gott stellen. Du sollst ihm allein dienen und alles andere loslassen.»

Frage: «Aber dann kann ich ja keinem Gefühl mehr glauben, weil alles vom Teufel sein könnte!»

Antwort: «Deswegen gibt es den Gehorsam. Wenn du im Gehorsam unserer Regeln handelst, hast du das Richtige getan, und die Freude kommt von allein. Traurigkeit zeigt nur, dass der Teufel mehr Platz in dir hat als Gott.»

Am Ende fühlte ich mich schlecht, nicht nur weil ich traurig war, sondern weil ich auch noch selbst schuld daran war, denn ich hatte Gott zu wenig geliebt. Und auf diese Weise übte die Kirche über viele Jahrhunderte hinweg ihr Regiment über die Gläubigen aus: Skeptische Gedanken und neue Ideen wurden zum Teufelswerk erklärt, und wo der Teufel ins Spiel kam, waren die Scheiterhaufen nicht weit. Ich aber lebte nicht im Mittelalter, sondern im 20. Jahrhundert, wie eine halbe Ketzerin fühlte ich mich trotzdem. Bis das Fühlen zum Begreifen wurde, bis ich verstand, dass ich nicht eine Führung und Leitung im guten Sinne erlebte, sondern Opfer von Missbrauch wurde, dauerte es. Heute denke ich: Hierarchisch aufgebaute Gemeinschaften, die zudem autonom sind, zeigen sich anfällig für Selbstüberschätzung, Anspruchshaltung, Ausbeutung und Paranoia. All das wurde bei Mutter Hildegard immer sichtbarer. Viele meiner Mitschwestern bewunderten und beneideten sie deswegen, vielleicht träumten sie sogar heimlich davon, selbst über eine solche Autorität zu verfügen. Menschen, die nach Kontrolle streben und entsprechend Macht ausüben, können wie eine Droge wirken.

Während die Schwestern immer stiller wurden und jede den Kopf einzog, um nicht das nächste «heilige Donnerwetter» abzukriegen, wurde Hildegard fortlaufend hemmungsloser. Selbstzweifel plagten sie nicht, zumindest nicht offensichtlich. Und wir, die wir alle heilig werden wollten, fragten uns: «Gehört Leiden nicht dazu? Je mehr, desto besser?» Irgendwann ging in meinem Kopf alles durcheinander, und ich reagierte darauf auch körperlich: Ich verlor den Appetit, nahm ab, wurde krank.

Es war kein Spezifikum dieses Klosters, keins der Institution Kirche, dass so etwas passierte. Wir Schwestern waren zwar darauf angewiesen, dass wir Zuwendung und Wertschätzung erhielten, dieses Bedürfnis aber haben Menschen auch in jedem anderen sozialen Kontext. Und angesichts einer geschätzten Zahl von einer Million von Mobbing-Fällen am Arbeitsplatz ist psychische Gewalt eine fast alltägliche Sache geworden. Die Kirche ist besonders gefährdet, weil sie Demokratie kaum kennt. Sitzen dann die falschen Leute in den falschen Positionen – und das ist leider hin und wieder der Fall –, kann man nur sagen: «Houston, wir haben ein Problem!»

Eine der größten Gefahren ist in meinen Augen jedoch die Personifizierung des Bösen: Der Teufel ist ein Produkt des magischen Denkens. Ich höre geradezu die Stimme von Mutter Hildegard, die sagt: «Ja, verleugne nur den Teufel, damit gibst du ihm nur noch mehr Macht, das will er ja nur ...!»

Wie schrecklich tief solche Gedanken sich festsetzen können und wie einfach das funktioniert: Man gibt der Aggressivität oder dem Problem einen Platz außerhalb des Ichs, dann kann man mit dem «Dämon» sprechen, ihn bändigen, fortjagen oder was auch immer. Gelingt das nicht, kann nur einer helfen: Gott. Und so habe ich in Dänemark mehrere Exorzismusrituale erlebt. Aus eigener Erfahrung weiß ich, dass nichts dadurch besser oder gelöst wird! Lieber lasse ich mir in einer Therapie helfen, unliebsame Seiten an mir anzuschauen, Verständnis für mich selbst zu entwickeln, um dadurch das «Böse» in mir unwirksam zu machen. Es gehört zu mir, zu jedem Menschen. Die bösen Taten entstehen aus Angst, aus der Verdrängung von Schmerz. Böses *besteht* nie in sich selbst, es *entsteht* nur – aus Verdrehtheit, aus Verdrängung, aus Abspaltung der eigenen Liebesfähigkeit.

Dennoch hat der Teufel Konjunktur! Der Journalist Marcus Wegner, der an mehr als einhundert (!) Exorzismen teilnahm, stellte in einem Feature von *DRadio Wissen* mit dem Titel *Hölle, Hölle, Hölle* fest: «Wir haben derzeit zwei bis drei Teufelsaustreibungen pro Tag in Deutschland in der katholischen Kirche, die aber nicht offiziell sind. Aus Reihen der evangelikalen Szene sind es sechs bis sieben.» Doch seltsamerweise bleiben solche Teufelsaustreiber ungeschoren. Auch in der Politik haben böse Mächte die Vernunft abgelöst: Ruhollah Khomeini, geistlicher und politischer Führer des Iran, sprach schon in den achtziger Jahren vom «großen Satan», wenn es um die USA ging, und US-Präsident G. W. Bush konterte mit der «Achse des Bösen». Der russische Staatschef Wladimir Putin sieht in der Gleichstellung homosexueller Partnerschaften eine Gleichsetzung von Gott und Teufel, und auch die *Bild*-Zeitung, der wir etliche Feindbilder verdanken, führt den Teufel regelmäßig an, etwa wenn es um den syrischen Tyrannen Baschar al-Assad geht oder um die thüringische Rechtsextremistin Beate Zschäpe. Satanisten gründen unangefochten Gruppierungen auf Facebook (deren Mitgliederzahlen ständig wachsen), und der Vatikan hat – mit Papst Franziskus vo1neweg – 2014 die «Internationale Vereinigung der Exorzisten» offiziell anerkannt. Würde ein erwachsener Mensch behaupten, der Osterhase säße an seinem Frühstückstisch, er wäre wohl schnell ein Fall für die Psychiatrie. Doch Hunderte von Teufelsaustreibern in der katholischen Kirche sollen in Ordnung sein?

Wir Menschen sollten lernen, Verantwortung für uns und

unsere Gefühle und Handlungen zu übernehmen, anstatt die Schuld auf das «Böse» abzuschieben. Das ist das höchste Gebot, das Jesus uns gelehrt hat. Nicht: Bekämpft das Böse, sondern: Liebt! Doch weil das magische Denken Teil der menschlichen Natur ist, bleiben die Teufel Bestandteil unserer Welt. Gefährlich wird es, wenn Erwachsene immer noch an Satan glauben – so wie meine Priorin. Und solange es möglich ist, dass Menschen im Namen Gottes Dinge tun wie sie, ist nichts so, wie Gott es meiner Meinung nach gewollt hat.

Jesus selbst hat laut Zeugnis der Evangelisten jede Menge böse Geister ausgetrieben und dadurch Kranke geheilt – ein Widerspruch? Ja und nein. Einerseits war zu seiner Zeit der Glaube an Dämonen eine Selbstverständlichkeit und fest verwurzelt im Volksglauben. Menschen, die die Geschichten von Jesus aufschrieben, sahen Krankheiten als Teufelsbeweis an. Andererseits verfügte Jesus über besondere Fähigkeiten – sogar Tote hat er auferweckt! Ob man das wörtlich nehmen kann, möchte ich explizit offenlassen. Ich kann daran glauben oder auch nicht. Auf keinen Fall sollten Menschen in heutiger Zeit solche Rituale nachmachen. Auch nicht die, die sich Stellvertreter Christi auf Erden nennen. Im Gegenteil: Gerade hier sind mehr Kontrollen nötig. Und damit ist verbunden: Die Netzwerke und Seilschaften im Vatikan und in den oberen Rängen der Kirche müssen gebrochen werden. Mutter Hildegard hatte nämlich Rückhalt von bedeutenden Männern, unter anderem von einem Kardinal.

Jesus setzte sich nie auf einen erhöhten Platz, wenn er mit seinen Jüngern und Jüngerinnen unterwegs war. Alle waren gleich. Demokratisch organisierte Gemeinschaften erfordern jedoch mehr Anstrengungen als hierarchisch organisierte, das stellen wir auch bei den Dominikanerinnen von Bethanien fest, zu denen ich heute gehöre. Über alle wichtigen Dinge wird gemeinsam entschieden, unser Gehorsam ist ein «dialogischer». Niemand trifft über meinen

Kopf hinweg Entscheidungen über mich. Es gibt bei uns auch keine Ordensleitung auf Lebenszeit. Alle paar Jahre ist jemand anderes dran – und diejenige wird gewählt, nicht von oben draufgesetzt.

Es braucht aber seine Zeit, bis viele Köpfe und Herzen sich einig sind. Befehle zu erteilen oder Erlasse zu veröffentlichen, geht schneller. Doch nur wenn alle Stimmen gleichberechtigt und angreifbar sind, kann Missbrauch vorgebeugt werden. Das gilt für alle Organisationsformen! Gelingendes Gemeinschaftsleben kann sich wunderbar an unserem Grundgesetz orientieren: «Die Würde des Menschen ist unantastbar.» Jesus, davon bin ich überzeugt, hätte das unterschrieben. Auch jeder, der ein kirchliches Amt besetzt oder in einen Orden eintritt, sollte diese Aussage unterschreiben. Daher stelle ich an jede spirituelle Gemeinschaft fünf Grundfragen, die zur eigenen Orientierung dienen können:

1. Hat man freien Zugang zu Kommunikationsmitteln wie Telefon, Internet und Briefen?
2. Gibt es Reglementierungen in Bezug auf Kontakte zu Menschen in der Außenwelt?
3. Hat man eine freie Wahl bei der geistlichen/spirituellen Begleitung?
4. Wird mit Kritik konstruktiv umgegangen?
5. Wie wird mit Mitgliedern verfahren, die die Gemeinschaft verlassen?

In Dänemark waren sämtliche dieser Kriterien nicht gegeben. Und so musste ich mir im Nachhinein selbst eingestehen: Ich war in einer Sekte gelandet. Fortan begann ich, mich gegen Mutter Hildegard zu wehren. Und wurde bestraft, gemaßregelt und isoliert, was mich aber nicht folgsamer machte. Das Problem war, dass jeder mich mochte, auch die Menschen, die rund um das Kloster lebten. Und die machten sich Sorgen. Hildegard befürchtete womöglich, dass es auf sie zurückfallen würde, sollte das harmonische Gesamtbild ihres Konvents bröckeln. In der Benedikt-Regel steht nämlich geschrieben: «So wisse der Abt: Die Schuld trifft den Hirten, wenn der Hausvater an seinen Schafen zu wenig Ertrag feststellen kann.» (Kap. 2,6)

Nach einem unserer fruchtlosen Gespräche besorgte sie mir daher ein Praktikum in einem Orden, der Kinderdörfer führte. Ich war überrascht, dass es das überhaupt gab. Hildegard wusste von meiner Liebe zu Kindern, und in besseren Zeiten hatten wir darüber gesprochen, vielleicht selbst ein Kinderdorf aufzubauen. Doch das war vorbei. Ich hatte Angst fortzugehen, doch widersprochen habe ich nicht. Mit gemischten Gefühlen fuhr ich in das Bethanien-Kinderdorf in der Nähe von Köln, das von Dominikanerinnen geführt wurde. Und kam in eine vollkommen andere Welt. Zu dem Zeitpunkt war ich vierundzwanzig Jahre alt.

Eine Schwester hatte mich vom Bahnhof abgeholt. Elisa trug ganz normale Jeans, darüber ein weißes T-Shirt und um den Hals ein schwarzes Band mit einem schwarz-weißen Kreuz, dass sie als Schwester erkennbar machte. Die blonden Haare lockten sich wild um ihren Kopf, auf dem kein Schleier saß, und durch ihre Brille blitzten lebendige braune Augen. Ich musste mich erst einmal dran gewöhnen, dass eine Schwester in Zivilkleidung unterwegs war.

Wir stiegen gerade aus dem Auto, als eine fröhliche Frau von schätzungsweise Mitte vierzig über den Hof auf uns zu gelaufen kam, winkte und mitteilte, sie würde jetzt das Fahrzeug übernehmen.

«Sag den anderen, dass ich es nicht bis zum Abendessen schaffen werde!», richtete sie noch aus, dann tauschte sie mit Elisa die Plätze, schlug die Fahrertür zu und legte krachend den Rückwärtsgang ein.

Elisa rief ihr hinterher: «Kein Problem, ich gebe Bescheid!»

Sprachlos schaute ich der Davonfahrenden nach. «Ist sie eine Schwester?», fragte ich ungläubig. Es erschien mir unvorstellbar, beim Abendessen nicht anwesend zu sein.

«Ja klar, wieso?» Schwester Elisa sah mich etwas verwundert an. Aber als sie meinen irritierten Gesichtsausdruck bemerkte, schwieg sie.

Sie führte mich zu meinem Zimmer, einem kleinen freundlichen Raum in der Klausur. Undenkbar wäre so etwas bei uns in Dänemark gewesen, Gäste gehörten nicht in die Klausur! Und Ähnliches dachte ich von diesem Moment an ungefähr hundertmal am Tag. Draußen vor dem Fenster tobten Kinder herum, nichts von einer heiligen Stille! Kaum hatte ich ausgepackt, klopfte es an der Tür. Elisa holte mich wieder ab, aber nicht zum Gebet!

«Hast du Lust, mir zu helfen?», fragte sie. «Ich habe versprochen, die Tiere von Schwester Karin zu versorgen. Sie ist mit ihrer Kinderdorffamilie im Urlaub und kommt erst nächste Woche wieder.»

Klar wollte ich.

«Die Hühner müssen in den Stall. Natürlich sind sie mal wieder ausgebüxt und laufen jetzt im Eselgehege herum», erklärte Elisa das, was wir zu tun hatten, als wir bei den entflohenen Tieren waren.

«Kein Problem», sagte ich und packte schon im nächsten Augenblick ein Huhn an den Schwanzfedern und hievte es über den Zaun. Flatternd, gackernd und unversehrt landete es im Hühnergehege.

Elisa machte große Augen. «Wow! Wo hast du das denn gelernt? Bei mir dauert das immer ewig, bis ich eine der Hühnerdamen erwischt habe.»

«Bin ziemlich gut in landwirtschaftlichen Dingen», erwiderte ich. «Ich kann auch Trecker fahren!»

Wir grinsten uns an, und das Eis war gebrochen. Danach kümmerten wir uns um die anderen Hühner.

In den folgenden Wochen wurde ich von Emotionen überschwemmt. Keiner schrieb mir vor, wann ich das Licht ausmachen sollte – ich las bis spät in die Nacht. Manche Schwestern sahen abends fern. Wenn es Dinge zu besprechen gab, sprachen sie miteinander. Sie kleideten sich so, wie sie wollten, nur ich trug weiter meinen Schleier, sogar wenn ich mit den Kindern ins Schwimmbad fuhr. Erst nach einigen Wochen traute ich mich, «ohne» aus dem Haus zu gehen – und fühlte mich nackt. Das Telefon stand mir zur Verfügung, aber ich rief anfangs niemanden an. Erst musste ich zu mir kommen. Meine Stimmungen gingen ständig auf und ab. War das überhaupt ein richtiges Kloster? Unentwegt fragte ich mich das. Doch insgeheim genoss ich die Zeit mit den Kindern, die Freiheit und das Normalsein und erholte mich langsam von den Strapazen der vergangenen Zeit. Viel zu schnell näherte sich der Tag meiner Abreise.

«Ich bringe dich zurück in dein Kloster», teilte mir Elisa wenige Tage vorher mit. Wir hatten uns ein bisschen angefreundet, doch erzählt hatte ich nicht viel von meinem «Zuhause», zumindest nichts Negatives – zu groß war meine Loyalität. Auch steckte all das, was ich erlebt hatte, wie ein Kloß im Hals, den ich weder herunterschlucken noch ausspeien konnte. Noch nicht. Staunend sah ich sie an.

«Aber das sind über 850 Kilometer!»

«Ja, das weiß ich. Aber ich mag Dänemark und kann ein paar Tage Auszeit gebrauchen.»

Ich weiß bis heute nicht, ob das wirklich stimmte oder ob sie mir als «Schutzengel» mit auf den Weg geschickt wurde. Vielleicht hatten die Schwestern in Köln doch mehr mitbekommen, als ich ahnte. Ich war jedenfalls erleichtert, dass ich mich nicht allein auf den Weg in mein Kloster machen musste. Ein Weg, der mit gemischten Gefühlen besetzt war: Konnte ich überhaupt zurückkehren? Weiterleben wie bisher? Und wenn nicht – wohin sollte ich gehen? Hatte ich überhaupt eine Wahl?

Nachdem wir die Grenze nach Dänemark überquert hatten, wurde ich von Kilometer zu Kilometer einsilbiger, und je näher wir dem Kloster kamen, desto nervöser wurde ich. Was würde mich erwarten? Wie würde es weitergehen? Elisa fuhr, warf manchmal einen besorgten Seitenblick auf mich, ließ mich aber völlig in Ruhe. Kurz vor der Ankunft, als wir durch die Wälder kamen, regte sich leise Hoffnung in mir. Vielleicht würde doch alles gut werden. Und als das Schloss vor uns auftauchte, freute ich mich sogar, den so vertrauten Ort wiederzusehen.

Als Elisa hielt, stürmte ich ins Haus. Erst war die Halle leer. Dann kam Marie mir entgegen. Sie hatte gerade ihren frischgewaschenen Habit aus der Wäscherei geholt und war auf dem Weg zu ihrer Zelle. Als sie mich sah, blieb sie stehen und erstarrte zur Salzsäule. Aber nicht nur sie, ich hielt ebenfalls mitten im Lauf an. Alles Weitere geschah in einem ewig langen Augenblick: Ich konnte in Marie hineinsehen, tief in ihre Seele. Ich registrierte, wie ihr Bedürfnis, mich zu umarmen, mit einem Verbot kämpfte: Die Priorin hatte eine Begrüßung nicht erlaubt. Es war niemand in unserer Nähe, der uns beobachtete – sie hätte sich einfach über die Regel hinwegsetzen können. Doch sie vermochte es nicht, und dann drehte sie sich um, um nach Mutter Hildegard Ausschau zu halten. In diesem Moment machte es «klick», und ich erkannte: Hier bist du falsch. Es ist unmenschlich. Mit Tränen in den Augen drehte ich mich zu Elisa um, die mir in einiger Entfernung gefolgt war.

«Nimmst du mich wieder mit zurück?», fragte ich. Es war ein spontaner Impuls. Was für ein Glück – oder war es eine Vorsehung? –, dass sie da war.

«Sicher!» Ihr Blick war so voller Mitgefühl, dass ich es kaum ertragen konnte. Noch mehr Tränen stiegen hoch.

Ich brauchte einige Tage, um alles zu regeln. Dann, zwei Wochen vor meiner Ewigen Profess, verließ ich den Ort, wo ich zwar Gott gefunden, den Glauben an die Autorität jedoch verloren hatte. Marie habe ich seitdem nicht wiedergesehen, bis heute lebt sie mit Hildegard zusammen.

Gemeinsam mit anderen Betroffenen wandte ich mich nach meinem offiziellen Austritt an die Verantwortlichen in der Kirche, in der Hoffnung, dass dem unguten Treiben in meinem ehemaligen Kloster ein Ende gesetzt würde, doch es dauerte Jahre, bis der Orden die Missstände als solche wahrnahm und Mutter Hildegard ihres Amtes enthoben wurde. Fortan durfte sie keine Leitung mehr übernehmen, war nur noch einfache Schwester. Zwar focht sie die Enthebung an, dem wurde jedoch nicht stattgegeben. Meine zurückgebliebenen Schwestern bekamen davon nichts mit, wie ich später erfuhr.

Hildegard machte einfach weiter wie bisher. Als das nicht mehr möglich war, erklärte sie den Schwestern, dass der Orden sie alle nicht mehr haben wolle und dass sie jetzt etwas Eigenes gründen würde. Wahrscheinlich hatte sie ihnen eingeredet, dies sei die größte Versuchung Satans, jetzt sei die Chance gekommen, sich vor Gott zu beweisen. Hatte es in der Geschichte nicht immer wieder Heilige gegeben, die ihren Weg allein gegangen waren? Gegen die Meinung aller anderen? Die Schwestern des Klosters jedenfalls traten geschlossen aus dem Orden aus. Hildegard gründete tatsächlich eine neue geistliche Gemeinschaft, die sie nach wie vor leitet. Das wunderbare Schloss in Dänemark haben sie verlassen müssen, da es Eigentum des Ordens war. Doch die alten Seilschaften halten bis heute – zumindest teilweise. Sie wohnt mit den Frauen, die ihr treu geblieben sind, in Räumen, die einem deutschen Bistum gehören! Und wahrscheinlich zahlt sie dort keine Miete. Das ist einer der Gründe, warum ich all das hier aufschreibe.

Der wichtigste Grund ist jedoch: Ich möchte Menschen ermutigen, sich zu wehren, die in einer ähnlichen Situation leben. Egal ob in der Kirche oder woanders. Obwohl die Kirche so mächtig ist, hatte ich als einfache Schwester die Möglichkeit, das Machtsystem Hildegards in Frage zu stellen, und letztlich haben wir es gemeinschaftlich gestürzt. Wir, das war eine Gruppe von Schwestern, die aus diesem Kloster ausgetreten sind. Wir gründeten eine Art Selbsthilfegruppe und sprachen viel darüber, was uns zugestoßen war und wie es hatte dazu kommen können. Etwas ändern kann man nur, wenn man darüber redet, Gleichgesinnte findet und vor allem der eigenen Wahrnehmung traut. Das kann eine Weile dauern: Meine Freunde und meine Familie hatten längst erkannt, dass ich nicht am richtigen Ort war. Doch ihre Versuche, mir das klarzumachen, scheiterten jedes Mal. Ähnlich erging es den anderen. Steckt man mittendrin, ist es schwer zuzugeben, dass man sich getäuscht hat. Die eigene Sicht ist eingemauert in einer Welt voller Abhängigkeit, Angst und Nichtwahrhabenwollen. Pflicht war wichtiger als Selbstentfaltung. Die innere Stimme ist klein im Vergleich zu den Drohungen der Mächtigen. Und ich schämte mich, ich wollte keine Nestbeschmutzerin sein. Es ist nur meiner Freiheitsliebe zu verdanken, dass ich letztlich doch den Schritt nach außen wagte. Andere leben weiter in diesen Strukturen, ohne sich zu wehren. Nicht nur in Ordensgemeinschaften, sondern überall.

Heute blicke ich versöhnt zurück. Ich mache mir auch keine Vorwürfe mehr, über dreieinhalb Jahre dortgeblieben zu sein – ich bin eher erstaunt, wie viel ich habe aushalten können. Durch diesen Leidensweg bin ich sensibel geworden für jeglichen Machtmissbrauch, es hat viele Jahre gedauert, bis ich Vorgesetzten wieder Vertrauen entgegenbringen konnte. Die Jahre in Dänemark haben mein Leben verändert und geprägt – doch ich habe mich entschieden, sie in mein Leben zu integrieren. Ich habe gelernt, sie als Zeit zu betrachten, die mich stark gemacht hat. Ich wünsche Schwester Hildegard, dass sie irgendwann verstehen kann, dass ihr Machtmissbrauch kein Heilmittel gegen ihre Angst ist.

8. Als Gott Frankreich besuchte –
oder: Wunder gibt es immer wieder

«Und hier sehen Sie den ehemaligen Speisesaal des Schlosses. Bitte schauen Sie sich die gut erhaltenen Öfen an.»

Brav wendeten wir unsere Köpfe zum Eingang der Königshalle, wo ein beeindruckender Kamin einen großen Teil der Wandfläche einnahm. Es gab etliche von ihnen, hier in Schloss Cadillac, in der Nähe von Bordeaux. Die Feuerstellen aus Kacheln oder Marmor reichten fast an die Holzdecken der riesigen Räume, locker hätte ich mich in sie hineinlegen können. Sollte ich es prachtvoll oder protzig finden? Und entschied: Es ist beides zugleich.

Fabienne, unsere kundige Führerin mit strengem kastanienbraunem Pagenschnitt und klugen grauen Augen, zeigte uns weitere Festsäle, einst für einen mächtigen französischen Fürsten erbaut. Kostbare Wandteppiche, Himmelbetten, uralte wuchtige Sessel verbreiteten ein hochadeliges Flair. Dennoch konnte ich mir vorstellen, mich in eins dieser bequem aussehenden Luxusmöbel hineinzusetzen und ein Buch zu lesen. Doch wir, eine Gruppe von Bethanien-Schwestern, waren nicht wegen der Sehenswürdigkeiten hier. Nach meinem überstürzten Auszug aus Dänemark war ich erst einmal mit Sack und Pack ins Kinderdorf bei Köln gezogen. Kurze Zeit darauf hatte ich bei den Dominikanerinnen von Bethanien einen Antrag auf Kandidatur gestellt, und jetzt – da lebte ich schon viele Jahre in meinem neuen Orden – hatten sie mich auf eine Reise zu unserem Gründer mitgenommen. Wobei der

Urgründer des Dominikanerordens natürlich der heilige Dominikus ist. Innerhalb der dominikanischen Familie gibt es Untergruppen, die wiederum Initiatoren haben – so wie etwa die Bethanien-Schwestern von Pater Jean-Joseph Lataste gegründet wurden. Und zwar genau hier, in diesem Raum.

Auf den Sims eines der gigantischen Kamine legte Fabienne nun mit Nachdruck eine Hand und sagte: «Am 24. Februar 1818 wurde das Schloss vom französischen Staat gekauft. Es wurde komplett umgebaut und diente siebzig Jahre lang als Frauengefängnis. Bis zu 478 Frauen waren hier zeitweise inhaftiert. Toiletten gab es insgesamt nur sieben.»

Ein entrüstetes Raunen war aus unseren Reihen zu hören. Fabienne hatte nichts anderes erwartet und nickte: «Dieses Gefängnis hatte die höchste Todesrate aller damaligen französischen Besserungsanstalten. Ein trauriges Privileg! Es gab drei bis vier Verstorbene jeden Monat. Selbstmord war die häufigste Todesursache. Dieser Saal hier diente übrigens den Häftlingen als Schlafsaal.» Sie machte eine ausladende Geste. «Beheizt wurden diese Räume natürlich nie.»

Die Verhältnisse an diesem Ort waren für die inhaftierten Frauen unerträglich gewesen. Zwangsarbeit dreizehn Stunden am Tag – Nähen, Bügeln, Spinnen, Weben. Zwei dünne Suppen täglich, mehr nicht. Die Folge: Unterernährung. Egal – die Insassinnen galten eh als verlorene Seelen. Es herrschte totales Sprechverbot (das kam mir bekannt vor), weil man glaubte, verbrecherisches Handeln sei ansteckend und könne übertragen werden, wenn die Frauen auch nur ein Wort wechselten. Schließlich war der Teufel für ihre Taten verantwortlich! Folglich wurden den Verurteilten nur Befehle erteilt.

«Als Nächstes steigen wir hoch ins Speichergeschoss, dort gibt es einen Gefangenentrakt noch im Originalzustand», erklärte unsere Führerin weiter. Wir folgten ihr über viele Treppen nach oben. Schließlich standen wir vor einer massiven Holztür, die zu dem ursprünglichen Zellenblock führte, mit einer kleinen vergitterten Luke, die man auf- und zuschieben konnte. Fabienne öffnete den Eingang. Vor uns lag ein schlauchartiger Gang, rechts war die Schräge des Dachstuhls, so niedrig, dass man aufpassen musste, sich nicht den Kopf anzustoßen. Auf der linken Seite eine endlose Reihe von Holzverschlägen.

«Wir nennen sie die Hühnerkäfige», erklärte Fabienne mit einem kleinen entschuldigenden Lächeln, «weil man mittels einer speziellen Vorrichtung alle Türen gleichzeitig schließen konnte.»

Fabienne wies zu den Fenstern hin. «Das alles muss man sich hier viel dunkler vorstellen, die Fenster waren verschlossen und vernagelt. Im Sommer war es glühend heiß, im Winter herrschte klirrende Kälte.»

Natürlich gab es auch in den Zellen keine Heizung, und in einigen von ihnen bemerkte ich schwarze Brandspuren. Als ich diese erwähnte, erzählte unsere Führerin, dass die Gefangenen Feuer gemacht hätten, um sich an der Glut zu wärmen. Wie waren sie an das Holz gekommen? Fabienne wusste es nicht genau. Vermutlich hatten sie sich verkaufen müssen für ein bisschen Wärme im Winter. Schrecklich!

Mit Schaudern blickte ich in die winzigen Zellen hinein. Rostige schmale Bettgestelle ohne eine Matratze gab es noch in manchen zu sehen. Grauenvolle Vorstellung, auf so einem Ding schlafen zu müssen. Plötzlich blieb ich abrupt stehen, an einem Türpfosten entdeckte ich einen eingeritzten Namen: «Lina» stand da in krakeligen Buchstaben. Die anonyme Masse der strafgefangenen Frauen bekam auf einmal einen Namen, wenn schon kein Gesicht. Arme Lina, dachte ich. Wie hast du dich hier in dieser Umgebung gefühlt? Wie alt warst du, und was hast du verbrochen? Vor allem fragte ich mich, ob Lina auch hier war, als unser Gründer bei seinen ersten Einkehrtagen im Gefängnis das «Wunder von Cadillac» erlebte, während einer einzigen Woche im kalten September von 1864. Ich hoffe es für sie.

Hierher wurde also Lataste, der junge Dominikaner und Priester, von seinen Ordensoberen geschickt, um spirituelle Exerzitien anzubieten. Er war damals zweiunddreißig. Anfangs sträubte er sich. Er war davon überzeugt, nichts bewirken zu können. Doch als Mönch hatte Lataste zu gehorchen. Der tiefere Grund seiner Skepsis war sehr persönlich – er fürchtete sich. Er war in Cadillac aufgewachsen und hatte in seiner Kindheit stets das Frauengefängnis vor Augen gehabt. Er gestand später, das dunkle Schloss habe ihm seit jeher Angst eingejagt, und ganz besonders die Verbrecherinnen, die darin lebten. «Draußen» erzählte man sich gruselige Geschichten über die Frauen, die sie zu monströsen Zerrfiguren des Bösen machten.

Doch nun war er hierher geschickt worden. Um fünf Uhr in der Früh betrat er den großen Speisesaal, den wir gerade besichtigt hatten. Überrascht stellte er fest, dass nahezu sämtliche Bewohnerinnen versammelt waren – was für eine Masse von Frauen, gesenkte Köpfe, leere Blicke, verwahrlost, schmutzig, blass. Alle in Grau gekleidet, graue Schürze, graue Haube. Nur wenige von ihnen suchten Trost und Erbauung in der Religion, doch jede Abwechslung war besser als das quälende Einerlei des Gefängnisalltags. Einige hofften, mit Mitgefangenen Kontakt aufnehmen zu können, vielleicht sogar mit denen, die bald entlassen wurden und eine Nachricht mit nach draußen schmuggeln konnten. Andere wollten sich bei der Gefängnisleitung einschmeicheln, die diese Einkehrtage angeordnet hatte.

Pater Lataste hat diesen ersten Moment später sehr genau beschrieben. Er war völlig überfordert, und ihm schoss der Gedanke durch den Kopf: «Wie abstoßend sie alle sind!» Schon im nächsten Moment erschrak er über sich selbst, denn er war zutiefst erfüllt von dem Wunsch, den Armen und Leidenden zu helfen.

Das hatte er schon oft bewiesen: Er hatte die Elendsquartiere der Arbeiter in Bordeaux und anderen Industriestädten gesehen, hatte sich an die Krankheiten und den Gestank der Armut «gewöhnt» und Berührungsängste mit der Zeit abgelegt. Woher kam jetzt nur dieser vernichtende Gedanke, dieses harte Urteil? Wohl aus seiner Angst.

Er rief sich zur Ordnung: Wenn nicht einmal er, im Namen Christi, diese Frauen als Menschen ansah, dann war er nicht besser als all die Scheinheiligen, die er ständig kritisierte – etwa sonntägliche Kirchgänger, die ihr Gewissen mit Almosen beruhigten, aber ihre Arbeiter verrecken ließen. Es gab ja genug menschlichen Nachschub. Sein Erschrecken über die eigenen Vorurteile ermöglichte ihm, den Abstand zu den Frauen zu überbrücken und ihre Not wirklich zu fühlen. Er erkannte: Sie sind nicht böse, sie leiden. Niemand würde ihnen helfen oder jemals die Hand reichen. Also musste er es tun.

«Meine lieben Schwestern», begann er seine Rede mit leiser Stimme, «wir werden damit anfangen, uns zu fragen, was der Grund dafür ist, dass Gott euch in diese Besserungsanstalt gebracht hat.» Die ersten Köpfe hoben sich und nahmen den Geistlichen in Augenschein, der da vorn am Katheder stand. Was für einen Grund sollte es dafür geben, außer dass sie schlecht waren?

«Ja», fuhr er fort, «ich nenne euch meine lieben armen Schwestern, und das meine ich auch so. Es ist nicht nur eine leere Phrase. Ich komme, um euch meine Freundschaft anzubieten.»

Nun hatte er die volle Aufmerksamkeit seiner Zuhörerinnen. Das hatte noch niemand zu ihnen gesagt. Sie waren Aussätzige in den Augen der Gesellschaft, und so fühlten sie sich auch. Lang genug hatte es man ihnen eingetrichtert. Das «Wunder von Cadillac» begann also mit einem Freundschaftsangebot und Mitgefühl.

In neun Predigten entwickelte Lataste seine Gedanken weiter –

mit Sicherheit ist er dabei von sich selbst überrascht gewesen, auch davon, wie dankbar und vertrauensvoll die Frauen auf ihn reagierten. Er hatte Verständnis für ihre Lage, und er zeigte es. Das genügte, um ihre Herzen zu öffnen.

Ein interessantes Phänomen, die Empathie. Ist sie da, wenden wir uns anderen mitfühlend und verständnisvoll zu. Fehlt sie, werden wir zu emotionalen Eisklötzen. Wissenschaftler der Université de Montréal veröffentlichten 2014 interessante Forschungsergebnisse: Empathie ist größer, wenn man einander kennt, also in der Familie oder im Freundeskreis. Fremden gegenüber ist sie viel weniger ausgeprägt, und das liegt am Stress, den Fremde in uns auslösen – wahrscheinlich eine Reaktion des Urmenschen auf unvorhergesehene Begegnungen. Doch ist der Stress reduziert, steigert sich messbar die Fähigkeit zur Empathie – auch Fremden gegenüber. Eigentlich logisch: Entspannte Menschen haben weniger Befürchtungen. Vielleicht könnte man mit Entspannungstrainings die Vorbehalte gegen Fremde – zum Beispiel Flüchtlinge – deutlich reduzieren!

In Cadillac entspannte Pater Lataste sich jedenfalls von Stunde zu Stunde mehr, und er konnte die ungünstigen Umstände der Gefangenen nachvollziehen: kein gutes Zuhause, weder verständnisvolle Lehrer noch Förderer, unehrliche Männer und jede Menge falsche Versprechungen. Nun waren sie hier, eingesperrt, manche für immer. Die Lage war ausweglos. Aber war sie das wirklich?

Lataste hatte eine Eingebung, einen Geistesblitz: Er verglich die Gefangenschaft der Frauen mit seinem Mönchsleben. Sie saßen fest – na und? Er doch auch! Sie bekamen nicht genug zu essen – als Mönch fastete er tage-, wochen-, monatelang. Er schlief nicht mehr als sie, seine Pritsche war ebenso hart wie ein Gefängnisbett. Er verzichtete auf Freiheit, Komfort, Wohlstand und Familie – und das auch noch freiwillig. Verrückt, oder? Bis heute kann ich mir lebhaft vorstellen, dass die Bewohnerinnen des dunklen Schlosses tatsächlich noch nie etwas Seltsameres vernommen hatten als die Schlussfolgerung, die er daraus zog: «Verwandelt das Gefängnis in ein Kloster! Ich helfe euch dabei!» Vielleicht fragte ihn die eine oder andere Gefangene: «Wie soll das gehen? Wir sind böse Menschen, Sünderinnen, Ausgestoßene!» Da erzählte er ihnen von Maria Magdalena und Jesus, das war in seiner sechsten Predigt: «Eines Tages wurde Jesus von dem Pharisäer Simon zum Essen geladen. Er, der niemals eine Gelegenheit ausschlug, Seelen zu retten, sagte zu. Natürlich sprach sich das sofort in der Umgebung herum – und so kam während der Mahlzeit eine Frau aus der Stadt, die für ihren schlechten Ruf bekannt war.» Der Pater musste nicht lange erklären, was mit *schlechtem Ruf* gemeint war. Alle Anwesenden verstanden es: Sie war eine Prostituierte, ebenso wie viele der Bewohnerinnen von Cadillac.

«Die Frau trug ein Gefäß mit sehr teurem Duft herbei», fuhr der Prediger fort. «Sie ging zu Jesus, weinte und küsste seine Füße. Als sie sah, dass diese nass wurden von ihren Tränen, trocknete sie die Füße mit ihrem langen Haar, brach das Gefäß und salbte dann seine Füße mit dem kostbaren Öl.»

Eine Einladung hatte Magdalena nicht, doch sie ließ sich davon nicht abhalten, zu Jesus zu gehen. Was immer sie getan hatte, sie bereute es, so wie jede Strafgefangene im Raum es nachfühlen konnte. Tränen flossen. Maria Magdalena hatte Jesus noch nie gesehen, doch ihre Liebe erkannte, dass sie ihm vertrauen konnte. Sie war sicher, er würde ihr helfen.

Der Gastgeber des Abends war nicht begeistert über ihren Auftritt. Er dachte bei sich: Weiß Jesus überhaupt, von wem er sich da berühren lässt? Wie abstoßend sie ist? Er dachte also im Grunde genau den Gedanken, den auch Lataste selbst gehabt hatte. Aber Jesus hört Simons Gedanken und sagt zu ihm: «Du hast mir keinen Kuss gegeben; sie aber hat mir unaufhörlich die Füße geküsst. Deshalb sage ich dir: Ihr sind ihre vielen Sünden vergeben, weil sie so viel Liebe gezeigt hat.» Dann erklärte er Maria Magdalena: «Dein Glaube hat dir geholfen. Gehe in Frieden.» Fortan folgte sie ihm, wurde seine Jüngerin. Später stand sie mit seiner Mutter unter dem Kreuz, und sie waren vereint in ihrer Liebe zu ihm – ohne Unterschied. Magdalena, die Hure, ist, wie ich schon sagte, eine der größten katholischen Heiligen. Was das bedeutete, machte der Pater den Frauen klar: «Ihr könnt diese Worte ebenso im Herzen empfangen wie sie, wenn ihr eure Sünden bereut und euch Gott zuwendet.»

Für Gott zählt nicht, was du gewesen bist, sondern das, was du jetzt bist. Das war die ganze Botschaft. Für Jesus gab es die Sünderin nicht mehr, ihre Liebe machte sie zur Heiligen. Lataste war vollkommen erfüllt von dem Gedanken: Wo die Liebe herrscht, hat das Böse keinen Platz mehr. Später berichtete er, dass er sich während jener Tage an die Geschichte vom «Guten Bischof» aus Victor Hugos *Die Elenden* erinnert fühlte. Der Roman des französischen Schriftstellers war damals gerade erschienen. Er erzählt die Geschichte des Sträflings Jean Valjean, der, hungrig und müde, Unterschlupf bei einem Bischof sucht. Dieser nimmt ihn in seinem Haus auf, obwohl er dessen Vergangenheit kennt, und vertraut ihm, als wäre er sein Bruder. Valjean stiehlt ihm jedoch zwei kostbare silberne Leuchter und macht sich aus dem Staub. Als die Polizei ihn verhaftet, wird der Bischof als Zeuge gerufen. Doch er vertuscht die Tat, gibt an, die Leuchter wären ein Geschenk gewesen. Er überlässt dem Dieb sogar noch zwei weitere Silberleuchter. Überwältigt von so viel Güte, ändert Valjean sein Leben. Vielleicht kam Pater Lataste sich ein bisschen so vor wie der gute Bischof. Denn Bischof heißt ja auf Klosterisch: Beschützer.

Die Geschichte vom Sträfling und dem Bischof ist eine über die Kraft der Güte, die auch das «Wunder von Cadillac» bewirkte. Sie machte mir Mut, als ich sie zum ersten Mal hörte, denn obwohl ich meine Vergangenheit nicht in einem Gefängnis verbracht hatte, war ich doch von dem Gefühl erfüllt, «auf die schiefe Bahn» geraten zu sein. Und jetzt wurde mir gezeigt, dass meine Vergangenheit nicht zählte.

Als ich im Kinderdorf bei den Bethanien-Schwestern Zuflucht fand, wurde ich nicht abgestempelt als «die Frau, die aus dem schlimmen Kloster kommt». Abgesehen davon, dass nur wenige von dem Ausmaß der Missstände erfuhren, die ich hier zum ersten Mal öffentlich mache. Doch die, die davon erfuhren, zeigten mehr Verständnis für mich als ich selbst. Sie zitierten dann gern einen Satz von Pater Lataste: «Das Bemühen steht vor dem Gelingen.» Tröstliche Worte, hatte ich doch den Eindruck, auf ganzer Linie gescheitert zu sein. Nicht nur Gott gegenüber, sondern vor allem gegenüber der Kirche. Oder jenem Teil von Kirche, den ich erlebt hatte. Doch jetzt hatte ich eine völlig andere Gemeinschaft gefunden: Ich wurde als Frau mit Würde behandelt, meine Fähigkeiten und mein Bemühen wurden gesehen, ohne dass man mir ständig unter die Nase rieb, was nicht in Ordnung mit mir war. Ein Neuanfang, ohne auf die Vergangenheit festgelegt zu werden, das war jetzt meine Verheißung. Und schon vor weit mehr als hundertfünfzig Jahren hatte der Dominikaner Lataste seinen Schützlingen eine ähnliche Hoffnung geschenkt. Das war mir vertraut, und mir wurde leichter ums Herz.

In Cadillac erfuhr Lataste in nächtelangen Beichtgesprächen die wahren Geschichten der Frauen. Sie erschütterten ihn zutiefst. Sie waren nicht nur Täterinnen, sondern auch Opfer – Liebende, die das Falsche und den Falschen angebetet hatten. Die einen hatten ihr Herz an Männer gehängt, die ihnen die Ehe versprachen, um sie ins Bett zu bekommen. Dann aber verschwanden sie spurlos, sobald ein Kind unterwegs war. Alleinerziehende Mütter, das war in der damaligen Zeit undenkbar. Die Frauen versuchten lebensgefährliche Abtreibungen oder töteten die Neugeborenen. Verbrechen, die aus Verzweiflung geschahen, die sie traumatisierten, zusätzlich zu der harten Zuchthausstrafe. Nicht weniger schlimm: das Schicksal der Dienstmädchen. Es war üblich, dass das weibliche Personal für sexuelle Dienste der Herrschaft zur Verfügung zu stehen hatte – bis die Betroffenen ein Kind erwarteten. Dann wurden sie gezwungen, es abzutreiben oder zu töten.

Eine der Zuchthäuslerinnen war nicht zum ersten Mal hier. Sie hatte alles versucht, sich nach ihrem Aufenthalt im Gefängnis mit Handarbeiten über Wasser zu halten. Doch niemand kaufte ihr die Sachen ab. Jeder wusste ja, woher sie kam, und so etwas wie Rehabilitation kannte man nicht. Sie fing wieder an zu stehlen, sonst wäre sie verhungert. Ein Teufelskreis, der mir bekannt vorkommt. Die aktuellen Rückfallquoten in deutschen Gefängnissen – vor allem in Jugendstrafanstalten – liegen bei durchschnittlich 75 Prozent! Seit damals scheinen wir nicht viel dazugelernt zu haben. Welcher Chef gibt einem «Knacki» einen Job? Welcher Vermieter eine Wohnung? Wer einmal gescheitert ist, erhält oft keine zweite Chance. Eine dritte schon gar nicht.

Nach dem bethanischen Geist trauen wir den Menschen die Bekehrung, das Gute zu. Aber würde ich eine Mitschwester mit einer kriminellen Vergangenheit auch akzeptieren? Ehrlich gesagt könnte es sogar sein, dass vorbestrafte Frauen längst um mich sind! Denn bei den Dominikanerinnen von Bethanien darf jede ihre Vergangenheit für sich behalten – ein wichtiger Schutz, der einst noch viel existenzieller war.

Pater Lataste legte im Lauf der Woche, die er mit «seinen Schwestern» verbrachte, alle Befangenheit ab. Warum? Weil er von der Liebe Gottes überzeugt war? Oder hatte er die Fähigkeit zu lieben? Letzteres nehme ich eher an. Damit verbunden waren seine Erfahrungen, die er mit den «Verbrecherinnen» machte. Es gibt kein besseres Korrektiv für die eigenen Vorurteile als den Kontakt mit der Realität. Das dachte ich auch, als die Pegida-Bewegung in Sachsen so großen Zuspruch fand, wobei sie sich noch auf die «christlich-abendländische Tradition» berief! Vielleicht sollte man als Gegenmaßnahme (abgesehen von flächendeckenden Entspannungskursen) den Ausländeranteil in Sachsen deutlich erhöhen, damit die Menschen sich ihrer Angst endlich stellen.

Der Pater hatte ebenfalls eine besondere Idee: Er wollte Strafgefangene zu Heiligen machen, und das bedeutete eine moralische Revolution. Und wie jede Revolution erschien sie vielen seiner Zeitgenossen als Zumutung. Im besten Fall gab ein anständiger Christ Almosen an «solche Leute». Sie aber als gleichwertig zu betrachten, als Familienmitglieder? Niemals. Lataste verstand jedoch, dass die Frauen nur so eine Chance hatten. Am Ende der Einkehrtage versprach er ihnen zurückzukehren. Bis dahin sollten sie, seine Schwestern, beten und die Übungen vollziehen, die er ihnen beigebracht hatte, als lebten sie bereits in einem Kloster und er wäre ihr Abt. Bei seiner Abschiedsrede dankte er ihnen für das *Wunder*, das er hatte erleben dürfen: «Manche mögen sich ohne Zweifel jetzt fragen: Welches Wunder meint er? Ah – ich habe gesehen, wie dieses Gefängnis – ein Ort des Horrors und der Angst – sich in einen Ort der Herrlichkeit und des Glücks verwandelt hat.»

Nach der Einkehrwoche in Cadillac stand für ihn außer Frage, dass spirituelle Erleuchtung nicht genügte, es bedurfte auch gesellschaftlicher Konsequenzen. Und er hatte eine zweite geniale Idee: Er beschloss, eine Gemeinschaft zu gründen, in der weibliche Exhäftlinge gemeinsam mit «unbescholtenen Frauen» leben sollten. Diese Gemeinschaft sollte «Haus Bethanien» heißen, denn dort hatte nach der Überlieferung der Evangelien später Magdalena mit ihren unbescholtenen Geschwistern Lazarus und Maria gelebt. Sie sollte auch die Patronin des Ordens werden. Eine solche Einrichtung bedeutete, dass die Frauen nach ihrer verbüßten Haftzeit eine Anlaufstelle hatten, zudem würde ihr Vorleben mit dem Eintritt in die Gemeinschaft vollständig vergessen sein. Die Schuld war vergeben, die Strafe abgesessen, ein neues Leben konnte beginnen. Die Umwelt reagierte auf diese Gedanken, wie nicht anders zu erwarten, mehr oder weniger entsetzt. Latastes Eltern waren der Meinung, dass er (wieder einmal) Flausen im Kopf hatte, und sein Vater erklärte: «Was meinst du wohl, was die Leute von einem Kloster halten, wenn sie hören, dass die Schwestern dort Diebinnen, Trinkerinnen und Kindesmörderinnen sind? Die werden euch die Fensterscheiben einwerfen!»

Man hielt den jungen Dominikaner für einen Träumer. Dabei hatte Jesus, ich sagte es schon, gerade mit den Zöllnern und Dirnen Umgang gehabt, und eine von ihnen hatte er sogar geheiligt! Sein Prior hielt ihm entgegen, dass es Häuser für ehemalige Sträflinge gäbe. Dort bekämen sie Unterkunft, zu essen, zu trinken und sogar Arbeit!

«Aber die Frauen haben in diesen Häusern auch ihre Vergangenheit dabei», erwiderte der Pater. «In der ganzen Stadt ist bekannt: Hier hausen die Verbrecherinnen!»

«Und im Haus Bethanien weiß man das nicht?», fragte sein Prior ironisch.

«Unsere Zeit spricht ständig von der Gleichheit aller Menschen. Dafür hat es sogar eine Revolution gegeben!» Pater Lataste meinte die Französische Revolution. «Aber entlassene Sträflinge sind bei der Gleichheit offenbar vergessen worden.»

Sein Prior seufzte und leitete die Idee an den Provinzial (Klosterisch: Niederlassungsleiter) weiter. Der wiederum schob den unbequemen Vorschlag ab zum Erzbischof von Bordeaux. Nach einer Versammlung des Erzbischöflichen Rates wurde Lataste schließlich aufgefordert, seine Gedanken zu begraben. Das Hauptargument: Wie sollten die höheren Töchter der Umgebung jemals in einen Orden eintreten, wo man sie mit Zuchthäuslerinnen verwechseln könnte?

Pater Latatste sagte später immer wieder, sein «Haus ohne Gitter» sei Gottes Idee gewesen. Er war aus diesem Grund nicht sonderlich frustriert über den Gegenwind, vertraute darauf, dass Gott es schon zustande bringen würde. Er verfasste eine Broschüre unter dem Titel *Die Rehabilitierten* und verschickte sie. Die Essenz seiner Schrift: Wer Menschen diskriminiert, legt der Liebe Gottes Fesseln an. Und siehe da: Er bekam Zuspruch und Unterstützung. Bischöfe anderer Diözesen erhoben ihre Stimme und befürworteten sein Projekt. Ganz aus dem Häuschen, hielt er ein zweites Mal Besinnungstage in Cadillac ab. Ein Dutzend Frauen stellten daraufhin den Antrag, der (zukünftigen) Gemeinschaft als Kandidatinnen beizutreten. Dann ging es Schlag auf Schlag. Im Frühjahr 1866 erhielt er die Erlaubnis, seine Gemeinschaft zu gründen. Im richtigen Moment fand er auch die richtige Person, Mutter Henrika-Dominika, die er bat, der Gemeinschaft vorzustehen.

Sie brauchte ein paar Tage, um gegen ihre eigenen Vorurteile zu kämpfen, dann sagte sie zu. Sie war es, die Bethanien formte. Von Pater Lataste kam die Inspiration, von ihr die Umsetzung. Im Juli unterschrieb er den Kaufvertrag für ein Anwesen in Frasne-le-Château in der Nähe von Besançon, im östlichen Frankreich: ein Haus, bezugsfertig, mit Nebengebäuden, Abstellräumen, einem kleinen Park, Gemüsegarten und Teich. Ein Jahr danach zählte die Gemeinschaft bereits zwölf Frauen, davon vier ehemalige Strafgefangene. Doch so schnell wie Bethanien wuchs, so schnell verausgabten sich die Lebenskräfte ihres Gründers. Fünf Jahre nach seinem ersten Besuch im Gefängnis starb Jean-Joseph Lataste im März 1869 im Alter von nur vierunddreißig Jahren.

Seine «lieben Schwestern» zogen später nach Montferrand um, in den Süden des Landes, wo sie heute noch leben, und nahmen seine Gebeine mit. So hatte er es sich gewünscht, bevor er starb. Er ruht jetzt in der Kapelle des Klosters, und stets steht ein Strauß frischer Blumen auf der einfachen Grabplatte im Fußboden. Er ist mitten unter den Schwestern. Ich finde das wunderschön, diese Gemeinschaft über den Tod hinaus. Ich habe den Ort einmal besucht, am Tag seiner Seligsprechung im Jahr 2012. Ich stand dort, als Dominikanerin von Bethanien, und ich sah die vielen Briefe, die Menschen immer noch schreiben und auf sein Grab legen, weil sie fest daran glauben, dass er sie lesen und ihre Bitten vor Gott tragen wird. Ich legte keinen Brief dazu. Aber ich dankte ihm von ganzem Herzen, dass er gelebt hatte und ich ihm begegnen durfte – in seiner Gemeinschaft.

In dem Kinderdorf des Ordens kam alles zusammen, was ich mir für mein Leben gewünscht und vorgestellt hatte. Mich faszinierte das Mitten-im-Leben-Stehen dieser Gemeinschaft, und das beschränkte sich nicht darauf, dass ich entlaufene Hühner über den Zaun hievte. Mich tröstete die Offenheit und Liebe, mit der man mir begegnete und mich aufnahm. Nach der jahrelangen Abgeschiedenheit im dänischen Kloster tat das meiner Seele wohl. Die Welt war wieder farbig. Mein Weg zu Gott musste kein Entweder-oder sein, es war möglich, alles zu verbinden, was mir am Herzen lag. Ich hatte das Gefühl: Ich bin angekommen. Aber gleichzeitig leckte ich meine Wunden, war voller Selbstzweifel. Was hatte ich schon zu geben? Ich denke, diese Frage stellen sich viele Menschen, in ihrem Beruf, in ihren Familien. Wer bin ich schon, was kann ich beitragen?

«Du kannst so viel beitragen», erklärte mir Elisa, als ich ihr wieder einmal meine Selbstzweifel anvertraute. «Denke mal an die Geschichte von der armen Witwe!»

Jesus sitzt in dieser Geschichte im Tempel beim Opferkasten und schaut zu, wer Geld in ihn hineinlegt. Er stellt fest, dass einige Reiche große Summen spenden. Dann kommt die arme Witwe. Sie hat nur zwei kleine Münzen bei sich und wirft beide hinein. Jesus ruft seine Jünger herbei und sagt: «Diese arme Witwe hat mehr gegeben als alle anderen zusammen. Denn die Reichen haben nur von ihrem Überfluss etwas abgegeben. Es tat ihnen nicht weh. Die Frau aber gab alles, was sie hatte. Daher ist ihr Opfer größer.»

Schwester Elisa machte mir klar: Es musste nicht immer ein großes Opfer sein. «Auch kleine Schritte, kleine Taten können die Welt ein bisschen reicher machen, du musst sie nur tun.» Wir saßen beim Abendessen, und sie war schon beim Nachtisch, während ich noch grübelte.

«Aber ich weiß nicht, was ich tun kann», klagte ich hilflos, denn meine Gedanken drehten sich im Kreis.

«Du bist hier, um das herauszufinden. Nimm dir die Zeit, die du brauchst. Hole dir Unterstützung. Alles andere ergibt sich dann schon», sagte sie und strich kurz über meinen Arm. Sie schaute mir liebevoll in die Augen und nickte bekräftigend. Dann widmete sie sich wieder ihrem Pudding. Ihr unerschütterliches Vertrauen tat mir gut.

Nach und nach begriff ich, dass die arme Witwe aus dem Gleichnis alles, was sie hatte, aus Liebe hergab. So wie Magdalena. Es war nicht viel, was sie anbieten konnte. Nicht anders war es bei mir. Ich hatte keinen weltlichen Besitz, ich hatte nichts zu geben, und ich hatte wahrlich nichts erreicht. Meine Klosterkarriere war gescheitert noch vor der ersten richtigen «Beförderung». Aber ich war hier, und ich stellte fest: Ich wollte noch immer mit Gott leben.

«Du hast recht», seufzte ich schließlich, «alles andere wird sich ergeben.»

«Aber du kannst dir jetzt schon einen Pudding nehmen.» Elisa deutete mit ihrem Löffel auf das letzte Schälchen. «Bevor ich es tue!»

Das ließ ich mir nicht zweimal sagen.

Heute weiß ich, selbst wenn ich mich innerlich arm fühle, kann ich trotzdem eine Menge geben: Ich kann einen Fremden anlächeln oder in der Fußgängerzone einen Menschen umarmen, obwohl ich das, ehrlich gesagt, noch nie gemacht habe. Ich schaue mir aber mit großer Faszination Videos über Free-Hugs-Aktionen an. Ein Baum tut es vielleicht auch, und die Wissenschaft hat festgestellt, dass das Umarmen von Bäumen das Immunsystem stärkt! Man kann seinen Kopf gebrauchen statt der Fäuste. Das Gespräch suchen, statt zu verstummen. Etwas umsonst für jemanden tun. Eine Tasse Tee trinken mit einem Menschen aus dem Nachbarhaus. Einer älteren Dame die Einkäufe nach Hause tragen. Einem Kind bei den Hausaufgaben helfen. Man kann einen alten Freund anrufen, jemandem zuhören, der Probleme hat. Geld verschenken an einen Menschen, der es braucht. Einer Flüchtlingsfamilie Freundschaft und Hilfe anbieten.

Die arme Witwe ist für Jesus Vorbild einer Großzügigkeit des Herzens. Der Reiche hingegen ist für ihn aber nicht nur der Materialist, sondern auch der, der mit seiner Liebe geizt. Wer sein Herz verkauft, der wird innerlich kalt. Wer alles festhalten möchte, hat die Hände nicht mehr frei, etwas anzustoßen. Und wie man dem Motto «Geiz ist geil!» folgen kann, ist mir sowieso schleierhaft. Geiz macht eng und unglücklich, man selbst gönnt sich nichts und anderen schon gar nicht.

Arme Menschen teilen oft miteinander, und zwar alles, was sie haben, ganz selbstverständlich. Das sollte unser Vorbild sein, wenn es zum Beispiel um Flüchtlinge geht. 2014 gab es in Deutschland pro 1000 Einwohner etwa 1,25 aufgenommene Kriegsvertriebene. So die Schätzung der Nichtregierungsorganisation Pro Asyl. Da kann man schon Angst um die Kultur des Abendlands bekommen, oder? Im Vergleich dazu: Im Libanon ist mittlerweile jeder fünfte Einwohner ein syrischer Flüchtling! Die Türkei nahm 1,5 Millionen (!) Menschen auf. Ähnlich viele andere Länder, die längst nicht so wohlhabend sind wie wir. Ich denke, der Untergang des Abendlands könnte ein ganz anderer sein: Wenn wir mehr und mehr erkalten und keine

Empathie mehr empfinden können für unsere Mitmenschen – ganz gleich, ob Freund oder Fremder. Dann heißt es nur noch: Jeder kämpft für sich allein. In diese Richtung gehen wir, und es tut not, dem gegenzusteuern.

Gott mag aber auch das Kleine und Mickerige. Das hatte ich in Dänemark völlig aus den Augen verloren. Unsere ganze Gesellschaft verliert es immer wieder aus den Augen. Wir beten die Großen und Mächtigen an, beneiden die Reichen und die Helden, wollen auf Traumschiffen reisen, anstatt das Unscheinbare zu beachten und wertzuschätzen. Wir wollen die Prachtstraße zum Paradies nehmen, nicht die krummen und beschwerlichen Nebenstraßen Richtung Himmel. Ähnlich musste ich lernen, mit meinem Scheitern freundlich umzugehen. Mit dem Wenigen, das ich Gott anzubieten hatte.

Pater Lataste glaubte daran, dass Wissenschaft und Vernunft die Dunkelheit vertreiben, die Unwissenheit besiegen würden. Er war sicher, dass die Menschheit dann begreifen würde, dass wir ein einziger Leib, dass alle Menschen Brüder und Schwestern sind – was immer unsere Talente, unser Vaterland, ja sogar unser Glaube sein würde. Wissenschaft und Vernunft ohne Herz bewirken jedoch das Gegenteil.

Es dauerte Jahre, bis ich tief im Inneren eine wirkliche und freie Entscheidung für meinen (neuen) Orden und für das Verbleiben in der Kirche treffen konnte. Trotzdem habe ich nach kurzer Zeit einen schriftlichen und mündlichen Antrag auf Kandidatur bei den Dominikanerinnen von Bethanien e. V. gestellt. Dann musste ich warten, denn wie in jedem Verein entscheiden die Mitglieder darüber, ob ein Aufnahmeantrag angenommen oder abgelehnt wird. Es wurden Gespräche über mich geführt, an denen ich nicht teilnehmen durfte. Was, wenn sie mich nicht wollten? Schließlich wurde ich der Generalpriorin vorgestellt, der obersten Chefin aller Bethanien-Häuser.

«Es ist wichtig», sagte sie, «dass du prüfst, ob du dich mit dem identifizieren kannst, was unser Ordensgründer erlebt und beschrieben hat. Es ist noch wichtiger, dass du dir ganz sicher bist, dein Leben mit Gott im Orden teilen zu wollen. Er würde dich auch mögen, wenn du ein anderes Leben wählst.»

«Ich fühle mich Pater Lataste sehr nahe», erwiderte ich. «Ich habe das Gefühl, dass auch ich hier ein Wunder erleben darf. Doch ich war mir schon einmal ganz sicher und habe mich dennoch geirrt.»

«Das kann jedem passieren», sagte sie trocken, «da konntest du wirklich nichts dafür! Pater Lataste hat gesagt: ‹Handle wie jemand, der sich bedingungslos geliebt weiß.› Verstehst du, was das bedeutet?»

Ich schaute sie an. Bisher hatte ich Liebe nur zu bestimmten Bedingungen kennengelernt, und diese Bedingungen hatte ich nicht erfüllen können und wollen.

«Ich fühle mich geliebt, und ich möchte lernen, immer mehr zu lieben», sagte ich, und dann fielen wir uns in die Arme.

Meine damaligen Oberinnen nahmen meinen Wunsch ernst, sahen aber auch, dass ich Zeit brauchte. So wurde entschieden, dass ich als Kandidatin im Orden leben durfte, aber gleichzeitig meine Familie und Freunde sehen, ins Kino gehen und schauen sollte, wie die Dinge sich entwickeln würden. Nie wieder wäre ich in ein beschauliches Kloster eingetreten. Ich brauche Luft zum Atmen und einen gewissen Grad an Freiheit, dann lasse ich mich gern einbinden – und so ist es bis heute geblieben. Doch zugleich war mir die Freiheit fast wieder zu viel, am liebsten hätte ich gleich den nächsten Schleier auf dem Kopf gehabt. In anderen Momenten bildete ich mir ein, dass meine neuen Mitschwestern mich auf Abstand halten wollten. Erst mit der Zeit konnte ich ihre Klugheit und Fürsorge darin erkennen, mir Raum zu lassen. Ihrer unvoreingenommenen und liebevollen Offenheit ist es sicher zu verdanken, dass ich blieb. Wie Elisa mir nahegelegt hatte, begann ich das Trauma meines ersten Klosterwegs in einer Therapie aufzuarbeiten. Etwas, wofür ich sehr dankbar bin, denn ich bin davon überzeugt, dass jeder Mensch in Krisen Hilfe benötigt. Jemanden, der empathisch und gleichzeitig distanziert hilft, die Lebensunordnung zu strukturieren, zu heilen und die eigenen Ressourcen wieder zum Sprudeln zu bringen.

Aus dem Kinderdorf, in dem ich meine ersten Schritte des neuen Weges gefunden hatte, zog ich um in ein anderes Kinderdorf in Waldniel, in der Nähe von Mönchengladbach. Hier war das Noviziat, und hier lebe ich bis zum heutigen Tage – mit einigen Jahren Unterbrechung, in denen ich zum Studium in einen anderen Konvent einzog. Der Umzug bedeutete zwar einen Abschied von Schwester Elisa und den anderen, aber anders als zuvor wusste ich, dass ich jederzeit mit ihr telefonieren, sie besuchen und ihr schreiben durfte, und das tun wir bis heute. Wir sind in ein und derselben Familie zu Hause. Ein gutes Gefühl.

9. Wer barfuß unterwegs ist, kann sich leicht die «Dominikokken» einfangen

«Zwei Eintrittskarten, bitte.» Antonia und ich standen an der Kasse des Kunstmuseums Düsseldorf, wir wollten uns ein wenig kulturell bilden.

«Haben Sie eine Ermäßigung?», fragte die Dame an der Kasse.

«Klar!», antworteten wir wie aus einem Munde, und jede von uns kramte ein DIN-A4-Blatt in Klarsichtfolie aus dem Rucksack. Antonia und ich waren unzertrennlich geworden. Sie war ein paar Jahre jünger als ich, hatte mittellange dunkelblonde Haare, strahlend blaue Augen, eine Stupsnase und ein paar Sommersprossen, die je nach Wetterlage mehr oder weniger kräftig waren. Sie hatte gerade ihr Studium beendet und war dann auf Bethanien gestoßen, hatte sich, wie ich, die «Dominikokken» eingefangen und war eingetreten. Wir waren ungefähr gleichzeitig in den Konvent nach Waldnicl gekommen, das verband uns. Es war wohltuend, eine Gleichgesinnte zu haben, denn obwohl ich meiner Freundin einiges an Ordenserfahrung voraushatte, war hier doch alles ganz anders. Die Frau an der Kasse nahm interessiert das Blatt in Augenschein und studierte es ausgiebig. Auf dem Papier wurde mit Unterschrift und Stempel bescheinigt, dass wir Schwestern in der Ordensausbildung waren, also echte Azubis. Dann runzelte sie die Stirn.

«Was ist das für ein Wappen?», fragte sie und zeigte auf das schwarz-weiße Lilienkreuz auf dem Dokument.

«Das ist das Wappen der Dominikaner und Dominikanerinnen.»

«Sie sind Schwestern in der Ausbildung? Was heißt das?» Die Dame an der Kasse konnte es noch immer nicht so richtig glauben.

«Wir wollen Ordensschwestern werden, und da wir noch am Anfang stehen, sind wir anerkannte Auszubildende.»

Die Museumskassiererin reichte uns die Ausweise zurück. «Aber Sie sehen gar nicht aus wie Schwestern.»

«So? Wie müssen Schwestern denn aussehen?», fragte ich betont unschuldig.

«Na, mit so einer, äh, Kutte. Und einem Schleier.»

Vor nicht allzu langer Zeit hatte ich noch ähnlich gedacht. Schwestern tragen Habit, schauen demütig nach unten, fahren uralte Autos, kaufen Birkenstock-Schuhe und kommen nicht klar am Fahrkartenschalter. Nonnen-Klischees können aber auch nützlich sein: Fragt mich etwa das Fernsehen als Schwester an, werde ich meist darum gebeten, im Ordensgewand aufzutreten, um so das Bild einer «modernen» Ordensfrau abzugeben, nach dem Motto «Neuer Wein in alten Schläuchen». Auch hat mir einmal ein Polizist ein Knöllchen erlassen, als ich im Habit Auto fuhr (um des Himmels willen) – und ich habe nicht darauf bestanden, es zu bezahlen. In manchen Kreisen wird mir viel Respekt und Vertrauensvorschuss entgegengebracht, was mir peinlich ist. Einmal wollte im Bus ein älterer Herr sogar aufstehen, um mir, der jungen Frau, einen Platz anzubieten. Sehr nett von ihm, aber ich fühlte mich nicht gut dabei. Und doch – würden Menschen dieses Buch lesen, wenn ich «nur» ich selbst wäre und nicht «Abgeordnete» einer mächtigen und altehrwürdigen, zugleich umstrittenen und manchmal verhassten Institution?

«Kutte und Schleier sind nur unsere Berufskleidung», klärte ich die Dame an der Kasse auf. Antonia und ich trugen Jeans und T-Shirt, jede in ihrer Lieblingsfarbe – Antonia in Blau, ich in hellem Grün. Allerdings waren wir beide nicht geschminkt und trugen auch keinen Schmuck, das ist im Ordensleben nicht üblich.

«Wir sind privat hier. Unsere Uniform haben wir zu Hause gelassen», ergänzte Antonia gelassen, und die Kassiererin fing an zu kichern. *Uniform …*

Antonia und ich hatten unsere Ausbildung gemeinsam begonnen, trotz Vorerfahrung musste ich jeden schon gemachten Schritt noch einmal durchlaufen. Die Kandidatur gefiel mir so sehr, dass ich vier Monate später an die Ordensleitung schrieb und darum bat, ins Postulat aufgenommen zu werden, zeitgleich mit Antonia. Zu unserer Freude erhielten wir beide eine Zusage. Es gab eine kleine Zeremonie im Esszimmer, das auch hier Refektorium hieß, und nach einem gemeinsamen Gebet bekamen wir die Konstitutionen und die Ordensregel (diesmal die des heiligen Augustinus) überreicht. Wir unterschrieben eine schriftliche Beitrittserklärung, mit der Einschränkung versehen, dass wir in diesem Stadium die Ausbildung noch jederzeit beenden konnten – umgekehrt galt das übrigens auch.

Das Postulat dauert unterschiedlich lange, mindestens aber sechs Monate, bei Antonia und mir waren es neun. Wir wollten gemeinsam eingekleidet werden, doch für Antonia gab es vorher noch eine Diplomarbeit zu schreiben, sie hatte Naturwissenschaften auf Lehramt studiert. Schließlich war es aber so weit und wir konnten uns auf unsere Einkleidung freuen, die uns auch äußerlich zu Mitgliedern des Ordens machen würde. Eines Ordens, der eine wechselhafte Geschichte hat.

Dominikus (1170–1221) selbst war ein Zeitgenosse des Franz von Assisi, und als junger Priester kam er in Südfrankreich in Kontakt mit Albigenser-Predigern, die sich radikal von der Kirche abgewandt hatten – nicht ganz zu Unrecht. Das Bodenpersonal Gottes war dort nicht nur schlecht ausgebildet, sondern lebte – Überraschung – in Saus und Braus und auf Kosten der Bevölkerung. Die Albigenser hingegen waren gut ausgebildet und moralisch vorbildlich, auch Frauen durften die Schrift auslegen. Doch sie lehnten es ab, sich der Kirche unterzuordnen, im Grunde lebten sie einen völlig anderen Glauben. Darüber weiß man nur wenig, und das Wenige kennt man hauptsächlich aus Prozessakten der späteren Inquisition. Da es Religionsfreiheit noch nicht gab, wurden sie jedoch zu Ketzern erklärt. Dominikus trat ihnen entgegen, nicht mit Waffen (parallel lief ein blutiger Kreuzzug gegen die Albigenser), sondern mit dem Wort. Sein Erfolgsrezept ist schnell zusammengefasst: Leben wie die Ketzer, aber predigen wie die Heiligen. Sein Nachfolger, Jordan von Sachsen, beschreibt Dominikus auch als einfühlsamen Seelenführer: «Alle Menschen umfing er mit einer fast grenzenlosen Liebe, und da er allen mit Liebe begegnete, wurde er von allen geliebt. Sich zu freuen mit den Fröhlichen und zu weinen mit den Weinenden war seine Devise, strömte er doch über von Güte und Sorge für die Mitmenschen und von Mitleid mit den Unglücklichen.»

Dominikus wanderte durch Südfrankreich und disputierte überall mit den Albigensern, um sie zum wahren Glauben zurückzuführen. Er vertraute auf die Kraft der Predigt und des guten Vorbilds. Demut und Armut waren für ihn selbstverständlich, einmal veräußerte er all seine Bücher, um hungernden Menschen Brot zu kaufen. Bücher kann man nicht essen, war seine lakonische Bemerkung dazu. Anfangs mit Steinen beworfen, machte er sich bald als kluger und mitreißender Prediger bei den «Ketzern» einen Namen, und junge Männer begannen ihm zu folgen. Er gründete eine Gemeinschaft in Toulouse und ersuchte um Genehmigung einer Ordensgründung. Die aber wurde ihm verweigert. Der Papst befahl, er sollte eine schon bestehende Regel annehmen, und er wählte nicht die benediktinische, sondern die Augustinusregel. Die ist nicht so streng, viel kürzer und bietet mehr Raum für Interpretationen. Die Dominikaner verstanden sich von Anfang an als Gelehrtenorden zur Bekämpfung von Häresien.

Das Lilienkreuz selbst ist eines von zwei offiziellen Emblemen der dominikanischen Ordensgemeinschaften. Wir Schwestern tragen es nach unserer ersten Bindung als Kreuz um den Hals. Die Lilie ist ein Symbol der Reinheit, der Keuschheit. Doch zehn Jahre nach dem Tod des Dominikus wurde die Inquisition gegründet und dem Dominikanerorden übertragen. Auch der wenig schmeichelhafte Titel «Hunde des Herrn» (*domini canes*) stammt aus dieser Zeit und war absolut zutreffend, denn die Dominikaner wurden zu «Bluthunden» der Kirche, und ihr «Wild» waren Ketzer und Hexen. Meine reine Lilie findet sich also auf Grabsteinen von Inquisitoren, sogar auf Darstellungen von Ketzerverbrennungen, vor allem auf der Iberischen Halbinsel und in spanischen Kolonien. Was für ein finsteres Zeitalter war das, als Christen ihre Mitmenschen folterten und öffentlich verbrannten, angeblich um ihre Seele zu retten. Und dafür erdachten Dominikaner, darunter Thomas von Aquin, den philosophischen Überbau. Der Kirchenlehrer hat wunderbare Dinge über Gott geschrieben. Doch er behauptete auch, es sei besser, den Körper zu verbrennen und die Seele zu retten, als zuzulassen, dass ein Mensch weiter sündigte. Ein «Ketzer» würde ja jeden Tag aufs Neue die ewige Verdammnis riskieren.

«Manchmal bin ich es leid, ständig zu lesen, was wir Dominikaner alles verbrochen haben!» Energisch klappte Antonia das Buch zu, in dem sie gerade las. Wir beide hatten uns bei den sommerlichen Temperaturen in den Garten gesetzt.

«Diese Mönche, die den Hexenhammer geschrieben haben, das waren auch welche von uns!» Und sie erzählte mir von dem Hexenhammer, der den Höhepunkt des Ketzerirrsinns im 15. Jahrhundert darstellte und viele tausend Männer und Frauen auf den Scheiterhaufen gebracht hatte. Ein Buch, das theologisch begründen wollte, warum Hexen sadistisch gefoltert werden durften, mit praktischen Beispielen furchtbarer Art. «Eine Vision von Wahnsinnigen!», schnaufte Antonia empört. Es war ein schweres Erbe, das fand ich auch. «Ich verurteile niemanden, der aus der Kirche austritt», fügte sie noch hinzu.

Für mich hatte ich eine andere Entscheidung getroffen: «Ich möchte trotzdem ein sichtbares Mitglied der Kirche bleiben. Es hat auch immer die gegeben, die Jesus gefolgt sind. Und genau das können unsere Vorbilder sein.»

«Pater Lataste war definitiv einer von den Guten», stimmte Antonia mir zu, und ihr Gesicht hellte sich etwas auf.

«Ich würde auch nie eine Antwort im Namen der Kirche geben. Ich kann doch nur von mir sprechen», fuhr ich fort.

Antonia schwieg eine Weile, dann sagte sie: «Ich werde für alle Opfer der Inquisition beten und ihnen sagen, wie leid es mir tut.»

So war sie. Immer hatte sie einen praktischen Vorschlag zur Hand.

«Da mache ich mit!»

Heute werden keine Menschen mehr verbrannt, zumindest nicht in Europa, und der dominikanische Orden bekennt sich zu seiner Schuld. In einer Presseerklärung aus dem Jahr 2000 heißt es: «Wir wissen, dass der Geist von Inquisition und Hexenverfolgung – Diskriminierung, Ausgrenzung und Vernichtung Andersdenkender – auch heute latent oder offen in Kirche und Gesellschaft, unter Christen und Nichtchristen lebendig ist. Dem entgegenzutreten und sich für eine umfassende Respektierung der Rechte aller Menschen einzusetzen, ist unsere Verpflichtung, die wir Dominikaner den Opfern von Inquisition und Hexenverfolgung schulden. Das Provinzkapitel fordert alle Brüder unserer Provinz auf, unsere dominikanische Beteiligung an Inquisition und Hexenverfolgung zum Thema in Predigt und Verkündigung zu machen.»

Das ist ein mutiger und wichtiger Schritt gewesen, ein Anfang. Vor allem geht es um das Nichtvergessen, das immer ein Anfang sein kann fürs Bessermachen. Ebenso energisch muss der sexuelle Missbrauch durch Mitglieder der Kirche weiter aufgedeckt und in Zukunft mit allen Mitteln verhindert werden. Die Geschehnisse, die in den letzten Jahren ans Licht kamen, sind grausam. Viele führten diese Missstände aufs Zölibat zurück, vor allem Männer kämen damit nicht zurecht und würden die unterdrückte Lust dann an Kindern ausleben. Untersuchungen sind seither angestrengt und unternommen worden, ich selbst war Mitglied beim «runden Tisch» in Berlin zum Thema Prävention gegen sexuellen Missbrauch. Dabei zeigte sich, dass nicht das Zölibat allein verantwortlich für den massenweisen Missbrauch von Kindern und Jugendlichen ist, denn überall, wo Minderjährige betreut werden, besteht das Risiko, dass sexuell gestörte Menschen den Kontakt mit ihnen suchen. Mit Abstand finden die meisten Übergriffe in der Familie statt.

Hans Zollner, Präsident des Zentrums für Kinderschutz, spricht davon, dass von Angestellten der Kirche dennoch eine Gefährdung ausgeht, vor allem weil Machtmissbrauch kombiniert mit Verschweigen und Vertuschen zur Struktur der Kirche gehört, in der es zu wenige Kontrollmechanismen gibt, um die Opfer zu schützen. Der Jesuitenpater ist der Meinung, dass unter Priestern zum Teil absurde Vorstellungen herrschen, etwa dass man aufgrund der besonderen Weihe und Nähe zu Gott gar nichts Böses tun könne. Seiner Ansicht nach wird ebenso das Thema Sexualität nicht genügend in der Priester- oder Klosterausbildung behandelt.

Der Missbrauch an Minderjährigen geht besonders tief, weil diejenigen, die darunter zu leiden hatten und haben, kaum ein Selbstwertgefühl entwickeln können. Gerade die Kirche sollte heilen, schützen und wertschätzen. Und hier reichen Entschuldigungen auch nicht aus. Es braucht eine Kontrolle von Macht, es braucht transparente Verfahren, Beschwerdeinstanzen und Präventionsprogramme.

Wie Kirchenmänner der Vergangenheit gedacht haben und

wie sie teilweise bis heute denken, folgte einer völlig verdrehten Logik, und eigentlich ging es – wie so häufig – um Kontrolle. Die Kirche wollte entscheiden, wer in den Himmel kam und wer nicht, das gab ihr eine unglaubliche Machtfülle und verblendete sie.

Sehr eindrucksvoll wird das in *Der Großinquisitor* beschrieben, einer Art Legende innerhalb Fjodor Dostojewskis Roman *Die Brüder Karamasow*. Jesus kommt in ihr im 16. Jahrhundert auf die Erde zurück, doch nicht nach Jerusalem, sondern nach Spanien. Die Inquisition verbrennt dort täglich Menschen vor der Kathedrale. Die Autodafés (Klosterisch: Glaubensgerichte) sind zu grausigen Volksvergnügungen geworden, so wie in Rom einst die Menschen jubelten, wenn Christen den Raubtieren vorgeworfen wurden. An diesem Morgen erscheint Jesus vor der großen Kathedrale unter den Menschen, und seltsam – alle erkennen ihn, streben zu ihm hin, sammeln sich um ihn, folgen ihm nach. Auch der greise Großinquisitor ist dort, ein düsterer Geselle, und natürlich erkennt er Jesus genau wie die anderen. Doch anstatt vor Freude zu weinen und seinem Herrn die Füße zu küssen (wie Magdalena es getan hätte), lässt er ihn festnehmen und einsperren. In der Nacht wird er von Unruhe gepeinigt und sucht Jesus in seiner Kerkerzelle auf, aber nur um seine verdrehte Welt zu erklären.

Er empört sich. Gerade hätte man den Menschen beigebracht, gehorsam zu sein. Mühsam hätte man ihnen die Idee von Freiheit und Liebe wieder ausgetrieben, die Jesus ihnen eingepflanzt hatte mit seinem idealistischen, verblendeten Gutmenschentum. Ob er nun alles kaputt machen wolle, was *seine* Kirche so mühevoll aufgebaut hätte?

Der Monolog des Inquisitors ist vielleicht etwas überspitzt dargestellt, doch er erklärt die zynische Position aller Herrschenden dieser Welt, religiösen und weltlichen: Die von ihnen bevorzugte Ordnung kann nur Bestand haben, wenn Menschen

Sklaven bleiben. Dafür werden strenge Regeln aufgestellt, die aber selbstredend nicht für die da ganz oben gelten.

Auch heute wird gelogen, dass die Balken sich biegen, und kommt die Wahrheit dennoch heraus, hat das nur selten Konsequenzen für die Mächtigen. Tyrannen sind wieder en vogue, wer murrt, wird kaltgestellt. Sogar in unserer Demokratie werden die Reichen immer reicher, aber der Mindestlohn soll der Untergang unserer Wirtschaft sein. Die Geheimdienste (die weltliche Form der Inquisition) spähen die Menschen aus und kontrollieren, was wir tun, aber das geschieht offiziell nur, um Terrorakte zu verhindern. Nahrungsmittel- und Saatkonzerne wollen Armut in der Welt bekämpfen, wobei die Hälfte der hungernden Menschen enteignete Kleinbauern sind. Und immer wieder wird uns erzählt, dass Armeen und Waffen dem Frieden dienen, und wer profitiert davon? Doch nur die Waffenhändler.

Der Großinquisitor hat gute Gründe für sein Handeln, ohne dass er erkennt, dass sie durch die Bank weg egoistisch sind. Als er ausgeredet hat, wird es still im Kerker. Selbstgerecht wartet er auf die Antwort Jesu. Der geht still auf ihn zu und küsst ihn sanft auf die Lippen. Das ist alles. Der Greis ist so erschüttert, dass er Jesus freilässt.

Manchmal wünsche ich mir, dass die Menschen genauer hinschauen würden. Kirche ist kein homogenes Gebilde, sondern wie alle sozialen Gefüge und über die Zeiten hinweg gesehen äußerst heterogen. Vor allem ist die Kirche nicht Gott und auch nicht das, was Jesus wollte. Es gibt unendlich viele Gruppen und darin Individuen, die sich so oder so verhalten. Als Mutter Teresa von einem Journalisten einmal gefragt wurde, was sich in der Kirche ändern müsste, antwortete sie: «Sie und ich!» Und das kann ich unterschreiben.

Ich bin nichts Besonderes, nur weil ich ein Ordenskleid trage. Auf jeden Fall kein besserer Mensch, auch nicht höherstehend!

Manche sind erleichtert, andere enttäuscht, wenn sie feststellen, dass ich eine ganz normale Frau bin. Eine mit Fehlern, eine, die schlechte Laune hat, eine, die manchmal nicht mehr kann und die nicht jedem Bettler auf der Straße etwas gibt. Ich muss genauso daran arbeiten, meine Werte zu leben, meine Gottesbeziehung zu pflegen und ein guter Mensch zu werden wie jeder andere auch. Der Rahmen, mein Orden, den ich gewählt habe, hilft mir dabei. Und als Kirchenangehörige ebenso wie als Mensch möchte ich jeden um Verzeihung bitten, der durch die Kirche und ihre Mitglieder Schmerz und Unrecht erfahren hat!

Die Kirche hat einerseits etwas Starres, andererseits kommt es immer wieder zu Aufbrüchen und Aufbegehren, und jeder Christ hat das Recht und auch die Pflicht, sich einzumischen und Kirche mitzugestalten. Ich wünsche mir, dass wir aufhören nachzubeten, was andere uns einreden wollen. Ich wünsche mir freie, rebellische, herzliche, friedfertige, großzügige Christen, die für ihre Werte gemeinsam aufstehen. Wenn alle nur austreten, wird nichts erreicht. Doch ich muss zugeben: Hätte ich Bethanien nicht gefunden, hätte ich wahrscheinlich nicht nur dem Klosterleben den Rücken gekehrt. Wer weiß, ob ich dann nicht selbst ausgetreten wäre.

Austritt war jedoch das Letzte, was Antonia und mich zu dieser Zeit beschäftigte: nämlich der bevorstehende Eintritt. Und dazu gehörte auch der neue Habit. Die dominikanische Tracht besteht aus sechs Teilen: Unterrock, Tunika, Skapulier, Pellerine (Schulterumhang), Schleier und Gürtel. Weiße Socken oder Strümpfe sind erwünscht, ebenso angemessene Schuhe. Wenn man möchte, erhält man noch einen XXL-Rosenkranz mit fünfzig großen Holzperlen und einem Kreuz, den die Männer des Ordens an ihrem Gürtel tragen. Die Tunika ist das Grundgewand, das sich aus dem Alltagskleid im antiken Rom entwickelt hat. Sie wird mit einem

Gürtel aus hellem Leder gebunden, andere Orden, etwa die Franziskaner, benutzen dafür einen Strick mit drei Knoten. Das Skapulier ist ein langes Stück Stoff, das über den Kopf gezogen wird und vorn und hinten fast bis auf den Boden reicht – ursprünglich war es eine Arbeitsschürze. Spirituell symbolisiert es das Kreuz Christi, das jeder auf sich nimmt, der ihm folgen will – selbst wenn ich persönlich der Leidensmystik nicht so viel abgewinnen kann. Das Skapulier ist aber noch in anderer Hinsicht ein schwieriges Kleidungsstück, wenngleich es sehr schön aussieht, vor allem wenn es sich im Wind bewegt. Antonia und ich sprachen darüber mit Schwester Walburga, die unser Gewand nähte.

«Ihr müsst aufpassen, dass ihr nicht auf den Saum tretet», schärfte sie uns ein. Walburga hatte schon viel Habiterfahrung. Seit Jahrzehnten kleidete sie die Neuzugänge ein, ihrem prüfenden Blick entging nichts – wie passt der Halsausschnitt, auf welche Höhe kommen die Taschen des Unterrocks, hat der Saum den richtigen Abstand zum Boden? Sie war schon Anfang siebzig, aber noch sehr drahtig und mit klaren blauen Augen, die uns durch recht große Brillengläser musterten.

«Wie soll ich nicht drauftreten, die Dinger gehen doch fast bis zum Boden?» Ich hatte mir eins übergeworfen und schaute an mir hinunter.

«Deshalb: beim Treppensteigen immer hochhalten, damit ihr nicht stolpert. Und wenn ihr euch setzt, dann nicht auf das Skapulier. Schaut!» sagte sie, ließ sich auf einem Stuhl nieder, nahm dabei das hintere Ende nach vorne und faltete es auf den Knien unter dem vorderen Teil des Skapuliers zusammen. «So müsst ihr es machen.»

Es sah kompliziert aus, und wir probierten es beide. Nach einigen Versuchen bekamen wir es auch in einer recht flüssigen Bewegung hin.

«Spaghetti mit Tomatensauce kommen dann wohl auch nicht in

Frage?» Das war ein Gedanke, der mich am meisten beschäftigte, weil es mein Lieblingsessen war.

Schwester Walburga musterte mich kurz. Dann dachte sie einen Moment lang nach: «Am besten, du hängst dir was über, wenn du das isst. Besser ist besser.»

Das liebte ich an meinen Mitschwestern. Sie waren erfrischend ehrlich. Und die Warnung war schon berechtigt: Später passierte es, dass ich schnell ins Auto sprang, und am Ende der Fahrt war das untere Drittel des Skapuliers ein grauschwarzes Etwas, das sich als Straßenbesen versucht hatte. Ich muss das nicht weiter ausführen, und die Erfahrung zeigt, dass der helle Stoff unserer Ordenskleidung Flecken geradezu magisch anzieht.

Schwester Walburga reichte mir probeweise einen schwarzen Chormantel. «Den tragen oder, besser gesagt, trugen wir zu besonders festlichen Anlässen», erklärte sie, während sie an mir herumzupfte.

«Grundsätzlich schick!», warf Antonia ein und musterte mich bewundernd.

Ich drehte mich vor dem Spiegel. (Ja, Eitelkeit!) «Aber das Ding wiegt mindestens fünf Kilo», bemerkte ich und versuchte die Schultern zu heben, was von außen aufgrund der Schwere kaum sichtbar war. Doch ich musste zugeben, dass ich auch beeindruckt war. Ich kam mir vor wie einem alten Gemälde entsprungen, gleich neben einer Katharina von Siena oder dem heiligen Dominikus, Mutter Dominika oder Pater Lataste. Aber Dominikus hätte sich in einer Jeans sicher auch nicht gerade wohl gefühlt.

«Ja, die Mäntel sind unpraktisch», stimmte Walburga zu. «Deshalb hängen sie meist auch im Schrank, und der befindet sich im Keller. Ich zeig ihn euch später, falls ihr mal einen tragen wollt.»

Mein erstes Gewand in Dänemark war weiß und schwarz und schwer, fünf Meter Stoff, enger Kragen, fast wie eine Rüstung. Und weil Hildegard immer strengere Regeln einführte, bedeckte der Schleier schließlich nicht nur die Haare, sondern der ganze Kopf inklusive der Ohren steckte in einer Art weißer Skimütze, die nur das Oval des Gesichts freiließ. Dann kam erst der Schleier. Abends, wenn man ihn absetzte, tat die ganze Kopfhaut weh. «Haarwurzelerschütterung», wurde ich getröstet. Das war jetzt anders. Der neue Schleier wurde einfach wie ein Hut auf den Kopf gesetzt; eine Mitschwester, die Hutmacherin ist, hatte ihn entworfen. Mir saß er fast zu lose auf dem Kopf, und ich hatte das Gefühl, dass er jeden Augenblick herunterrutschen und ich plötzlich «oben ohne» dastehen könnte. Aber das ist nie passiert ...

Die praktische Bedeutung des Ordensgewands liegt darin, dass die Zusammengehörigkeit betont wird und die Individualität zurücktritt. Sonst hätten wohlhabende Ordensmitglieder wahrscheinlich jeweils ihre eigene Modenschau abgehalten und Kleider aus Samt und Seide getragen. Anfangs wurde das «Gleichmachen» noch sehr streng gehandhabt: Es gab eine Kleiderkammer und entsprechende Zuteilungen, eigene Wünsche wurden ignoriert. Nach Reinigung der Gewänder konnte man also eines mit vielen Flicken ausgehändigt bekommen (nur Motten durften nicht drin sein). Offenbar kam es häufig zu Klagen über die Zuteilungen, weswegen die Regel ausdrücklich mahnt: «Wenn ihr um die äußere Ausstattung eures Leibes Streit bekommt, wäre das kein Beweis, dass an der inneren Ausstattung eures Herzens noch allerhand fehlt?» Wie wahr!

Eine Kleiderkammer haben wir auch heute noch im Kinderdorf, allerdings nur für gespendete Kinderkleidung. Meine eigenen Sachen kaufe ich gern secondhand, oder ich freue mich, abgelegte Stücke von Freunden oder Bekannten weiter tragen zu können, denn die wenigsten Sachen sind wirklich abgenutzt. Für Habite gilt das nicht mehr. Jede Schwester bekommt zwei eigene, und die werden individuell maßgeschneidert. Es gibt aber in Rom auch tolle Läden mit Ordens- und Priesterkleidung «von der Stange», gleich neben dem Pantheon.

Mit der Zeit haben die über tausend Ordensgemeinschaften, die es weltweit gibt, ihren eigenen Dresscode entwickelt, es überwiegen dabei die Farben Weiß, Grau, Schwarz und Blau (die Farbe der Muttergottes), selten Grün oder Rot. Wer schon einmal in Rom gewesen ist, kann das ganze Farbspektrum der Ordenslandschaft bewundern, dort gibt es ja fast mehr Kirchen als Wohnhäuser. Das bunteste Beispiel, das ich kenne, sind die Redemptoristinnen (ihr Orden wurde 1732 in Italien gegründet): knallrote Tunika, leuchtend blaues Skapulier. In Holland gibt es aber auch die «Rosa Schwestern», die tatsächlich in ein helles Rosa gekleidet sind.

Dass Franziskaner eine braune und Dominikaner cremefarbene beziehungsweise weiße Kleidung tragen, hat mit ihrem mittelalterlichen Ursprung und dem Armutsgelübde zu tun. Die beiden «Bettelorden» wollten sich bewusst absetzen von den Modenschauen der Amtskirche; braune oder ungefärbte Stoffe waren im Mittelalter billig, gleichzeitig war rohgewebte Wolle besonders strapazierfähig. Nach einer Legende soll die Gottesmutter höchstpersönlich Dominikus das Schnittmuster unserer Ordenskleidung gezeigt haben. Solche Geschichten dienten dazu, zu demonstrieren, dass man einen ausgezeichneten «Draht nach oben» hatte, denn es existierte auch viel Konkurrenz unter den Gemeinschaften.

Jedenfalls trug sich das neue Gewand im Vergleich zu dem vorherigen fast wie eine Freizeit-Kutte! Und es war und ist sehr beeindruckend, wenn eine «Pinguin-Prozession», wie wir es liebevoll nennen, sich in vollem Ornat in Richtung Kirche bewegt. Jedes Mal ist es auch etwas Besonderes, wenn man irgendwo auf der Welt einen Bruder oder eine Schwester trifft, der oder die dasselbe Kleid trägt; in Rom und in Istanbul ist mir das bislang passiert. Das ist dann wie ein Treffen mit der Verwandtschaft.

«Weißt du schon, welchen Namen du wählen wirst?», fragte mich Walburga bei der zweiten Anprobe. Der Tag der Einkleidung rückte näher ... Bewusst hatte sie einen Moment für das Gespräch gewählt, in dem ich allein zu ihr gekommen war. Ich stand mit abgespreizten Armen vor dem Spiegel, und sie steckte die Länge der Ärmel ab. Dabei kniff sie die Augen zusammen und runzelte die Stirn vor lauter Konzentration.

«Nicht wirklich», seufzte ich. Sollte ich bei Schwester Franziska bleiben? Meinen Taufnamen behalten? Einen neuen Namen suchen? Und wenn ja, welchen?

«Ich gebe dir mein altes Namensbuch, das hat mir damals sehr geholfen», bot Schwester Walburga an. Einen altertümlichen Namen wie Immaculata oder Augustina wollte ich ganz bestimmt nicht, dankte ihr aber für das Angebot.

«Was bedeutet Walburga eigentlich?», fragte ich nach einer Weile.

«Wehrhafte Burg», presste Walburga mit Nadeln zwischen den Lippen hervor. Ich musterte die schmale Person neben mir von oben bis unten. Sie ging mir nur knapp bis zur Schulter.

«Aha. Na, innerlich wahrscheinlich», kommentierte ich dann. Im Spiegel begegneten sich unsere Blicke, wir prusteten gleichzeitig los.

Antonia hatte sich entschieden, ihren Taufnahmen zu behalten und einen weiteren Namen dazuzunehmen: Antonia-Maria. Ich wälzte Walburgas Namensbuch, las Heiligenbiographien und tauschte mich mit den anderen aus. Das war ein bisschen so wie das Kartenspiel Quartett mit Autos: Der eine Heilige hat mehr PS, der andere mehr Hubraum. So ähnlich jedenfalls. Wir hatten viel Spaß dabei.

Aber dann geschah es ganz anders: Es war während der Kandidatur üblich, jeden Tag für eine halbe Stunde in die Anbetung zu gehen. Die Bänke unserer Kirche sind im Halbrund um den Altar gebaut, darauf befindet sich in einer Monstranz die Hostie, die den Leib Christi darstellt. Ich kniete im Mittelgang genau gegenüber. Das Sonnenlicht schien durch die hübschen Glasfenster und warf buntes Licht auf die weiße Wand des Altarraums. Die Geräusche des Kinderdorfes waren vor der Tür geblieben. Ich war mittendrin und doch ganz allein mit Gott. Ich liebte diese halbe Stunde, denn sie hatte ihre ganz eigene Atmosphäre, und auch wenn ich nicht mehr beschaulich lebte, genoss ich doch die stillen Momente des Gebets, die Zwiegespräche mit Gott, dem ich noch immer alles anvertraute, was mich bewegte und umtrieb. Die Präsenz Jesu ließ mich ruhig werden, und ein Gefühl von Geborgenheit breitete sich in mir aus. Auf einmal schoss mir ein Gedanke durch den Kopf: Ich soll Jordana heißen.

Wenige Wochen zuvor hatte ich das *Büchlein über die Anfänge des Predigerordens* gelesen, das von dem zweiten Ordensmeister der Dominikaner, dem seligen und schon erwähnten Jordan von Sachsen, verfasst worden war. Er hatte in Paris einen Lehrstuhl für Theologie und war im Jahr 1219 mit Dominikus zusammengetroffen. Kurz darauf zog er los, um selbst Mönch zu werden. Innerhalb des Ordens machte er schnell «Karriere», denn der heilige Dominikus starb schon kurze Zeit nach seinem Eintritt, daher ist über ihn auch nur so wenig bekannt. Jordan wurde beauftragt, das Generalkapitel, die höchste rechtliche Instanz des Ordens, zu besuchen, und wurde dort zum Nachfolger von Dominikus gewählt. Jordan, so hieß es, hatte ein ausgesprochenes Talent, junge Männer, vor allem Studenten, für den Orden zu begeistern. Kam er in eine Universitätsstadt, warnten die Professoren ihre Studenten, sich ja nicht seine Predigten anzuhören, Mütter hielten ihre Söhne fest, die zu ihnen gehen wollten. Dennoch gingen in kürzester Zeit die Habite aus. Also verfügte Jordan, das zu teilen, was man hatte. Der eine bekam ein Skapulier, der andere den Rosenkranz. In seiner Zeit als Ordensmeister soll Jordan tausend Novizen eingekleidet haben.

«Hm, ist das nicht etwas anmaßend, mich in deine Fußstapfen zu stellen?», fragte ich. «Soll ich etwa neue Novizen anwerben?»

Jordan schwieg freundlich. Das konnte ich so oder so deuten. Also machte ich einen Deal mit ihm: «Wenn ich so heißen soll wie du, dann musst du uns bis zum 30. Juni eine neue Kandidatin schicken.» Und ich dachte: Soll er mal machen.

Mitte Juni erschien eine junge Frau im Kloster, die unbedingt eintreten wollte und dies später auch tat. Für mich stand damit fest: Ich würde Jordana heißen. Die weibliche Form von Jordan. Ich war überglücklich: Zum ersten Mal seit meiner Klosterkrise hatte ich wieder stark das Gefühl: Gott ist bei mir. Im Überschwang meiner Freude und weil ich es toll fand, wie die großen Heiligen noch einen Namenszusatz wählen zu dürfen, wollte ich «Jordana von Jesus» heißen. Denn ER war derjenige, dem ich mich verschrieben hatte.

Während meiner Nahost-Reise habe ich den Ort besuchen dürfen, an dem mein Namenspatron 1237 gestorben ist, in Akko, im heutigen Israel. Jordan war ins Heilige Land aufgebrochen, um dort seine Ordensbrüder zu besuchen. Auf der Rückreise geriet sein Schiff in einen schweren Sturm, kenterte und sank. Seine gefundene Leiche bestattete man in einer Dominikanerkirche in Akko, von der aber niemand mehr weiß, wo sie einst stand; sie wurde im Zuge eines Glaubenskriegs zerstört. Zu gern wäre ich damals in eins der vielen kleinen Touristenboote gestiegen und aufs Meer hinausgefahren, doch man riet mir ab. Stattdessen setzte ich mich auf einen Felsen am Meer und betete. Anschließend ging ich schwimmen, und ich fühlte mich meinem Namenspatron sehr nah.

«Ihr Name ist Programm», flüsterte man in der Kirche, als der Name Jordana zum ersten Mal laut verkündet wurde. Zwar habe ich es bis jetzt noch nicht geschafft, auch nur eine einzige Frau dazu zu bewegen, meinem Orden beizutreten, aber wer weiß … Dann kam der feierliche Moment, an den Altar zu treten und die Urkunde zu unterschreiben, in der ich bekräftigte, dass ich mich für die Dominikanerinnen entschieden hatte. Antonia (jetzt Antonia-Maria) schaute mir zu, als ich unterzeichnete. Dann bekam sie einen Lachkrampf. Sie deutete auf das Blatt und die Unterschrift und presste hervor: «Ich wusste gar nicht, dass Jesus einen Nachnamen hat!»

Da stand «Schwester Jordana von Jesus Schmidt». Schmidt war mein weltlicher Nachname.

«Ich auch nicht», flüsterte ich. Es sah wirklich komisch aus.

«Der arme Kerl», murmelte sie und grinste mich an.

«So arm nun auch wieder nicht», erwiderte ich. «Er bekommt gerade zwei der nettesten Frauen, die ich kenne, als Verlobte!»

Ich war bei der Einkleidung Mitte zwanzig, und es begann eine wunderbare Zeit. Ich konnte ich selbst sein. Das Noviziat würde zwei Jahre dauern, und Antonia-Maria und ich wohnten mit fünf weiteren Schwestern im Noviziatshaus. Es gab viele Einzelzimmer, einen Wohn- und Essraum, eine kleine Küche und – das Herzstück – unsere Minikapelle: ein freundlicher, heller Raum mit weißem Wollteppich und einer symbolischen Sandwüste, in dem ein brennender Dornbusch stand (natürlich kein echter, sondern gestaltet von einem Künstler), der als Tabernakel diente. Das Noviziat sei eine Zeit in der Wüste, eine Zeit der Gottesbegegnung, wurde uns erklärt. Das Haus war nur wenige hundert Meter vom sogenannten großen Konvent entfernt, wo die anderen, «fertigen» Schwestern wohnten. Mein Zimmer war gemütlich. Ein orangegelber Schaukelstuhl wurde schnell zu meinem Lieblingsplatz. CD-Player und Radio waren erlaubt, und auch sonst durfte man es sich schön machen – man sollte sich wohl fühlen in «seinen eigenen vier Wänden».

Das erste Jahr ist das kanonische Jahr und sieht vor, dass man sich hauptsächlich im Konvent aufhält. Ganz anders als zuvor im kontemplativen Leben war Sprechen erlaubt, Antonia-Maria und ich redeten ganze Nächte durch. Wir stellten Fragen ans Ordensleben, dachten über unser Gewordensein nach, über Dinge, die wir hier lernten, über das Leben an sich und über Gott. Und immer wieder sprachen wir über Dänemark und die Tatsache, dass ich es dort überhaupt so lange ausgehalten hatte.

Inzwischen war ich sensibler für das Thema geworden und hörte von meinen Mitschwestern, die im Kinderdorf lebten und arbeiteten, dass solche Abhängigkeitsbeziehungen auch in anderen Lebensbereichen häufig vorkamen: Frauen erfuhren über Jahre Gewalt von ihren Männern und schienen das in Ordnung zu finden. Manche flüchteten vorübergehend ins Frauenhaus, aber nur um zurückzukehren, sobald die äußerlichen Wunden verheilt waren. Es fehlte oft der Mut, sich von dem Gewohnten zu trennen, sei es noch so schlimm. Lieber weiter unglücklich und misshandelt leben, als neu anzufangen und nicht genau zu wissen, wie die Zukunft aussieht. Menschen, die auf ihrer Arbeitsstelle gemobbt oder ausgenutzt werden, argumentieren ähnlich: Besser eine schlechte Arbeit als gar keine haben. Mit der Zeit konnte ich dem, was mir geschehen war, auch endlich einen Namen geben: Machtmissbrauch.

Manchmal gingen Antonia-Maria und ich an warmen Sommerabenden spazieren, legten uns mitten in eine Wiese und schauten uns den Sternenhimmel an. Ich fühlte mich dann Gott ganz nahe. Ähnlich wie ich ihn immer spüre, wenn ich an einem weiten Sandstrand aufs Meer hinausschaue.

«Was siehst du in den Sternen?», fragte mich Antonia-Maria einmal nach einem langen Schweigen.

«Die Sterne sind für mich ein sichtbares Zeichen der Unendlichkeit Gottes», versuchte ich zu erklären.

«Was meinst du damit?»

«Er hört nicht auf, fängt nicht an, er ist. Natürlich sind Sterne konkrete Himmelskörper, und sie haben auch ein zeitliches Ende, aber das Universum symbolisiert für mich eine Tiefe, die ich nicht ergründen kann, in der ich mich aber dennoch aufgehoben und geborgen weiß.»

Erinnern Sie sich noch an Neil Armstrong? Der Mann mit der kosmischen Berufung beschrieb in einem seiner seltenen Interviews den schönsten Anblick seines Lebens. Die Raumfähre war bei der Annäherung an den Mond in seinen Schatten hineingeflogen.

«Der Mond war keine Scheibe, wie wir sie von der Erde aus wahrnehmen», erzählte er, offenbar noch immer fasziniert von seiner Erinnerung, «er war ein Ball, bedeckt von Rinnen und Tälern und Hügeln. Von hinten wurde er erleuchtet vom Erdenschein. Und weil die Erde nicht nur sechzehnmal größer ist, sondern auch stärker reflektiert, ist Erdenlicht viel heller als Mondlicht. Und es ist nicht nur viel heller, sondern auch blau – wegen der Ozeane. Wir stürzten also dem Mond entgegen, der umgeben war von dieser blauen, schimmernden Korona. Das war das Schönste, was ich jemals gesehen habe!», sagte er zum Abschluss, und ich konnte sehen, dass er wirklich von etwas Großem berührt worden war.

Antonia-Maria hingegen machte die Weite des Weltraums eher Angst. «Wenn ich in den Sternenhimmel blicke, finde ich darin keinen Halt. Ich habe Furcht, mich in einem Nichts zu verlieren. Ich brauche Anhaltspunkte. Für mich ist Gott ein hoher Berg. Seine Stärke gibt mir diesen Halt. Sein Anblick erhebt mich. So erlebe ich das.»

Ich fand es interessant, wie unterschiedlich die Wahrnehmungen sein können. «Interessant», stellte ich fest. «Mich engen Berge eher ein. Ich brauche Grenzenlosigkeit.»

«Und ich einen festen Rahmen und einen Fels in der Brandung», erklärte Antonia-Maria.

Wir nickten uns zu. Wir waren uns wie immer einig.

Verschiedenheit bereichert. Auch Gotteserfahrungen sind nie gleich. Gerade das Sprechen darüber, wie ein anderer Gott wahrnimmt, erfährt und erkennt, bringt mich dazu, meinen Horizont zu erweitern. Deswegen habe ich nach wie vor große Freude daran, mich mit Menschen anderer Religionen oder Denkrichtungen über Gott zu unterhalten. Liebend gern hätte ich mich einmal mit Neil Armstrong darüber unterhalten, was er noch alles gesehen hatte, als er das Universum durchflog.

Die Akzeptanz von Verschiedenartigkeit bedeutete aber auch, dass ich plötzlich selbst dafür verantwortlich war, wie oft ich betete, was für Bücher ich las und wie ich mit der Außenwelt umging. Das erste Noviziatsjahr war geprägt von solchen Fragen. Ist das Gebet wichtiger oder das Tun? Welche Heiligen imponieren uns und warum? Was macht heutiges Ordensleben aus? Dadurch konnten wir nach und nach zu unserer eigenen Haltung finden. Wie sehr hatte ich einen solchen Austausch in Dänemark vermisst!

Nach einem Jahr Studium und vielen Tellern Spaghetti, die wir abends kochten, wenn die älteren Schwestern des Konventes bereits damit beschäftigt waren, ins Bett zu gehen, standen im zweiten Jahr Praktika auf dem Ausbildungsplan. Die dienten dazu, herauszufinden, wie sich das Leben als Schwester später mit einer Berufstätigkeit verbinden ließ, wie also Beten und Arbeiten in Einklang zu bringen war. Und ich wollte auch ergründen, welche Aufgabe ich in der Kongregation übernehmen wollte.

Wie es mit den Schwestern in Montferrand weiterging, wie es letztlich zu der Einrichtung Kinderdorf kam, erfuhr ich natürlich auch im Lauf der Noviziatsausbildung durch den Unterricht, den auch schon mal eine Mitschwester oder ein Mitbruder übernahm. Etliches davon ging später in den Blog «Bethanien bloggt» meiner Mitschwester Barbara ein. Die Kongregation von Pater Lataste wurde bei Ausbruch des Ersten Weltkriegs geteilt, insgesamt dreizehn deutsche Novizinnen wies der französische Staat aus. Auf ihrer Flucht schlossen sich ihnen weitere neun angehende Schwestern aus Belgien an. Am Schluss bezogen zweiundzwanzig Flüchtlinge das «Kleine Häuschen» im niederländischen Venlo, nahe der deutschen Grenze. Die erste Mahlzeit bestand der Legende nach aus einem Blumenkohl, geteilt durch zweiundzwanzig – der Anfang war mithin bitterarm. Ursprünglich war auch unser Orden beschaulich gewesen, das Leben blieb somit sehr streng, und es herrschte wie in meinem ersten Kloster Schweigen und Klausur. Vermutlich beteten sie auch alle sieben Gebetszeiten, soweit es ihre schwierigen Lebensumstände zuließen. Doch sie waren jung und kreativ in ihren Problemlösungen, und da durch den Krieg kein Kontakt zum französischen Mutterhaus möglich war, waren sie mehr oder weniger auf sich selbst gestellt. Der Bischof von Roermond nahm sich ihrer dann an und half ihnen, eine eigene, bischöfliche Kongregation zu gründen. Das sind wir, die Dominikanerinnen von Bethanien von Venlo.

Dann kam der Zweite Weltkrieg, und Mutter Imelda Esser wurde Generalpriorin. Sie war es, die das Ruder in Richtung Erziehung drehte, indem sie «Kriegswaisen» aufnahm, wie wir manchmal verkürzend sagen. Eigentlich waren es die Kinder von verurteilten Nazi-Kollaborateuren, sie wurden interniert, niemand wollte etwas mit ihnen zu tun haben. Das Elend dieser Kleinen erweichte das Herz von Mutter Imelda. Ich selbst habe noch eine ältere Schwester erlebt, die mir erzählte, sie habe bis zu dem Moment kontemplativ gelebt, als die ersten Kinder kamen.

Mit ihrem Einzug änderte sich das Dasein der bis dahin schweigenden Schwestern schlagartig, ja radikal. Sie wurden nicht gefragt, ob sie sich um die Jungen und Mädchen kümmern wollten, ob sie sich dazu überhaupt befähigt fühlten. Es war einfach beschlossen worden. Von ursprünglich zwölf Kinderdörfern bestehen heute aufgrund von Nachwuchsmangel nur noch drei in Deutschland, an die jeweils ein Konvent angeschlossen ist. Dazu existieren noch einige Konvente in den Niederlanden, die an zwei Orten an ein Pflegeheim angegliedert sind. In Holland ist seit vielen Jahren niemand mehr eingetreten. Leider.

Als die Bethanien-Kinderdörfer in Deutschland 2006 ihr fünfzigjähriges Bestehen feierten, hielt unsere Generalpriorin, Schwester Sara Böhmer, in beeindruckender Weise Rückschau. Sie ging dabei nicht nur auf die unzähligen Erfolge und Beispiele gelungener Lebensläufe von Kindern und Jugendlichen ein, nicht nur auf die vielen liebevollen Kontakte, die wir zu den Ehemaligen haben, sondern auch darauf, was nicht so gut gelungen war.

«Nicht jeder, der in den Kinderdörfern aufgewachsen ist, kann mit Dankbarkeit auf diese Jahre zurückblicken», führte sie vor der Festversammlung aus. Es wurde mucksmäuschenstill. «Auch bei uns hat es Verletzungen gegeben, und es gibt nicht nur schöne Erinnerungen an die Zeit im Kinderdorf. Es ist immer wieder schmerzlich zu erleben, dass ‹gut gemeint› nicht auch automatisch ‹gut› bedeutet. Wir alle, Schwestern genauso wie Mitarbeiterinnen und Mitarbeiter, sind nur Menschen und damit von Natur aus nicht vollkommen. Wir sind Kinder unserer Zeit und Gesellschaft, auch wenn wir versuchen, uns einen kritischen Blick zu bewahren. Ich selbst bin 1959 geboren, und ich kenne kaum jemanden in meiner Generation, der ohne körperliche Gewalt in Familie und Schule aufgewachsen ist. In vielen Fällen konnten Ehemalige mit ihren Gruppenschwestern schmerzhafte Erfahrungen aus ihrer Kindheit anschauen und aufarbeiten. Wir sind nicht unfehlbar; und wo es angebracht und möglich ist, bitten Schwestern um Verzeihung für empfundenes Unrecht und ungute Erlebnisse.»

Es war eine mutige Geste, auch eine notwendige. Erst mit den Jahren wurde eine pädagogische Ausbildung vorausgesetzt, um im Kinderdorf zu arbeiten.

Mein erstes Praktikum machte ich in einer Mutter-Kind-Einrichtung. Hier wohnten schwangere Frauen oder Mütter mit ihren Kindern, die eigentlich selbst noch halbe Kinder waren. Sie wurden darin unterstützt, gemeinsam mit ihren Kleinen den Alltag zu gestalten, einen Schulabschluss nachzuholen oder eine Ausbildung. Ich kam in Kontakt mit Mädchen, denen das Leben nicht gut mitgespielt hatte. Die in ihrer Familie keine Unterstützung fanden, keinen Partner hatten und wegen ihrer Schwangerschaft verständlicherweise in eine Krise geraten waren. Manchmal kam es mir vor, als hätte sich seit Pater Latastes Zeiten nicht viel geändert – von dem wichtigen Unterschied abgesehen, dass die Mädchen nicht im Gefängnis saßen. Trotzdem ging es darum, ihnen Auswege aus der Enge zu zeigen, ihnen zuzuhören und auch praktische Dinge beizubringen. Einige schafften es, später ein selbständiges Leben mit ihren Kindern zu führen. Bei anderen endete der Aufenthalt damit, dass ihnen die Erziehungsfähigkeit abgesprochen wurde und die Kinder woanders untergebracht werden mussten. Solche Kinder kamen dann zum Beispiel in ein Kinderdorf.

Mir wurde bewusst, wie schwer es ist, in unserer Gesellschaft Fuß zu fassen, wenn man nicht den üblichen, den glatten Weg geht. Wenn man zu jung und zu früh schwanger wird, wenn die familiären Netzwerke nicht funktionieren und Schulbildung kaum vorhanden ist. Wie sollen junge Mütter ihr Leben allein meistern? Da bräuchte es häufig ein Wunder. Ich wünschte mir, dass unsere sozialen Netzwerke (und hiermit meine ich nicht die digitalen, sondern Nachbarschaft, Dorfgemeinschaft, Freundeskreis, Gemeinden und Familien) besser funktionieren würden.

Das zweite Praktikum absolvierte ich in einem Aktionszentrum für Jugendliche. Dorthin kamen vor allem Schulklassen zu Tagen der Orientierung. Ich erhielt einen Einblick in das, was Schüler im Alter von vierzehn bis siebzehn Jahren bewegt. Vieles drehte sich darum, wer man ist, wie man auf andere wirkt, was man werden möchte. Ich hatte mich mit in einem ähnlichen Alter mit Klostergedanken herumgeschlagen! Kein Wunder, dass meine Umwelt sie damals für ein Hirngespinst gehalten hatte, denn die Jugendlichen erschienen mir fast noch wie Kinder – wie sollten sie eine Lebensentscheidung treffen?

Die Weichen werden in den Jahren der Pubertät gestellt, doch es gibt zu wenige Erwachsene, die zuhören, die stattdessen versuchen, den Jugendlichen etwas aufzudrängen, was sie gar nicht wollen oder wofür sie nicht geeignet sind. Der Film *Alphabet, Angst oder Liebe* von Erwin Wagenhofer bringt das meiner Meinung nach auf den Punkt. Die Hauptthese seiner 2014 preisgekrönten Dokumentation lautet: 98 Prozent aller Kinder kommen hochbegabt zur Welt. Nach der Schule sind es nur noch zwei Prozent. Der Grund: Wir drillen unsere Kleinen auf Wettbewerb, Leistung und Funktionieren. Kommt es zu Abweichungen, wird eine Armee von Therapeuten, Ärzten und Sozialarbeitern aktiviert, um sie wieder in die Norm zu bringen, bis kleine kreative Genies sich in Rädchen im Getriebe verwandelt haben, die wir besser beherrschen können. Der Regisseur sieht hierin den Grund für die tiefe Krise einer Gesellschaft, die alles hat, nur keine Ahnung, wofür sie sich in Zukunft einsetzen soll.

10. Helfer und Verhinderer und die blaue Aura des Planeten Erde

«Liebe Schwestern! Seit drei Jahren lebe ich als Dominikanerin von Bethanien. Das Leben in Bethanien fühlt sich wie etwas an, was ich schon lange gesucht habe und was ich jetzt fand. Als ob ich schon immer Dominikanerin war und es mir in die Wiege gelegt wurde, auch wenn ich einige Umwege gehen musste. Deswegen möchte ich den nächsten Schritt in die Kongregation wagen und erbitte hiermit die Erlaubnis, die Bindung an die Kongregation zu machen.» Unterschrieben hatte ich mit «Schwester Jordana von Jesus Schmidt».

«Ich bin fertig!» Stolz wedelte ich mit dem Brief vor Antonia-Marias Nase herum. Er hatte sich fast von selbst geschrieben.

«Echt?», ihr Tonfall klang leicht genervt, und sie schnappte (vergebens) nach dem Papier. «Ich komme mit meinem Brief einfach nicht weiter. Irgendwie möchte ich so viel sagen und kann mich nicht entscheiden, was wichtig ist», beklagte sie sich und schob den Stuhl vom Esstisch zurück, wo wir saßen.

«Ich hab nur wenige Sätze aufs Papier gebracht. Hauptsache, sie wissen, was ich will, und sagen ja.»

«Du bist lustig», bemerkte Antonia-Maria, «meinst du nicht, du solltest wenigstens etwas genauer zum Ausdruck bringen, warum du bleiben willst? Wir sprechen ja oft genug darüber, aber die Schwestern der Generalleitung sitzen in Thorn und können nicht deine Gedanken lesen.»

Ich schüttelte den Kopf. «Ich bleibe bei dem, was ich geschrieben habe, weil ich fühle, dass ich hierher gehöre. Wenn irgendetwas daran nicht klar ist, können sie mich ja fragen, wie ich mit Gott spreche oder was ich in Zukunft gern tun möchte.»

«Ich wünschte, ich hätte dein Gottvertrauen», erwiderte Antonia-Maria. «Warum habe ich das Gefühl, dass ich eine Aufnahmeprüfung bestehen muss?»

«Denk an die Heilige Jungfrau und lass das Neue einfach auf dich zukommen!» Ich lachte Antonia-Maria ins Gesicht.

Sie erwiderte mein Lachen. *Denk an die Heilige Jungfrau* war einer unserer beliebten Sprüche, der immer wieder hervorgebracht wurde, wenn wir eine neue Situation nicht richtig einschätzen konnten. Er bezog sich auf den Witz, wo Jesus, Maria und Petrus darüber beraten, wohin sie dieses Jahr in die Ferien fahren wollen. Jesus will nach Rom, aber Petrus ist aus verständlichen Gründen dagegen (er wurde schließlich dort getötet). Petrus schlägt Jerusalem vor, das findet Jesus nicht gut, weil er dort schlechte Erfahrungen gemacht hat. Am Ende entscheiden sie sich für Lourdes, denn da ist Maria noch nie gewesen. Ich übrigens auch nicht.

Ich schickte meinen Brief ab, wie er war. Die Generalleitung besteht aus drei gewählten Schwestern, die die Generalpriorin unterstützen und beraten, ähnlich wie ein Kabinett. Alle paar Wochen kommen sie zusammen, um Probleme zu diskutieren und Entscheidungen zu treffen, zum Beispiel über die Finanzen des Ordens, seine Aktivitäten nach außen hin sowie personelle Fragen – wie etwa die, eine Schwester zur nächsten Stufe der Zugehörigkeit zuzulassen. Ablehnungen gab es übrigens auch schon, wenn man der Meinung war, dass die Frau nicht für ein Leben in der Gemeinschaft geschaffen war.

Wie schon bei meinem ersten Antrag vor drei Jahren zur Kandidatur und vor zwei Jahren zum Noviziatsbeginn wurden alle

Schwestern, die mich kannten, aufgefordert, ihre Meinung oder ihren Eindruck zu äußern, und wie damals war es seltsam, zu wissen, dass alle über mich sprachen und darüber befanden, ob mein Leben im Orden weitergehen würde oder nicht. Ich selbst hatte ein gutes Gefühl, auch wenn die Lebendigkeit, die von Antonia-Maria und mir ausging, schon so manche Schwester genervt hatte. Eine ältere Mitschwester sagte jedes Mal, wenn sie uns sah: «Da kommen die Unruhestifter», und versuchte anschließend zu flüchten. Das waren wir auch, Unruhestifter, weil wir vieles hinterfragten, ständig neue Vorschläge parat hatten, wie man etwas anders regeln könnte, und einfach sehr schnell waren – zu schnell für manche Seniorin in unserem Konvent, und die Seniorinnen wurden – wie in fast jeder deutschen Ordensgemeinschaft – immer mehr.

Aber wir brachten auch Leichtigkeit und Freude in den Alltag unserer Mitschwestern, und wir nutzten Feste und Feiern wie den Karneval, um als Engelchen auf der Wolke das Ordensleben zu kommentieren, auf lustige Art all die Dinge anzusprechen, über die man im Alltag nicht reden konnte oder wollte. Da ging es zum Beispiel um den «Kartoffeltisch» im Refektorium, an dem immer dann schlechte Stimmung aufkam, wenn die Knolle mittags mal nicht auf den Tisch gebracht wurde («Igitt, Reis ...»), oder den «Puddingtisch», wo man mit flinkem Löffel dafür sorgte, dass die Nachbarschwester nicht zu viel von dem heißbegehrten (und immer zu wenigen) Schokopudding in die Glasschale schaufelte und man selbst ins Hintertreffen geriet.

Auch die Mode der Schwestern «untenherum» nahmen wir aufs Korn, also die Schuhe, die so was von «Oma» waren, dass wir jüngeren Schwestern nicht anders konnten, als uns darüber vom Himmel aus zu erheitern, vor allem weil uns nicht nur einmal angeraten wurde, selbst solches Schuhwerk zu tragen. Schwarz! Ich hoffte, dass ich nicht zu frech gewesen war, während meine

Schwestern sich berieten – eine stromlinienförmige Schwester war ich sicherlich nicht.

Aber eine mit Feuer und Flamme. Während meiner Praktika hatte ich Erfahrungen gesammelt und das Konzept «Kinderdorf» verinnerlicht. Vor allem hatte ich die Kinder kennengelernt, die bei uns wohnten, hatte überlegt, wie ich sie am besten unterstützen könnte. Auf jeden Fall brauchte ich eine pädagogische Ausbildung, wenn ich mit ihnen leben und arbeiten wollte, mein Beruf als Kinderkrankenschwester nützte mir hier wenig. Also schaute ich mich nach entsprechenden Möglichkeiten um.

Eine Weile hatte ich erwogen, selbst Kinderdorfmutter zu werden, denn noch immer wollte ich Kinder haben, keine eigenen, aber es konnten schließlich auch angenommene «Findelkinder» sein. Doch ich spürte: Ich war noch nicht so weit. Als unser Kinderdorfleiter mir ein Buch über den Studiengang Heilpädagogik an der Katholischen Fachhochschule in Köln in die Hand drückte, war ich sehr interessiert, die Ausbildung erschien stimmig: Ich sollte erst lernen, das Handeln von Kindern zu verstehen (und auszuhalten), bevor ich sie erzog, so wie der kluge Schweizer Heilpädagoge Paul Moor (1899–1977) es gefordert hatte. Moor sagte auch, es gebe «nichts Praktischeres als eine gute Theorie», und so erhoffte ich mir von diesem Studiengang praktikable Strategien, die mir bei der pädagogischen Herausforderung der «Erziehung unter erschwerten Bedingungen», wie es offiziell heißt, helfen würden.

Vor allem würde ich mich bei dieser Ausbildung mit mir selbst auseinandersetzen, denn Paul Moor plädierte dafür, dass nicht nur Kinder, sondern die gesamte Umgebung Ziel der heilpädagogischen Anstrengung sein sollte. Es nützt nichts, ein Kind in Therapie zu schicken, wenn man die Gründe, die das notwendig machen, nicht antastet. Meine Person war das pädagogische «Instrument», mit dem ich ein Leben lang arbeiten würde. Es leuchtete ein: Erst wenn ich fähig war, mich selbst und mein Handeln zu verstehen, konnte ich andere dabei unterstützen, ihr Leben in die Hand zu nehmen. Von daher gehörten Supervision und Selbsterfahrung ebenso zu den Lerninhalten des Studiums wie Gesetzesgrundlagen und Entwicklungspsychologie.

Einen faszinierenden Beitrag zur Entstehung von Sozialverhalten im Säuglingsalter hat die kanadische Psychologin Kiley Hamlin geleistet. In der britischen Fachzeitschrift *Nature* veröffentlichte sie mit anderen Wissenschaftlern im November 2007 ein Experiment, das sie «Helpers and Hinderers» nannte – «Helfer und Verhinderer». Dazu wurden Mütter mit ihren sechs Monate alten Babys eingeladen. Die Forscher zeigten den Kindern bewegliche Figuren mit lustigen, aufgeklebten Wackelaugen, in unterschiedlichen Situationen. Im Mittelpunkt stand eine runde rote Holzfigur, die sich bemühte, einen steilen Berg hinaufzukommen. Nach einigen vergeblichen Versuchen (die Steigung war zu stark, und die Holzfigur rutschte immer wieder den Hang hinunter) erschien eine viereckige blaue Gestalt, die von unten den erfolglosen Kletterer unterstützte (Helper) – sie schob die rote Figur quasi auf den Gipfel. Danach ließen die Forscher eine gelbe Holzfigur von oben herab, die das rote Männchen wieder nach unten drückte (Hinderer), sodass es den Gipfel nicht erreichen konnte. Nachdem die Säuglinge sich dieses Spiel mehrfach hintereinander angeschaut hatten, wurde ihnen das blaue wie auch das gelbe Holzmännchen vorgelegt, und sie sollten sich davon eins aussuchen. Alle Kinder wählten den Helfer! So weit, so gut.

Spannend wurde es, als das Experiment nach sechs Monaten wiederholt wurde. Die Babys waren jetzt ein Jahr alt, und ihnen wurden die gleichen Szenen vorgespielt. Anschließend durften sie erneut eine Wahl treffen. Diesmal stellte sich heraus, dass jedes fünfte Kind spontan nach dem Verhinderer griff, der den kleinen Bergsteiger nach unten drückte! Was bedeutete das? Für mich war klar: Nicht das Gehirn von Kindern oder unsere Erbanlagen führen dazu, dass Unterdrückung und Gewalt entstehen. Kinder orientieren sich von Natur aus an unterstützenden Strukturen. Doch sie schauen sich genau ab, was sie erleben und was ihnen vorgelebt wird. In Familien identifizieren sich Kinder häufig mit unterdrückenden Erwachsenen, das ist eine Überlebensstrategie. Und unter ungünstigen Umständen werden sie später selbst zu Unterdrückern. Geht man also davon aus, dass ein «problematisches» Kind immer auf «Verhinderer» oder verhindernde Strukturen in der Familie aufmerksam macht, ist systemisches Verstehen im Grunde die Basis jeder Erziehungsarbeit.

Eltern werden Schwierigkeiten haben, wenn sie die eigenen verhindernden Strukturen nicht erkennen. Aber Hilfe wird immer noch viel zu selten in Anspruch genommen, es wäre ja ein Eingeständnis: «Ich schaffe das nicht allein.» Eine solche Aussage wird von der Gesellschaft nicht honoriert, alle sollen leistungsfähig und stark sein. Sich zu offenbaren und zuzugeben, dass man nicht mit dem eigenen Nachwuchs klarkommt, verträgt sich nicht mit dem Bild von der perfekten Elternschaft («Andere kriegen das doch auch hin»).

Niemand ist darauf vorbereitet, was es bedeuten kann, wenn ein Kleines in den ersten Monaten viel schreit und wenig schläft, weil es vielleicht Verdauungsprobleme hat. In der Werbung sieht man schließlich nur glückliche Babys und Mütter, die sich in der Hängematte ihres Eigenheims eine verdiente (Schokoladen-)Pause gönnen. Es wird ausgeblendet, was mit einem Menschen passiert, der wochen- oder monatelang nicht richtig schläft, der von heute auf morgen vierundzwanzig Stunden lang gefordert ist, da zu sein und verantwortlich zu sein.

Darüber zu reden ist der erste Schritt, um aus der Sackgasse herauszukommen. Alles mit sich selbst ausmachen zu wollen, hat viel mit falschem Perfektionismus zu tun. Und wie viel Elend entsteht aus diesem unsäglichen Schweigen! Bei vielen Eltern, denen ich begegnete, hatte ich den Eindruck, dass Unterstützung von außen fehlte, von regelmäßiger Kinderbetreuung angefangen über eine wohlwollende helfende Hand im Haushalt bis hin zur finanziellen Unterstützung oder einer Hilfe in bürokratischen Angelegenheiten – oder verstehen Sie etwa die Briefe, die das Finanzamt schickt? Ich nicht. Großeltern und andere Verwandte leben aufgrund der geforderten beruflichen Flexibilität oft außer Reichweite, Freunde existieren nicht, oder sie sind mit sich selbst beschäftigt. Wir leben in einer Gesellschaft ohne Zusammenhalt.

Überforderung, Gewalt oder Drogenmissbrauch sind Ausbrüche, die in der Regel einer langen Phase von Hilflosigkeit und dem dauerhaften Gefühl von Kontaktarmut folgen. Aus einer inneren Leere und Perspektivlosigkeit heraus geschehen Übergriffe, aus Frustration, einem Nicht-genügen-Können kann Verwahrlosung entstehen. Und dann besteht die Gefahr, dass die Menschen abrutschen oder sich aufgeben und sagen: «Jetzt ist eh alles egal. Dann kann ich auch (so) weitermachen.» Leider haben wir noch keine Kultur des Miteinanders entwickelt, und wer einmal durch alle sozialen Netze gefallen ist, kommt nur schwer wieder auf die Beine. Weder in der Politik noch in der Wirtschaft wird solidarische Verantwortung konsequent vorgelebt.

Gott sei Dank gibt es an vielen Schulen inzwischen Hilfsprogramme, Mediationskurse, Buddy-Netzwerke, Patenschaften und Anti-Mobbing-Strategien, mit denen man versucht, Isolation und Gewalt entgegenzutreten. Doch im Lebensalltag fehlen die (christlichen) Werte von Nächstenliebe und Feindesliebe häufig, und sie werden nicht gelehrt – auch in der Kirche nicht. Wie anders würde es bei uns aussehen, wenn wir verstehen könnten, wie man einen Konflikt löst, anstatt ihn eskalieren zu lassen oder unter den Teppich zu kehren. Die Fähigkeit, gewaltfrei und wertschätzend zu kommunizieren, fällt niemandem in den Schoß. Doch jeder kann sie erlernen!

Ein Mitbruder sagte einmal: «Alle Kirchen müssten mit Bildern von Maria Magdalena, Paulus (der zuvor als Saulus Jesus verfolgt hatte) oder dem Zöllner Zachäus (der seine Landsleute bei den Römern anschwärzte) ausgemalt werden, und zwar mit Bildern *vor* ihrer Bekehrung. Darin liegt nämlich das eigentliche Wunder, dass genau die Menschen, die teilweise schlimme Dinge getan haben, fähig sind zur Umkehr und zur Liebe.» Das erfahre ich auch selbst: Wenn etwas nicht gut gelaufen ist, verkrieche ich mich nicht, sondern übernehme Verantwortung für mein eigenes Tun, frage mich, welchen Schritt ich als Nächstes machen kann, um die Situation zu verbessern.

«Kehre um», das sagte Jesus viele Male, eigentlich zu allen Menschen, denen er begegnete. Wie alle seine (echten) Nachfolger hat er bewiesen, dass das auch möglich ist. Wenn man an einen Sinn im Leben glaubt. Wenn man Helfer hat und auch Gott als Helfer sehen kann. Ich denke: Deshalb bin ich Schwester geworden. Um all das zu lernen. Das ist nicht jedermanns Weg. Aber jeder kann eine Möglichkeit finden, umzukehren oder zumindest eine Abzweigung zu suchen, die in eine andere Richtung führt. Denn Fehler zu machen heißt ja nicht, dass ein ganzes Leben verfehlt oder eine Person unfähig ist. Es geht darum, nicht vorschnell zu urteilen und zu verurteilen. Es geht darum, Menschen nicht in Schubladen zu stecken, sondern immer auch ihr Potenzial zu sehen und zu fördern, egal was vorher war. Ganz im Sinne von Pater Lataste, der gesagt hat: «Es ist nicht wichtig, wie oft du gefallen bist. Viel wichtiger ist: Wie oft bist du wieder aufgestanden.»

Das ist der eigentliche Perspektivwechsel. Wirklich starke Menschen sind die, die immer wieder Kraft zum Weitermachen finden, die sich nicht vom Schicksal besiegen lassen. Die junge Frau im Rollstuhl, die so lange trainiert, bis sie an den Paralympics teilnehmen kann. Der Mann, der sich vom Alkohol lossagt und ein Leben lang trocken bleibt. Der Jugendliche, der nach einer verhauenen Mathearbeit anfängt zu lernen. Es gibt so viele kleine und große Helden und Heldinnen des Alltags.

Was ich als Christin tun kann, ist, etwas von der Liebe Gottes, etwas von der Überzeugung weiterzugeben, dass *jeder* Mensch geliebt wird und dass es möglich ist, sein Leben zu ändern. Sagt man Menschen aber immer nur, dass sie dumm sind oder Versager, redet man ihnen Schuldgefühle ein, dann glauben sie das irgendwann selbst – oder sie schlagen zurück. Auch davon ist die Geschichte voll. Und das ist, was Gott eben nicht vormacht. Gott sagt zu mir: «Du bist einmalig und wichtig!» Auch wenn ich mich vielleicht gerade sehr schlecht fühle. Das ist es auch, was mich theoretisch, wenn ich diesen religiösen Weg (ob innerhalb oder außerhalb eines Klosters) weitergehe, zu einer Heiligen machen könnte. Wobei in meinen Augen die großen Heiligen sich selbst nie heiliggesprochen hätten. Ihr Zweck war es nicht, sich selbst zu feiern, sondern immer transzendenter zu werden für das, was Gott ihnen gab. Sie strahlten die Liebe aus. Und reichten sie einfach nur weiter.

Während meiner Zeit im Noviziat traf ich auch endlich meine Freunde aus der Ausbildungszeit wieder: Lolo, Mocki und die anderen. Ich brauchte eine Weile, um mich bei ihnen zu melden, mir fiel es schwer, mein Scheitern einzugestehen, gerade gegenüber denen, die von Anfang an skeptisch gewesen waren. Das ist die andere Seite der Medaille: Wird Unterstützung gegeben, dann muss man sie auch annehmen können.

Wir hatten uns einige Jahre nicht mehr gesehen, aber es war so, als hätten wir gestern das letzte Mal miteinander gesprochen.

«Ich habe ja von Anfang an ein komisches Gefühl gehabt», erklärte Lolo. «Diese Hildegard hatte dich einfach zu sehr im Griff. Jedes Mal, wenn du aus Dänemark zurückgekommen bist, warst du eine andere.»

«Stimmt», gab ich etwas kleinlaut zu. «Aber warum hast du es mir nicht gesagt?»

«Machst du Witze?» Lolo beugte sich näher zu mir. «Du warst überhaupt nicht erreichbar für Einwände oder Kritik. Du hast diese Sache mit Händen und Füßen verteidigt.»

Da musste ich ihr recht geben.

Warum hatte ich damals geglaubt, eine unmögliche Situation «aushalten» zu müssen? Ich denke, dass ich – so wie viele andere auch – strenge und im Grunde viel zu hohe Maßstäbe an mich selbst anlegte. Warum? Mit Sicherheit hatte ich Angst vor der Bewertung der anderen. Angst, meinen erlittenen Schiffbruch eingestehen zu müssen und dann von meinen Freunden zu hören: «Siehst du? Wir haben ja gleich gesagt, dass das mit dem Kloster- leben eine Schnapsidee ist.» Ich wollte ernst genommen werden. Daher versuchte ich allen zu beweisen, dass meine Entscheidung richtig gewesen war. Und natürlich vor allem mir selbst!

«Und wie sieht jetzt dein neues Klosterleben aus?», fragte Mocki leicht besorgt. «Wieder nicht telefonieren dürfen und den ganzen Tag schweigen müssen?»

«Nein, keineswegs», erklärte ich. «Oder glaubt ihr, ich könnte sonst hier mit euch sitzen und ein Glas Wein trinken?»

«Stimmt auch wieder», sagte Lolo und stieß mit mir an. «Schön, dass du wieder da bist.»

Und dann erzählte ich ihnen vom Kinderdorf. Der neue Orden sagte meinen Freunden und auch meiner Familie viel mehr zu als das erste Kloster. Und nachdem sie mehrfach zu unmöglichen Zeiten angerufen hatten, um mich «dringend» zu sprechen, war auch Lolo irgendwann beruhigt über meine Lebensplanung.

Der Idee nach wollen Kinderdörfer ein Zuhause sein, in dem Erwachsene nicht nach Dienstplan, sondern rund um die Uhr das Leben mit den Kindern teilen. Wenn das Jugendamt bestimmt, dass Kinder nicht in der Ursprungsfamilie bleiben können, dann werden sie vorübergehend oder dauerhaft fremduntergebracht in einer Pflegefamilie oder einer anderen Jugendhilfeeinrichtung wie eben einem Kinderdorf. Es gibt solche Dörfer in unterschiedlicher Trägerschaft, bei uns ist der Orden zuständig. Meist sind es alleinstehende Frauen, manchmal Ehepaare, die eine Familie begründen. Hier gilt das Gleiche wie für jede Berufung: Man hört davon, der Gedanke lässt einen nicht mehr los, man schnuppert während eines Praktikums hinein, es folgt ein Probejahr. Wer keine pädagogische Ausbildung hat, holt diese nach. Alle Kinderdorfmütter haben eine Erzieherinnenausbildung oder ein anderes pädagogisches Studium. Eine Weile arbeitet man dann begleitend in einer schon bestehenden Kinderdorffamilie, schließlich selbständig mit einer eigenen Familie.

Bereits vom Begriff her hat «Kinderdorf» eine andere Bedeutung als «Kinderheim». In einem Dorf ist man zu Hause, in einem Heim ist man, wenn man kein Zuhause hat. Und genau darum sind Kinderdörfer so effektiv, weil sie Beziehungen fördern, und das ist, laut Hirnforschung, die beste Voraussetzung für die Heilung gerade bindungsgestörter Kinder.

Solche Kinder haben in ihren Herkunftsfamilien nicht die Förderung, Versorgung und den Schutz bekommen, den sie zum Großwerden brauchen. Es gibt Kinder, die körperlicher und sexueller Gewalt ausgesetzt waren, die verwahrlost aufgefunden wurden, deren Eltern aufgrund von Drogen- oder Alkoholkonsum nicht ihrer Fürsorgepflicht nachkommen konnten oder durch ihr junges Alter oder andere Schwierigkeiten keine Ressourcen hatten, für die Kinder da zu sein. Solche Kinder waren oftmals auf sich allein gestellt, mussten irgendwie überleben, durchkommen und schneller «groß» werden, als angemessen ist. Im Kinderdorf sollen sie wieder einen altersgerechten Lebensort finden, wo sie sich wohl und sicher fühlen, wo sie heil werden können.

Aus diesem Grund hat jede Gruppe, jede Kinderdorffamilie ein eigenes Haus in einem wunderschönen Parkgelände mit altem Baumbestand und einem Weiher in der Mitte. Die Häuser sind bunt und haben Namen, die gern wie eine Art Familienname genutzt werden: «Wir sind die Bucheneckkinder.» Ansonsten lebt man wie in einem Dorf zusammen, jede Familie hat eigenes Haushaltsgeld, mit dem der Kühlschrank gefüllt, der Kleiderschrank bestückt und der Urlaub bezahlt wird (und vieles mehr). Manche haben Haustiere, manche einen Gemüsegarten, andere lieber viel Sand zum Spielen, sehr individuell. Das ist ein großer Unterschied zu Heimen, die oft «nur» Arbeitsstelle sind, auch wenn man dort sehr engagierte Mitarbeiter findet. Aber zu Hause sein ist eben etwas anderes.

Über die Anzahl der Kinder, mit denen man als Kinderdorfmutter leben möchte, kann man selbst bestimmen. Anders als normale Mütter hat man aber noch pädagogische Fachkräfte an der Seite, um Schwierigkeiten gemeinsam durchzustehen. Eine Kinderdorfmutter ist nicht sorge-, aber erziehungsberechtigt, sie darf keine rechtlich relevanten Schritte einleiten, wohl aber Alltagsentscheidungen treffen, zum Beispiel Klassenarbeiten unterschreiben, zu Gesprächen mit Therapeuten oder Lehrern gehen oder die Kinder zum Musikunterricht anmelden. Dinge wie die Wahl der Schule, Taufe, medizinische Eingriffe oder die Eröffnung eines Sparkontos werden mit den Eltern und dem Jugendamt abgesprochen und gemeinsam getroffen, da die meisten Eltern ein Mitbestimmungsrecht behalten. Es gibt viel Koordinationsarbeit, um mit allen im Gespräch zu sein (Jugendamt, Eltern, Kinderdorf als Institution/Erziehungsleitung, Supervision). Das Jugendamt kommt zweimal im Jahr und besucht die Familien. Vorher wird ein Entwicklungsbericht von den Kinderdorfmüttern geschrieben. Danach wird (neu) verhandelt. Über Besuchskontakte, Therapien und/oder Schule.

Neuere Studien zeigen, dass die Chance auf eine gesunde Entwicklung umso größer ist, je früher die Kinder zu uns kommen – am besten im Alter unter zwei Jahren, da kann eine stabile Situation Wunder wirken. Und solche Wunder habe ich erlebt: Bei der Ankunft sieht man häufig in verschreckte Gesichter, die Kleinen verstehen nicht, was gerade mit ihnen passiert, warum sie nicht mehr bei Mama (und Papa) sein können. Sie weinen viel, lassen sich manchmal nicht anfassen, ganz abgesehen von einem schlechten gesundheitlichen Allgemeinzustand. Hin und wieder sind sie aber auch distanzlos, und man merkt ihnen auf den ersten Blick überhaupt nicht an, dass ihnen die neue Situation etwas ausmacht. Doch schon nach wenigen Tagen oder Wochen lässt die Anspannung bei allen sichtlich nach. Ihre Gesichter, die zuvor fast alt wirkten, entspannen sich, und die kindlichen Züge kommen wieder zum Vorschein. Und mit der Zeit können sie in der Regel den erlebten Stress immer mehr loslassen, bis sie irgendwann herumtoben wie normale, glückliche Kinder – was mich dann unsagbar froh macht. Der Weg dahin kostet aber Kraft.

Bei uns in Bethanien lebt man Familie aber noch auf eine ganz besondere Art und Weise. Das christliche Menschenbild ist im Kinderdorf zwar die Grundlage der Erziehung, das ist aber nicht so sehr in einem liturgischen oder konfessionellen Sinn gemeint. Es geht mehr darum, eine Erfahrung von bedingungslosem Angenommensein zu vermitteln. Das spielt in jedem Lebensalter eine wichtige Rolle, in der Kindheit jedoch besonders, und ganz speziell gilt das für unsere Schützlinge, die durch ihre Vergangenheit eine solche Akzeptanz nie erleben konnten. Schon ein einziger Moment des wirklich Angesehenwerdens kann ein Leben beeinflussen, kann im pädagogischen Sinne heilsam sein. In der Bibel ist oftmals von spirituellen Heilserfahrungen die Rede: «Ich habe dich beim Namen gerufen, du bist mein.» (Jesaja 43,1) Gott spricht das dem Volk Israel zu und verspricht ihm Schutz vor allem Unheil. Dieses

Versprechen können wir Erzieherinnen und Erzieher den Kindern nicht geben, aber wir können versuchen, sie so anzunehmen, wie sie sind, und sie dadurch widerstandsfähiger gegen «die Gefahren des Lebens» machen:

«Es ist nicht so schlimm, wenn die Mama nicht so oft kommt, ich habe ja noch dich», sagt eine Fünfjährige, die eine Enttäuschung nach der anderen in Bezug auf die unregelmäßigen Besuche ihrer Mutter verkraften muss.

Und in Gesprächen mit im Kinderdorf aufgewachsenen Männern und Frauen, bei Ehemaligentreffen, wird dieser Aspekt von allen immer wieder besonders betont. Die Erfahrung, «dass immer jemand da war», der unbedingt verlässlich und geduldig alle Höhen und Tiefen mittrug, hatte eine bleibende, heilsame Prägung: «Sie war immer da, jeden Morgen stand sie auf, auch wenn sie eigentlich nicht mehr konnte», erzählte mir eine andere Ehemalige. «Sie war wie eine richtige Mutter. Ich weiß, dass sie immer an mich denkt.»

Alt und Jung leben zusammen und profitieren voneinander – meine älteren Mitschwestern leben ja auch auf dem Gelände, und die Kinder begegnen ihnen regelmäßig, wenn sie spielen. Ein optimales Lebensumfeld. Leider gibt es viele Kinder, die einen solchen Platz benötigen. Und zu wenig Ehepaare oder Frauen, die sich dazu berufen fühlen, eine so wichtige und schöne Aufgabe zu übernehmen.

Aber wie gesagt, damals war ich noch nicht so weit, so viel Verantwortung zu übernehmen. Zuerst kümmerte ich mich um einen Studienplatz für Heilpädagogik. Das war gar nicht so leicht. Ich hatte zwar eine Ausbildung, aber kein Abitur gemacht und keine direkte Berufserfahrung außer: Beten. Doch ich war entschlossen, alles zu tun, um einen der wenigen Plätze zu bekommen. Es hieß, ich könnte als Quereinsteigerin zum Studium aufgenommen werden, wenn ich denn die Prüfung bestand. Diese

Möglichkeit gibt es an Fachhochschulen für Menschen, die kein Abitur, aber eine Ausbildung haben.

In dieser ungewissen Zeit erhielten Antonia-Maria und ich jedoch eine gute Nachricht. Wir beide waren zur Bindung zugelassen! Wir hüpften und tanzten vor Freude herum.

«Ich wusste es, ich wusste es!», sang ich die ganze Zeit.

«Danke Gott, danke Gott!», intonierte Antonia-Maria die zweite Stimme.

«Glückwunsch!» Unsere Novizenmeisterin strahlte. «Aber es hätte mich auch gewundert, wenn die Entscheidung anders ausgefallen wäre.»

Der einzige Wermutstropfen war, dass der Auszug aus dem Noviziat, der unweigerlich danach erfolgte, auch unsere Trennung bedeutete. Für unsere Mitschwestern war klar, dass sie «zwei von unserer Sorte» nicht an einem Ort ertragen konnten und wir in getrennte Konvente versetzt werden würden. Ehrlich gesagt, wir verstanden das sogar. Antonia-Maria ging zum Studieren nach Mainz und wohnte in unserem hessischen Kinderdorf. Ich würde nach Bergisch Gladbach in den Konvent ziehen, um dann in Köln Heilpädagogik zu studieren. Kurze Zeit später bestand ich auch die Aufnahmeprüfung.

Im August 1997 legte ich die erste Bindung an die Kongregation für drei Jahre ab. Das war nach Kandidatur, Postulat und Noviziat mein nächster Schritt in den Orden hinein, die letzte Probezeit sozusagen, bevor es «ewig» wurde. Die Bindung verpflichtete mich, nach den Normen der Gemeinschaft zu leben und nach den evangelischen Räten des Gehorsams, der Keuschheit in Ehelosigkeit und der Armut. Von nun an war ich eine fast ausgebildete Schwester, die mit im Konvent lebte und nicht mehr im Noviziat. Diese Phase nennt man Juniorat, und ich war Junioratsschwester. Ich nahm an den Besprechungen teil, hatte ein passives Wahlrecht, wenn es darum ging, eine neue Priorin zu wählen (was alle drei

Jahre passiert). Ich durfte wählen, aber nicht in ein Amt gewählt werden. Ich trug das dominikanische Lilienkreuz an einem Lederband um den Hals, an dem man als Dominikanerin jederzeit erkennbar war. Eine Mitschwester witzelte: «Auch in der Sauna?» Ja, wir jüngeren Leute gingen gern mal in die Sauna.

Ich hatte ja gesagt zum Klosterleben und tauchte zugleich in die Welt des Wissens ein. Meine Kommilitonen wussten, dass ich Ordensfrau bin; ich war Schwester Jordana für die Dozenten, Jordana für meine Mitstudenten. Sie zogen mich manchmal damit auf, als wir etwa unsere erste Semesterparty planten.

«Ich bringe einen Salat mit», sagte Sabine.

«Ich sorge für Brot», meldete sich Frank.

«Dann kann ich ja ein paar Knabbereien mitbringen.» Das kam von Luise.

«Ich bringe Wasser und Wein mit», sagte ich.

Frank drehte sich zu mir um: «Ach, du kennst den Trick?»

Alle lachten.

Wenig später begegnete ich den Schriften des österreichischen Neurologen und Psychiaters Viktor Frankl (1905–1997). Er hat mich sehr beeinflusst, ich bewundere ihn als Menschen und Wissenschaftler sehr. In der Fernsehdokumentation ... *trotzdem Ja zum Leben sagen* erfuhr ich mehr über seine Lebensumstände. Er hatte in Wien Medizin studiert und 1923 seinen Abschluss gemacht. Als Jude bekam er Schwierigkeiten, als die Nazis in Deutschland die Macht übernahmen, vor allem nach dem «Anschluss» Österreichs 1938. Frankl hatte schon ein Visum nach Amerika in der Tasche, als ihm zu Ohren kam, dass seine Eltern auf der Deportationsliste standen. Es war ein inneres Ringen: Rette ich mich selbst, oder bleibe ich bei meiner Familie? Er entschied sich zu bleiben und heiratete sogar. Kurz darauf wurde die ganze Familie deportiert. Frankl wurde von seinen Angehörigen getrennt.

Nach einer schrecklichen Zeit in mehreren Konzentrationslagern, unter anderem in Auschwitz, wurde er im April 1945 in der Nähe von München befreit. Das hat er später gegenüber der österreichischen Filmemacherin Rose Kern seine «Stunde null» genannt. Es war eine Stunde, die eine qualvolle Zeit beendete, aber auch eine große Ungewissheit in sich trug: «Ich wusste ja nicht, wer überhaupt auf mich noch warten wird, und es hat tatsächlich niemand auf mich gewartet. Und ich habe ein Gefühl gehabt – entweder nimmt man angesichts solcher Umstände einen Strick und hängt sich auf, oder es gibt irgendwelche Ressourcen in einem, die einen davon abhalten. Das war mein bedingungsloser Glaube an einen letzten Sinn, der uns zwar verborgen sein mag, aber er ist da.»

Für Viktor Frankl gehörte das Transzendente zum Wesen des Menschen. Die Erfahrung, dass man sich in den Kosmos eingebettet fühlt, als Teil eines größeren Ganzen erlebt. Sein gleichnamiges Buch *Trotzdem Ja zum Leben sagen* ist für mich eine Quelle der Inspiration und der Kraft, immer dann, wenn ich das Gefühl habe, ich komme nicht weiter. Anstatt in Trauer zu erstarren, weil seine Familie ausgelöscht war, begann Frankl wieder als Psychiater zu arbeiten.

«Du kannst es dir nicht vorstellen», sagte ich eines Abends zu Antonia-Maria, als ich ihr am Telefon von Frankls Arbeit erzählte. Weil wir uns jetzt nicht mehr täglich sahen, verlegten wir unsere philosophischen Gespräche auf abendliche Telefonate. «Je mehr der Wohlstand in der Nachkriegszeit zunahm, desto mehr breiteten sich psychische Erkrankungen und Depression aus.»

«Wie hat er das denn herausgefunden?», fragte Antonia-Maria interessiert.

«Er bekam viele Briefe von Studenten, auch aus Amerika, und die schrieben ihm, dass sie verzweifelt nach dem Sinn des Lebens suchten. Einer erzählte ihm, dass sein Freund sich umgebracht hätte, er hatte keinen Zweck mehr in seinem Dasein entdecken können!»

Eine innere Leere mitten im äußeren Wohlstand, er nannte sie das «existenzielle Vakuum», die Krankheit der Moderne. Etwas Ähnliches hatte er auch im Konzentrationslager erlebt. Dort hatte er beobachtet, dass Häftlinge, die einen Lebenssinn hatten – weil sie beispielsweise wie er selbst hofften, ihre Familien wiederzusehen –, einen stärkeren Überlebenswillen sowie eine robustere innere und äußere Gesundheit besaßen als Menschen, die keine Perspektive mehr sahen und die Hoffnung verloren hatten. Diese starben schneller oder nahmen sich sogar das Leben.

«Irgendwie kann ich es nachvollziehen», sagte Antonia-Maria nach längerem Nachdenken. «Ich bin sicher, dass ich als Lehrerin überhaupt nicht glücklich geworden wäre.»

«Meinst du, du hättest auch Depressionen bekommen?»

«Keine Ahnung. Aber was ich weiß, ist, dass ich jetzt etwas gefunden habe, was mich wirklich erfüllt!»

Antonia-Maria war regelrecht verliebt in ihr neues Dasein im Kinderdorf und in Gott, und das merkte man ihr auch an.

«Ich hoffe, ich kann ein bisschen davon an die Kleinen weitergeben», fuhr sie fort. «Sie müssen ja nicht gleich an Gott glauben, aber das würde die Sache natürlich leichter machen.»

«Sie glauben doch sowieso an ihn, oder nicht?», fragte ich.

Antonia-Maria lachte. «Ja. Neulich hatte ich sogar eine kleine Mystikerin auf der Schaukel. Ich musste sie kräftig anschieben, und sie quietschte vor Vergnügen. Als sie hochflog, rief sie auf einmal: ‹Ich kann Gott sehen!›»

«Wirklich?» Ich war neugierig geworden. «Wie sah er denn aus?»

«Das habe ich das Mädchen natürlich auch gefragt.»

«Und?»

«Toll!»

«Gott sieht toll aus?»

«Ja genau.»

Schweigen von meiner Seite

«Ist doch gut beobachtet, oder nicht?», hakte Antonia-Maria nach.

«Ja, präziser kann man überhaupt nicht sein.»

Wie kann man Kinder so erziehen und unterstützen, dass sie später einen Sinn in ihrem Leben erkennen? Als man Viktor Frankl fragte, ob es eine Möglichkeit gäbe, das existenzielle Vakuum zu füllen, entwickelte er die Logotherapie. Von Altgriechisch *Logos* für «Wort», «Sinn». Seine Grundannahme: Jedes Leben hat einen Sinn. Er muss nur gefunden werden. Manchmal geht es einfach, wenn er sich in kleinen Dingen zeigt, dann kann man ihn selbst entdecken und entsprechend Veränderungen vornehmen. Frankl sagte, Gott sei der Partner unserer intimsten Selbstgespräche. Er war davon überzeugt, dass es einen Gott gibt und dass jeder Mensch zu diesem Gott spricht. Alle Gespräche, die man mit sich selbst führt, hätten ein unsichtbares Gegenüber – Gott. Ich fand das sehr schön ausgedrückt. Und auch präzise beobachtet.

An Antonia-Maria konnte ich sehen, wie der Dienst an einer Sache, wie ihre Berufung zu Gott sie erfüllte. Glück ist dann ein Nebenprodukt von Sinnerfüllung, und dieses Gefühl vermittelte sie ihren Schützlingen: Dass sie gewollt waren, so wie sie sind, dass sie Fähigkeiten und Talente hatten, die man nur (gemeinsam) finden musste. Sie machte das ziemlich gut, fand ich.

Viele Menschen fühlen sich nicht mehr gebraucht. Sie bekommen keinen Job, obwohl sie sich bemühen. Sie haben ihr Leben lang gearbeitet, jetzt will keiner mehr etwas von ihnen. Sie waren für ihre Partner, ihre Kinder da und bleiben allein zurück. Doch auch der junge Manager gehört dazu, der aussortiert wird oder in einer Burnout-Klinik landet, wo er mit Schrecken erkennt, dass er keinen Plan B für sein Leben hat. Wer nicht gebraucht wird, verliert seine eigenen Grenzen und das Gefühl für sich selbst. Das ist die Leere, von der Viktor Frankl sprach. Ich denke, wir haben heutzutage kein Problem damit, zu wissen, was wir (als Nächstes) haben wollen. Wir haben eher Schwierigkeiten damit zu sagen: Was ist unser Ziel? Ein Ziel jenseits von sonntags ein Huhn im Topf zu haben. Viele Menschen wären sicher bereit, sich mehr zu engagieren und die Gesellschaft aktiver zu gestalten, wenn sie nur wüssten, wie sie es anstellen können.

Was war mein Ziel? Ich war immer noch unterwegs zu mir selbst. Ich dachte viel darüber nach, was der Sinn meiner ersten Klostererfahrung sein konnte. Wichtig war gewesen, mich von meinen Schuldgefühlen zu befreien. Ich hatte nichts falsch gemacht. Ich sagte mir: «Das ist im Leben so, manchmal gerät man in eine Sackgasse.» Erst im Rückblick kann man beurteilen, wozu es gedient hat. Was für einen Sinn der Umweg hatte. Noch blieb er mir verborgen. Abgesehen davon, dass ich gelernt hatte, zu scheitern und wieder aufzustehen – was vielleicht schon die wichtigste Erfahrung überhaupt war.

Damals fragte ich mich wieder und wieder: Wo war in Dänemark (und auch schon davor) meine innere Stimme gewesen? Sie, die in der Kindheit so deutlich zu mir gesprochen hatte, sie hatte beharrlich geschwiegen. Hätte sie mich nicht warnen müssen? Nach und nach entdeckte ich, dass sich meine innere Stimme durchaus gemeldet hatte, nur hatte ich das rote Warnblinklicht nicht deuten können. In Wirklichkeit habe ich alles, was schieflief, schon früh gewusst und gespürt. Aber ich konnte es nicht in eine vernünftige Sprache übersetzen. Jetzt erst fing ich an, Worte und Bilder dafür zu finden.

Die innere Stimme ist oft ein Gefühl. Das, was man Kindern mitgibt: «Achte auf dein Bauchgefühl! Fühlt es sich gut an, oder fühlt es sich nicht gut an?» Ich hatte wahrgenommen, dass vieles nicht gut war. Nur wenn die äußeren Umstände übermächtig erscheinen, kann man das auch unterdrücken, übertönen. Ich denke, das kennt jeder von sich selbst. Manchmal übernimmt dann der Körper in Form von Krankheit diese Stimme. In Dänemark hatte es mir den Appetit verschlagen, aber auch das habe ich erst spät als Signal wahrgenommen. Leider hatte ich im Kloster niemanden, dem ich mich hätte anvertrauen können. Deshalb dauerte es so lange, bis ich mich befreien konnte. Ich musste da allein durch. Doch letztlich war es genau die innere Stimme gewesen, die den Ausschlag gegeben hat zu gehen. Und die mich geführt hat, sodass ich eine Begleitung fand, um damit fertigzuwerden.

Es ist gut, wenn jemand dabei hilft, die Signale der inneren Stimme zu deuten, denn wir alle empfinden Gefühle, die wir erst einmal nicht einordnen können. Da hilft in meinen Augen nur das Einnehmen eines unparteiischen Standpunkts. Es braucht einen Schiedsrichter (einen unbestechlichen natürlich), der die innerlich widerstrebenden Gefühle zur Sprache bringt, Fragen stellt, beim Sortieren hilft, eine Außenansicht einnimmt. Das bekommt man allein nicht hin. Viele kennen das: Eine Person möchte uns irgendetwas einreden. Man hat ein komisches Gefühl dabei, einen inneren Widerstand. Das komische Gefühl wird dann übersetzt in Gedanken, in Sprache: «Das ist nicht in Ordnung.» Oder: «Ich will das nicht. Stopp!» Aber solche Worte kommen uns dann oft nicht über die Lippen, geschweige denn, dass sie uns zum Rückzug bewegen.

Heute habe ich gelernt, die Zeichen zu erkennen und auch auszudrücken. Ich kann es körperlich spüren, wenn ich zulasse, dass meine Grenzen überschritten werden. Dann geht meine Kraft weg, ich fühle mich müde, unzufrieden oder unruhig. Andersherum: Wenn ich etwas gern mache, wenn ich im Einklang bin, fühle ich mich lebendig und stark. Andere erleben es anders und können herausfinden, wie sie es wahrnehmen – es ist wie eine Spurensuche, und wir bilden uns selbst aus im Fährtenlesen, Seite an Seite mit einem erfahrenen Scout. Von daher hat die innere Stimme (bei mir) immer funktioniert. Sie konnte anfangs nur keine Worte finden oder Klarheit gewinnen. Klarheit entsteht erst durch die Aufarbeitung. Und dann befreit sie.

Es ist eine große Fähigkeit, zu bemerken, wann der Punkt erreicht ist, wo man gehen sollte. Und dann auch zu gehen. Sich einen anderen Job zu suchen, einen anderen Partner, ein anderes Kloster. Ich hatte in Dänemark das Gefühl für meine Grenzen lange nicht beachtet. Ich hielt viel zu viel Druck aus. Die Stärkung der inneren Stimme ist von daher ein wichtiges Element unserer Erziehung im Kinderdorf – denn alle unsere kleinen Bewohner haben erlebt, dass Erwachsene über ihre Grenzen gingen. Die Botschaft lautet: «Jeder darf Stopp sagen!» Jeder hat die Freiheit zu sagen: «Das möchte ich nicht.» Und vielleicht bedeutet Stopp nicht nur den Moment, sondern eine Lebenswende.

Freiheit bedeutet in der Logotherapie das Immer-auch-anders-werden-Können und nicht das So-und-nicht-anders-sein-Müssen. Ich bin meiner Veranlagung und meiner Umwelt nicht hilflos ausgeliefert. All das kann mächtig sein, auch die Kraft der Verdrängung kann mächtig sein, aber all das ist nicht allmächtig. Frankl erkannte eine Kraft im Menschen, sich über jedwedes Schicksal hinwegsetzen zu können. Diese Eigenschaft bezeichnete er als «Trotzmacht des Geistes»: «Wer sein Schicksal für besiegelt hält, wird außerstande sein, es zu besiegen.» Das war nicht nur seine Überzeugung, sondern so hat er gelebt, er hat trotz seiner Trauer Zeugnis abgelegt, stellvertretend für unzählige Menschen, die nicht mehr über die grausamen Taten der Nazis berichten konnten. Doch anstatt den Rest seines Lebens damit zu verbringen, Rache an den Tätern zu üben, hat er einen wichtigen Beitrag zur Wissenschaft geleistet – und einen Menschheitsdienst des Friedens.

Wir kommen aus einer gesellschaftlichen Tradition, in der ein Kind nicht zu widersprechen hat. Auch Frauen hatten sich in der

Geschichte unterzuordnen und zu fügen. Eltern, Lehrer, Pastoren waren Autoritäten, und man tat, was sie sagten. Da hatte man nicht zu fühlen! Wenn man sich nicht fügen wollte, war man ungehorsam und wurde bestraft. So lief das jahrhundertelang, und so läuft es bis heute, weil wir die Regeln der Bevormundung so sehr verinnerlicht haben, dass wir sie von Generation zu Generation weiterreichen, unbewusst. Nur die Formen ändern sich. Blutige Gewalt ist in unserer Gesellschaft seltener geworden, entsprechend breitete sich der Psychoterror aus. Die Tyrannen sitzen nicht mehr auf dem Königsthron oder Papststuhl, sondern verstecken sich zwischen den Worten in uns selbst. Präventionsarbeit wird daher immer wichtiger.

Es ist daher gut, die kindliche Wahrnehmung zu stärken. Das heißt nicht, kindliche Bedürfnisse und Wünsche völlig in den Vordergrund zu stellen und «König Kind» zur neuen Autorität zu küren. Es heißt, alle Autoritäten anzuzweifeln zu dürfen und auf Spurensuche zu gehen nach sich selbst, barfuß am besten, damit man den Boden unter den Füßen spürt.

Manche Sachen muss man tatsächlich durchhalten, so viel ist sicher. Aber wenn es optimal läuft, macht man in seinem Leben immer mehr das, was einem entspricht und auch guttut. Dass Gott bei mir war, war und ist unschätzbar wichtig. Und auch die menschliche Begleitung war und ist unverzichtbar: Ohne sie wäre ich auf bestimmte Dinge nie gestoßen und wäre wahrscheinlich bis heute wütend auf Schwester Hildegard – und verletzt. Verzeihen kann man lernen. Und als Erstes habe ich eben gelernt, mir selbst zu verzeihen.

Frankl beschrieb, wie Menschen zu Bestien werden können. Gefangene quälten und unterdrückten, um nicht selbst gequält und unterdrückt zu werden. Es gab aber auch Sträflinge, die sich für andere geopfert haben und zu Heiligen wurden. Selbst unter schwierigsten Umständen haben wir als Mensch die Entscheidung, ob wir zu Bestien oder zu Heiligen werden. Beides ist in uns angelegt, und die Entscheidung für den einen oder den anderen Weg treffen wir. Christlich gesehen könnte man auch sagen: Wir haben vom Baum der Erkenntnis gegessen (weil wir schlau werden wollten), und seither können wir unterscheiden zwischen Gut und Böse. Zwischen dem, was richtig ist und was falsch. So wie Frankl nur zwei Menschentypen unterschieden hat: die Anständigen und die Unanständigen. Daher gelten seine Überlegungen ebenso für Menschen, die nicht an Gott glauben. Überall dort, wo Menschen sich für das Gute entscheiden, fließt die Kraft hin, und alles blüht auf. Und überall, wo böse Taten geschehen, breitet die Wüste sich aus.

Wenn jeder Mensch nur einen Teil seiner Zeit oder seines Besitzes dem widmen würde, was für ihn «gut» bedeutet, würde die Welt sich nach und nach auch zum Guten verändern. Interessanterweise zieht die Entscheidung, sich dem Positiven zu widmen, häufig Positives nach sich. So hat es Madeleine Delbrêl erlebt, eine französische Schriftstellerin und Mystikerin, die eigentlich Atheistin war. Sie wurde 1904 geboren, und als sie den Ersten Weltkrieg erlebte, fand sie das Leben völlig absurd. Dann beschloss ihr Verlobter Jean, ins Kloster zu gehen; ein schwerer Schicksalsschlag für sie. Sie wurde schwerkrank. Aber sie fragte sich auch, ob es vielleicht Gott doch geben konnte, wenn ein Mensch, der ihr so lieb war, sich für ein Leben mit ihm und gegen sie entschied. Sie beschloss, die Energie ihrer Trauer zu nutzen, und begann ein Experiment. Ein Jahr lang dachte sie jeden Tag fünf Minuten lang an Gott, gemäß einem Wort der heiligen Teresa von Ávila. Was genau geschah, davon sprach Madeleine Delbrêl nicht viel, doch am Ende des Experiments – da war sie zwanzig Jahre alt – war sie sich gewiss: Gott existiert.

Nicht nur wurde sie Sozialarbeiterin, die ihr Leben den anderen widmete, sondern sie räumte auch dem Alleinsein und der Gottesschau einen wesentlichen Raum ein. Das Fazit ihrer Erfahrung – und so habe ich es auch schon oft erlebt: Wenn man sich hinsetzt und sich wirklich einer Sache konsequent widmet, zum Beispiel dem Sinn des Lebens, dann findet man auch, wonach man gesucht hat. Es hat eine Wirkung, wenn man sich täglich fünf Minuten lang mit etwas beschäftigt, das den Geist erhebt. Oder mit der Stärkung des Mitgefühls, wie es in der ursprünglich buddhistischen Übung von der «Liebenden Güte» geschieht, die ganz einfach ist. Man sagt sich selbst:

> *Möge ich gesund sein.*
> *Möge ich in Frieden leben.*
> *Möge ich mich sicher und geborgen fühlen.*
> *Möge ich glücklich sein.*

Danach überträgt man die Sätze auf andere, zum Schluss auf Personen, mit denen man Schwierigkeiten hat. Das ist schon alles. Wissenschaftler von der Stanford University haben 2008 in einer Studie herausgefunden: Wer diese Übung täglich praktiziert, fühlt sich im Alltag sozial besser eingebunden und hat positivere Gefühle für seine Mitmenschen. In der Bibel heißt es: «Suche mich und du wirst mich finden.» Ich weiß aus Erfahrung, dass man ein Großes und Ganzes immer finden kann, egal ob man es Gott nennt oder ganz anders. Also los!

Wir leben nicht mehr im Paradies, aber wir befinden uns auch nicht in der Hölle. Wir sind Menschen, wir treffen Entscheidungen. Wenn wir falsche Entscheidungen treffen und schlechte Dinge tun, beschweren wir uns, dass Gott die Dinge, die daraus entstehen, zulässt. Gott hat damit aber nichts zu tun. Er hat seinen Sohn geschickt und auch andere, um zu zeigen, wie er es gemeint hat mit dem Menschen. Der Mensch steht zwischen der Tierwelt und der Welt, in der das höhere Wohl gilt, nämlich das Glück von allen. Wir entscheiden, in welche Richtung wir gehen. Gott hat in Jesus gezeigt: «Schaut hin! Er hat sich an das Kreuz nageln lassen und hat nicht zurückgeschlagen.» Es ist bewundernswert, dass dieser Gott, obwohl wir ihn so grundlegend missverstehen und seinen Namen missbrauchen, noch nicht resigniert hat und sagt: «Macht doch, was ihr wollt. Ihr seid mir egal.» Es ist großartig, dass ER trotzdem antwortet, wenn man ihn sucht. Aber es ist und bleibt unsere Verantwortung, einiges auf dieser Welt zu verändern – zum Guten, bitte!

11. Für immer und ewig: Endlich Dein!

Eine Entscheidung zu treffen, die «für immer» sein soll, ist eine unglaublich schwere Sache. Oder geht es nur mir so? Ich war nun insgesamt zwölf Jahre im Orden, davon gut acht in Bethanien, und ich hatte das Gefühl, dass es langsam Zeit wurde, mich festzulegen. Zwar hätte ich meine vorläufige Bindung noch um weitere drei Jahre verlängern können, doch ich spürte, dass ich langsam «richtig» dazugehören wollte, mit allem Drum und Dran. Daher fiel der Brief diesmal erheblich länger aus, den ich an die Generalleitung schrieb, damit sie mich zur Ewigen Profess zulassen würden. Es ging um alles, um mein ganzes Leben. Und dazu braucht es Vertrauen. Mein Vertrauen in den Orden, in die Menschen dort, die mir als Priorinnen irgendwann vorgesetzt sein würden. Und schließlich würden wir zusammen alt werden, in einer Lebensgemeinschaft.

Der Orden hatte sein Vertrauen in mich schon gezeigt: Ich hatte auf Kosten der Kongregation leben und studieren dürfen. Trotzdem hatte mich niemand gedrängt, Nägel mit Köpfen zu machen. Meine Mitschwestern ließen mir alle Zeit, in Freiheit einen Beschluss zu fassen. Ein Vorgehen, das sich völlig von dem unterschied, was ich in meinem anderen Kloster erfahren hatte. So können Lebensformen im Kloster sich stark voneinander unterscheiden, auch wenn es Elemente gibt, die sich äußerlich gleichen – es kommt wie immer auf die Menschen an, die eine Gemeinschaft formen.

Das fängt schon damit an, dass bei uns Aktion und Kontemplation gleichermaßen wichtig sind. Und es hört damit auf, dass Wachstum und Entwicklung jeder Schwester zu den Hauptzielen der Gemeinschaft gehört. Alle sorgen dafür, dass eine Atmosphäre von Offenheit entsteht, in der jede Einzelne sich entspannen und entfalten kann. Welche Angst hatte im Unterschied dazu in meinem ersten Kloster geherrscht!

«Es ist überhaupt nicht altbacken bei uns», pflegte Antonia-Maria zu sagen, und ich stimmte ihr zu. «Reden ist sehr wichtig, steht sogar in den Konstitutionen!»

«Wenn wir uns nicht ab und zu in den Habit schmeißen würden, würde wahrscheinlich kein Mensch merken, dass wir Schwestern sind», bemerkte ich, und Antonia-Maria nickte.

Das passierte uns beiden ständig. Auch dass gutaussehende Männer uns hinterherschauten, wenn wir gemeinsam unterwegs waren, was wir natürlich toll fanden. Gucken ist schließlich nicht verboten! Und dennoch hoffte ich, dass man mir doch irgendwie anmerken würde, dass ich anders bin. Als Mensch. Dass man an mir feststellen könnte, dass ich mit meinem Leben Gutes bewirken möchte, ohne mich sofort als katholische Schwester einzuordnen – was immer Schubladen öffnet, gute oder schlechte. Als Mensch wollte (und will) ich klare Werte vertreten, ich möchte nicht schlecht über andere denken und sprechen (zumindest versuche ich es), möchte anpacken, wenn jemand Hilfe braucht, Menschen anlächeln und ihnen Mut machen, möchte meinen Mund auftun, wenn Unrecht geschieht. So stellten wir beide – Antonia-Maria und ich – uns das moderne Ordensleben vor. Leben nach den Grundwerten Jesu, mitten in der Welt.

Darüber hinaus versuchten wir, die Gebetszeiten am Morgen und am Abend einzuhalten, so gut es ging, und auch am Gemeinschaftsleben teilzunehmen. War das beruflich nicht möglich, ging die Arbeit meistens vor.

«Am besten finde ich, dass ich ausprobieren kann, was für mich richtig ist, und niemand mich zwingt, etwas zu tun, was ich nicht will!» Dieser Punkt war für mich weiterhin besonders positiv.

«Die Gemeinschaft ist aber genauso wichtig wie ich», meinte Antonia-Maria. «Ich hoffe, dass ich beides immer im Auge behalten kann.»

Und so funktioniert bei uns der dialogische Gehorsam – man bekommt keine Befehle, aber man macht auch nicht, was man will. Alles Weitere wird so lange besprochen, bis eine Lösung ausgehandelt wurde, die beiden gerecht wird.

Für die Ewige Profess brauchte es auch Vertrauen in mich selbst und natürlich in Gott. Letzteres war der leichtere Teil der Übung, denn Gott hatte sich in den letzten Jahren als extrem treu erwiesen. Aber die Zweifel hatten mich noch nicht ganz verlassen. War ich schon so weit? Ich war jung genug, um noch einmal ganz von vorn anzufangen. Etwas ganz anderes zu tun. Denn auch nachdem ich in Bethanien gelandet war wie ein müder Vogel auf einer Insel mitten im Ozean, war mein Leben nicht gerade ruhig verlaufen. Ich hatte mich gegen Ende meines Studiums sogar verliebt und ernsthaft erwogen, den Orden zu verlassen und eine (eigene) Familie zu gründen. Ob nun mit diesem Mann oder einem anderen, es ging mir um die Lebensform, um Partnerschaft – die Sehnsucht danach war eine Zeitlang sehr stark. In den Arm genommen zu werden nach einem anstrengenden Tag, Liebe zu fühlen und zu teilen, jemanden an meiner Seite zu wissen, der zu mir gehört, mit dem ich mich auseinandersetzen kann und der mir zeigt, dass er mich liebt. Eigene Kinder zu empfangen und aufzuziehen. Das Gefühl, eine Schwangerschaft zu erleben, ein Kind zu stillen und in ihm ein Stück von mir selbst zu entdecken – klar hatte ich dieses Verlangen.

Wäre ich ihm damals gefolgt, als eine «weltliche» Frau, hätte ich heute höchstwahrscheinlich schon fast erwachsene Kinder. In der

Welt ist Partnerschaft eine der wichtigsten Angelegenheiten, und die Entscheidung darüber wird mitunter recht schnell getroffen. Man verabredet sich, geht miteinander aus, und schon ist man ein Paar. Sich gegenseitig gut kennenzulernen, sich zu prüfen, ist nicht die Regel. Früher diente die – vielfach über Jahre andauernde – Verlobungszeit dazu, sich besser kennenzulernen und eine emotionale Bindung herzustellen. Es konnte auch getestet werden, insbesondere in früheren Zeiten, ob wirtschaftliche oder politische Allianzen tatsächlich das hielten, was die Verlobung versprach. Inwieweit sich die Betroffenen mochten, war eher nebensächlich. Heute ist Attraktivität oft der Hauptgrund, warum Menschen sich zusammentun. Mit dem Ergebnis, dass viele Beziehungen oder Ehen (etwas mehr als ein Drittel) schon nach ein paar Jahren wieder in die Brüche gehen, dann nämlich, wenn die rosarote Brille im Badezimmer liegen geblieben ist und der nüchterne Blick auf den Frosch am Frühstückstisch fällt, den man bis dahin für einen Prinzen gehalten hatte.

Für eine gute Ehe braucht es mehr als zwei Körper, die sich gut verstehen. Begehren und Liebe sind eben *nicht* dasselbe, auch wenn die Phantasien, die romantische Romane und Filme hervorrufen und die auch mich zu Tränen rühren können (hach, wahre Liebe!!), das nahelegen wollen. Aber so wie es für ein erfülltes Ordensleben nicht ausreicht, Gotteserfahrungen durch Schlafentzug oder Auspeitschen hervorzurufen (gern getan im Mittelalter), müssen auch in der Liebe alle Ebenen des Menschen erfüllt werden: Kopf, Herz und Bauch. Wenn die Schmetterlinge im Bauch dominieren, kann es eine gute Idee sein, sich zu fragen, was das Herz dazu sagt und wie der Verstand die Situation einschätzt – am besten, bevor man die Heiratsurkunde unterschreibt.

Da es sowieso nicht meine Art ist, die (wichtigen) Dinge zu überstürzen (in anderen bin ich meist sehr spontan), ließ ich mir Zeit, dem Gefühl von Verliebtsein nachzuspüren. Gleichzeitig war für mich klar: kein Doppelleben, keine Kompromisse, keine Geheimnisse – und *nein*, kein Bruch des Keuschheitsgelübdes! Natürlich sprach ich über meine Empfindungen mit Antonia-Maria, auch mit einigen meiner Mitschwestern. Alle ermutigten mich, genau zu prüfen, was ich wollte, und mir Zeit zu lassen. Manchmal dachte ich, meine Schwestern wollten mich loswerden, so tolerant und offen waren alle! Niemand schaute mich schief an oder hielt mich für eine schlechte Schwester, weil ich verliebt war. Nach einiger Zeit aber ließen die Hitzeströme im Bauch von allein wieder nach, und ich entdeckte statt einem Partner einen guten Freund. Die Gewissheit kehrte zurück: Ich gehöre zu Gott und zu keinem anderen. Gott war auch in dieser Phase ganz dicht an meiner Seite, verliebt in mich, sein Geschöpf. Es kam mir fast vor, als hätte er mein Verliebtsein eingefädelt, damit ich spüre, wie es sein könnte, bevor ich eine endgültige Entscheidung treffe.

«Schau, Jordana», schien er mir zu sagen. «Liebe gibt es auch zwischen uns.»

«Ja, Gott», sagte ich dann. «Aber kannst du bitte mal etwas körperlicher werden. Ich würde schrecklich gern mal in deinen Armen liegen ...»

Dann hatte ich immer das Gefühl, dass Gott lächelte: «Ach weißt du, Jordana, die Zeiten sind vorbei, dafür kann ich dir jedoch näher sein, als ein Mensch es je könnte.»

Es stimmte. Letztlich war es diese starke Liebe, diese tiefe innere Berührung und Intimität, die den Entschluss reifen ließ, mich für immer und ewig an ihn zu binden, eine andere Form der Heiratsurkunde zu unterschreiben, auch wenn die Sehnsucht nach eigenen Kindern und einem Mann damit nicht ein für alle Mal verbannt war. Ich wusste genau, dass Gott das nicht von mir verlangte. Hätte ich eine andere Lebensform gewählt, er wäre keine Sekunde von meiner Seite gewichen. Nein, ich war diejenige, die mehr von ihm, mehr Zeit mit ihm verbringen wollte, mich noch tiefer auf ihn einlassen wollte, um jenes gottgeweihte Leben zu führen, das ich im Grunde schon mit sechzehn begonnen hatte. Als «äußere» Bestätigung bekam ich kurz danach die Zulassung für die lebenslange Bindung. Also gut, Gott, sagte ich, die Würfel sind gefallen!

Nachdem ich mein Studium erfolgreich abgeschlossen hatte – meine Diplomarbeit schrieb ich natürlich über den verehrten Viktor Frankl –, absolvierte ich ein Anerkennungsjahr in einem heilpädagogischen Heim, mit einem normalen Berufsalltag. Bei einem ihrer Besuche anlässlich eines fünfzigjährigen Profess-Jubiläums kam Schwester Anna, die damalige Generalpriorin, auf mich zu, in der einen Hand balancierte sie ein Stück Kuchen, in der anderen eine Tasse Tee. Mit ihrer stattlichen Körpergröße strahlte sie für mich immer Gelassenheit und Stabilität aus, und ihre hellen, weißen Haare mit strahlenden blauen Augen darunter blickten mich lustig an. Mit ihr konnte man herrlich lachen, aber genauso gut ernsthafte Gespräche führen. So wie jetzt.

«Schwester Jordana, wir brauchen in diesem Kinderdorf eine zweite Erziehungsleiterin. Die Gruppen werden immer mehr, und eine Erziehungsleitung allein schafft die Arbeit nicht. Würdest du das machen?»

Erziehungsleiterin. Diese Position gab es erst seit wenigen Jahren in unseren Kinderdörfern. Eine Erziehungsleiterin begleitet alle Gruppen pädagogisch und arbeitet mit den Jugendämtern zusammen, die Kinder bei uns unterbringen möchten. Zusammen mit den jeweiligen Kinderdorfmüttern, Gruppenleiterinnen und Erzieherinnen schaut sie, was welches Kind zum Großwerden und Heilen braucht, welche Familie und welcher Platz der beste für es ist.

«Im Grunde wärst du diejenige», fuhr Schwester Anna fort, «die mit allen spricht und eine gemeinsame Linie entwickelt. Du würdest auch heikle Gespräche führen und mit den Eltern aushandeln müssen, wie ein Besuchsrecht aussehen kann. Konflikte kann es da geben.»

«Wieso ich?», fragte ich, etwas übertölpelt von dem unerwarteten Angebot.

«Ich weiß, wie stark du in der Kommunikation bist!», erwiderte Schwester Anna und sah mich aufmunternd an.

«Hmm, das bedeutet viel Verantwortung», wandte ich ein; spontan bekam ich eine leichte Panik. «Habe ich denn genug Erfahrung dafür? Ich meine, ich habe ja gerade erst mein Studium beendet, und das Anerkennungsjahr ist gerade erst vorbei.»

«Stimmt, die Position beinhaltet viel Verantwortung, aber du bist durchsetzungsfähig und könntest viel bewegen. Außerdem bist du ja nicht allein!» Schwester Anna schien sich ihrer Sache ziemlich sicher zu sein.

Ich gab ihr recht. «Das ist auch wieder richtig. Ich bin nicht allein. Manchmal vergesse ich das immer noch!»

Sie lächelte verständnisvoll, und ich entschuldigte mich. Ich musste eine Runde spazieren gehen, ich musste nachdenken. Schwester Anna hatte ins Schwarze getroffen: Endlich wollte ich mich erproben und meine Kräfte für etwas Gutes einsetzen. Bisher hatte ich Ausbildungen und Praktika absolviert, und in Dänemark war ich völlig ausgebremst gewesen. Ich fühlte mich wie ein Pferd, das mit den Hufen scharrt. Wann ging es los? Als Erziehungsleiterin konnte ich eine Menge bewirken. Aus einer Runde wurden zwei. Ehrlich gesagt war ich noch immer nicht bereit, die Aufgabe einer Kinderdorfmutter zu übernehmen, mich für die nächsten zwanzig Jahre an ein verhältnismäßig enges Zuhause mit einem kleinen Wirkradius (so dachte ich damals) zu binden. Mein Bedürfnis nach Freiheit war einfach zu groß. Während der dritten Runde ließ ich dann los und brachte die Frage vor Gott.

«Herr, zeig mir den Weg, den ich gehen soll. Lehre mich deine

Pfade! Denn du bist der Gott meines Heiles. Auf dich hoffe ich allezeit!»

Ich wusste, dass die heilige Birgitta von Schweden (1303–1373) diesen 25. Psalm oft gebetet hatte, wenn sie in Schwierigkeiten war. Wenn es bei ihr geholfen hatte, vielleicht dann auch bei mir? Um es vorwegzunehmen: Es half tatsächlich. Als ich einige Zeit später auf das Fest zurückkehrte, war der Kuchen zwar fast alle, aber ich hatte meine Entscheidung getroffen:

«Ja, ich will es machen!»

Schwester Anna klopfte sanft und erfreut meinen Arm: «Du wirst es nicht bereuen!» Offenbar hatte sie nichts anderes erwartet.

Sie behielt recht. Insgesamt zehn Jahre war ich Erziehungsleiterin in Waldniel. Eine Zeit, in der ich in Kontakt mit den Medien kam und unsere Gemeinschaft einer größeren Öffentlichkeit bekannt machen durfte, in der ich Projekte realisieren konnte, mit und für die kleinen und großen Bewohner unserer Dörfer. Im Lauf der Jahre setzte ich mich immer gezielter für die Grundrechte von Kindern ein, für das Recht auf Leben, auf Nahrung oder auf Schulbildung. Aus diesen Grundrechten entwickelte ich dann, zusammen mit den Kinderliedermachern Reinhard Horn und Markus Erhard, die Idee der «Echten KinderRechte». Es war und ist ein Herzensanliegen von mir, Kindern eine Stärkung, eine Stimme, eine Sicherheit zu geben.

Zunächst bat ich alle, die in unseren drei Kinderdörfern lebten, aufzuschreiben, zu malen, zu spielen, zu singen oder zu tanzen, wie sie sich die Welt wünschen. Die Mitwirkenden waren zwischen sechs und sechzehn Jahre alt. Daraus wurde dann 2008 nach unendlich viel Arbeit eine wunderbare CD mit Liedern, die Kinder stark machen sollen, die ihre Themen besingen: Recht auf Aufmerksamkeit, Recht auf Tiere (das fanden die Kinder sehr wichtig), das Recht auf ein Zuhause, Recht auf Gewaltfreiheit. Begleitend gab es ein Buch für Kindergärten, Schulen und Eltern.

Für jedes Recht fanden wir einen prominenten Schirmherrn, säkulare Varianten der Schutzheiligen, die einen kleinen Text dazu veröffentlichten; sogar Kanzlerin Angela Merkel bekamen wir ins Boot. Henry Maske sprach beispielsweise für das Recht auf Gewaltfreiheit, Horst Lichter für das auf gesunde Ernährung. Manche der Songs waren monatelang in meinem Kopf, Ohrwürmer, die ich fast nicht mehr loswurde. Oft genug habe ich dann mit den Kindern auf Bühnen gestanden und diese Lieder in die Welt gebracht. Eine wunderbare Erfahrung, auch für mich, denn es hat mich Hinhören gelehrt auf das, was Kinder von sich aus als Bedürfnis formulieren. Sie sind unglaublich kompetent, und nicht ein Kind war dabei, das sich so etwas wie das Recht auf zehn Stunden Fernsehen am Tag und jeden Tag Pommes gewünscht hätte – das ist einzig die Angst von Erwachsenen. Mehr Vertrauen in die Kinder, das wünsche ich mir, damit sie starke Persönlichkeiten werden. In einem Lied heißt es: «Heute sind wir zwar noch klein. Doch demnächst wird irgendwer von uns auch Bundeskanzler sein.»

Die CD sollte aber auch Präventionscharakter haben, Kinder davor schützen, was Erwachsene ihnen antun können. Dabei geht es um Missbrauch in Form von Gewalt, von sexueller Gewalt. Ein Thema, das viele unserer Kinder leider schon am eigenen Leib erfahren haben.

Die zehn «Gebote» für Kinder lauten übrigens etwas anders als die in der Bibel:

1. Dein Körper gehört dir!
2. Es ist richtig, was du fühlst
3. Du darfst NEIN sagen
4. Es gibt schöne und blöde Geheimnisse!
5. Geschenke sind umsonst

6. Du hast ein Recht auf Privatheit
7. Du darfst Fragen stellen!
8. Du hast das Recht, Hilfe zu bekommen
9. Wer kann dir helfen?
10. Auch du kannst helfen!

Durch das Projekt verstand ich: Es gab vielleicht doch so etwas wie einen höheren Sinn meiner Dänemark-Erfahrung. Ich hatte ähnliche Erfahrungen gemacht wie viele der Kinder, die bei uns sind, hatte erlebt, wie meine Rechte entmachtet worden waren, und zwar für eine lange Zeit. Ich wusste genau, wie es sich anfühlt, wenn ein «Verhinderer» dich nach unten drückt und du dich kaum noch bewegen kannst. Deshalb lag und liegt es mir so sehr am Herzen, eine Anwältin der Kinder zu sein und ihnen die Möglichkeit zu geben, für ihre Wünsche und Bedürfnisse einen Raum und kreativen Ausdruck zu finden. Das hat auch mich wieder ein Stück mehr befreit!

Aber nicht nur Übergriffe müssen verhindert werden. Zeit zum Spielen ist ebenfalls ein Kinderrecht, nicht anders der Traum von einer besseren Welt. Immer wieder wünschten sich die Kinder eine gesunde Umwelt, die Beendigung von Krieg und Gewalt, wiederholt wurde der Wunsch geäußert, sich den Himmel so vorstellen zu dürfen, wie man es möchte – ein wahres Heilmittel gegen religiösen Fundamentalismus. Die wichtigste Forderung war vielleicht: Erwachsene, nehmt uns ernst und hört uns zu! Ändert was! Schließlich ist es unsere Zukunft, die ihr gerade in Gefahr bringt!

Aber ich habe weit vorgegriffen. Damals fragte ich Schwester Anna: «Wann soll es denn losgehen?»

«Am 1. Juli», sagte sie lächelnd.

Das war in zwei Monaten. Ich schluckte. «Aber wann mache ich dann die Ewige Profess?»

Schwester Anna musste nicht lange nachdenken: «Wie wäre es Mitte Juli?»

Mir wurde leicht schwindelig. Aber jetzt galt es, den Stier bei den Hörnern zu packen: «Dann könnten wir die Profess ja gleich mit einem Kinderdorffest kombinieren, oder? Mit Hüpfburg und gegrillten Würstchen!» Die Idee begann mir zu gefallen.

«Kindskopf», erwiderte Schwester Anna, und nach kurzem Überlegen fügte sie hinzu: «Na gut, wir machen es so.»

Mein Professtag am 13. Juli 2002 versprach ein sonniger Tag zu werden. Der Parkplatz vom Kinderdorf war autofrei, und überall wurden Biertische und -bänke aufgestellt. Der Grill stand schon bereit, und direkt neben dem Parkplatz wurde gerade eine große bunte Hüpfburg aufgeblasen. Im Grunde mehr Schützenfest als Heiligkeit.

Vor Aufregung hatte ich nur wenig geschlafen. Der große Tag hatte früh mit Vogelgezwitscher begonnen, bei dem Gesang war sowieso nicht mehr an Schlaf zu denken. Plötzlich gab es Geraschel vor der Zimmertür, und dann hörte ich meine Mitschwestern singen: «Dass du im Himmel hoch haltest die Wacht, hast du im Tode noch tröstend gesagt! Heiliger Dominikus, hör unser Fleh'n. Lass deine Treue o Vater uns sehn. Benedicamus domino, Halleluja, Haleeeeluujaaah!»

Es war eines meiner Lieblingslieder, wie schön, dass sie es ausgesucht hatten. Gerührt kuschelte ich mich tiefer in meine Kissen. Den Stimmen nach zu urteilen, standen eindeutig mehr Schwestern vor der Tür, als in meinem kleinen Konvent lebten. Scheinbar waren die ersten Gäste schon angekommen. Nach dem Singen strömten sie in mein Zimmer gleich einem festlichen Umzug, und mir wurde ein Tablett mit einer Tasse Tee gereicht, mit einer Kerze und Blumen. Mir wurde ganz warm ums Herz – meine Familie! Heute wurde ich in die «Familia dominicana» aufgenommen, heute würde ich auch unserem Gründer Dominikus besonders nahe sein, als seine Schwester auf Lebenszeit. Ob im Himmel ebenfalls gefeiert wurde? Eine Ewige Profess ist jedenfalls auf Erden für die ganze Kongregation ein freudiges Fest. Es erinnert an die eigene Entscheidung, die manche schon vor einem halben Jahrhundert getroffen haben. Jeder Eintritt ist eine Hoffnung, dass es weitergeht, auch mit den Ideen von Pater Lataste.

«Lass dir Zeit mit dem Tee», sagte Antonia-Maria, die natürlich zu diesem Anlass extra angereist war. «Du musst heute gar nichts machen. Nur du sein!»

Ich genoss die Umarmungen und guten Wünsche für den Tag, und dann waren die fröhlichen Frauen schon wieder verschwunden. Nur ich sein? Aber was sollte ich mit der Zeit bis zur Messe anfangen? Ich war viel zu unruhig zum Lesen oder Herumsitzen. Und viel Zeit hatte an diesem Morgen niemand für mich. Wo ich auch nach dem Anziehen hinkam, man begrüßte mich herzlich, es gab Umarmungen und liebevolle Worte, doch danach wurde ich weggescheucht. Tische mussten dekoriert, Kisten mit Getränken geschleppt, Kohle in den Grill geschüttet und Kuchen entgegengenommen werden. Nicht zu vergessen: Die Kirche sollte natürlich auch vorbereitet werden.

Immer mehr Gäste trudelten ein, denen Kaffee und Brötchen angeboten wurden, manche kamen von weit her. Ich war anscheinend die Einzige, die Zeit hatte, zum Himmel zu schauen. Aber was ich dort sah, behagte mir gar nicht. Mehr und mehr graue Wolken zogen auf, um sich genau über unserem Dorf regenschwer zusammenzuballen. Sorgenvoll blickte ich nach oben. Schwester Luisa sah es. Sie hatte vor fünf Jahren «Ewige gemacht», und sie hatte die Zeremonie mit mir gemeinsam geprobt. Trockenschwimmen sozusagen.

«Es wird schon gut gehen», sagte sie und zwinkerte mir zu.

«Der liebe Gott freut sich doch an so einem Tag, da wird er es nicht regnen lassen.»

«Dein Wort in Gottes Ohr, Luisa.» Ich seufzte.

«Es wird so oder so ein schönes Fest», antwortete sie. «Und was auch geschieht, das Dach der Kapelle ist dicht!» Dann war sie schon wieder verschwunden.

Äußerlich würde sich an diesem Tag kaum etwas verändern. Der Schleier blieb schwarz, das Kreuz hatte ich schon, aber innerlich würde alles anders werden. Ich würde dazugehören. Mich festlegen. Binden. Hochoffiziell vor vielen Leuten und mit Unterschrift. Das Wort «Profess» stammt vom Lateinischen *proficere* ab, was in unserer Übersetzung so viel heißt wie «öffentlich bekennen», aber im Augenblick hatte ich das Gefühl von einem Stillstand.

Nach einigen Stunden mehr oder weniger kopflosen Umherirrens und Im-Weg-Stehens ging es dann endlich los. Mir war unglaublich feierlich zumute, als ich die Sakristei der Kinderdorfkapelle betrat, in der mich schon einige meiner Mitbrüder erwarteten, die mit mir die Messe feiern würden. Ich hatte Schwestern ausgewählt, die bereit standen, mich bei meinem Einzug in die Kirche zu begleiten, ähnlich wie Brautjungfern, nur Blumen wurden nicht geworfen. Sie standen mit Kerzen da, die vorderste trug ein Kreuz an einem Stab. Sie würde die Prozession anführen. Gemeinsam mit mir würde Schwester Anna, meine Generalpriorin, einziehen, die mir aufmunternd den Arm drückte und fröhlich zulächelte. Dann waren da noch eine Schar Messdiener und Messdienerinnen, Kinder aus unserem Dorf. In der Sakristei wurde es jetzt eng. Zu viele Menschen. Ich war plötzlich so nervös, dass ich am liebsten weggelaufen wäre. Aber nur einen Moment lang ... Plötzlich ging es los, und ich hörte, wie jemand den Gesang anstimmte:

«Unsere Hilfe ist im Namen des Herrn ...»

«... der Himmel und Erde erschaffen hat», antworteten alle im Chor.

Die (Pinguin-)Prozession setzte sich in Bewegung. Was danach geschah, kann ich nicht mehr genau wiedergeben – Licht, um mich herum freudig strahlende Gesichter. Alles war vertraut, aber ein einzelnes Gesicht konnte ich nicht ausmachen. Der Chor des Kinderdorfs Bergisch Gladbach begann zu singen, die Gemeinde fiel ein, in meinen Ohren klang es wie ein Engelschor, voll und schön.

Nach dem Gesang wurde gesprochen, dann wieder gesungen, und ich war eins mit allem, aber auch mit Gott allein. Für die Predigt hatte ich mir das Evangelium des Johannes ausgesucht, in dem es heißt: «Ihr sollt das Leben haben und es in Fülle haben!» (Joh, 10,10). Das sollte mein Lebensmotto sein – Lebensfülle und Freude. Ein Mitbruder predigte eine Weile über das Thema, aber ich muss gestehen, dass ich nicht so viel davon behalten habe. Nur dass er diese Feier mit der zeitgleich stattfindenden Loveparade in Berlin verglich – hier, im Kinderdorf, gäbe es eine Loveparade der besonderen Art. Mit Gott und mir als Hauptakteuren. Später hörte ich, dass dieser Vergleich manchen dann doch etwas zu «modern» erschien, aber es gibt eben auch bei uns einen Generationswechsel.

Schließlich kam der Moment, der für mich der allerwichtigste war. Ich wurde bei meinem Namen gerufen und antwortete mit: «Hier bin ich.» Dann kam die Generalpriorin mir entgegen und sagte: «Für den großen Schritt, hinein ins Vertrauen, brauchen wir eine Kraft, die uns stärkt – den Heiligen Geist.»

«*Veni sancte spiritus*», stimmte die Gemeinde an. «Komm, Schöpfergeist, komm, Vater der Armen, Geist der Fülle.»

Ich streckte mich flach auf dem Boden der Kapelle aus. Vor allen Leuten, im Mittelgang, um mit meiner Haltung auszudrücken, dass ich bereit war, mich hinzugeben: Hier bin ich, Herr. Ich gehöre dir. Ich vertraue dir!

«Lass den Glanz deiner Herrlichkeit vom Himmel strahlen.»

Von fern drang der Gesang zu mir. Still antwortete ich: Ja, komm, Heiliger Geist, fülle mich, stärke mich, erleuchte mich. Sei bei mir.

Und dann lag ich dort, eine Ewigkeit. Die Zeit blieb stehen. Ich vergaß alles um mich herum. Das Lied trug mich, wie ein ruhiger Strom.

«Du vollkommener Tröster, du wunderbare Frische, Frieden lässt du in unserem Herzen wohnen. Komm, komm, Schöpfergeist.»

Gott und ich. Das allein zählte. Alles andere würde sich fügen. «Hey, Jesus Schmidt, jetzt gehöre ich dir», flüsterte ich.

Stundenlang hätte ich dort liegen können. Nur bedingt nahm ich wahr, dass es draußen dunkel geworden war. Auf einmal fing es an zu grollen, zu donnern, und ein Rauschen wurde immer lauter. Regen prasselte auf das Dach der Kapelle. Ich aber war vollkommen geborgen in Gott. Wie es Teresa von Ávila gesagt hat: «Nichts soll dich erschrecken, nichts soll dich betrüben. Gott allein genügt. Sólo Dios basta!»

Dann richtete ich mich doch auf und kniete vor meiner Generalpriorin nieder. Meine Hände legte ich mit den offenen Handflächen nach oben in die ihrigen, auf eine Bibel, und ich sprach die Profess-Formel. Ich gelobte die Hingabe an Gott, den Gehorsam, Keuschheit, Ehelosigkeit, Armut. «Nach der Regel des heiligen Augustinus und nach den Konstitutionen dieser Kongregation. Auf diese Weise will ich bis zu meinem Tod an die Kongregation gebunden bleiben.»

Schwester Anna antwortete: «Im Namen der Kongregation nehme ich deine Bindung an.»

Das war es. Ich gelobte die Hingabe auch an meine Mitschwestern. Den Frauen, die jetzt und in den folgenden Jahren meine Familie sein würden. Mit denen ich Höhen und Tiefen erleben würde, die ich manchmal lieben und manchmal anstrengend finden würde, mit denen ich über Dinge des Ordens diskutieren und streiten würde, die für mich da sein würden, wenn ich krank oder verunsichert war. Verwandtschaft eben.

«Oh nein, bitte nicht», stöhnte indessen Antonia-Maria und stürmte nach draußen. Sie winkte noch ein paar Schwestern und eine Handvoll Jugendliche mit sich. Die ganze Tischdeko war hinüber, und manche Fetzen der bunten Papiertischdecken hingen noch Wochen später in den Bäumen. In Windeseile musste in der Aula neu gedeckt werden. Dabei entdeckte sie, dass man vor Stunden vergessen hatte, die riesige Kaffeemaschine anzuwerfen. Das uralte Gastro-Profi-Teil würde viel zu lange brauchen, um rechtzeitig die notwendige Temperatur zu erreichen. Also wurden nach einem Notruf alle Kaffeemaschinen der Kinderdorfhäuser angeschmissen, und die einzelnen Kannen trudelten am Ende fast noch rechtzeitig ein. Mich interessierte das alles nicht, ich bekam auch davon nichts mit. Ich bekam den Ring überreicht, den ich symbolisch für meine Profess erbeten hatte. Es ist kein Muss, als Schwester einen solchen Ring zu tragen, aber ich fand das äußere Zeichen wichtig.

Schwester Anna überreichte mir den schmalen Goldring aus Weißgold und Rotgold (Gott und ich), innen war hineingraviert «Suche Gott» sowie das Profess-Datum. Ich steckte ihn mir selbst an den Ringfinger der linken Hand, mein «Erinnere mich», an dem ich bis heute oft herumspiele, wenn ich in einem Gespräch bin oder nachdenke. Damit mein Versprechen auch rechtlich verbindlich wurde, unterschrieb ich, zusammen mit meiner Generalpriorin, die Profess-Urkunde, die auf dem Altar lag. Sollte ich das Verhältnis aus irgendeinem Grund einmal lösen wollen, so musste ich dafür in Rom, bei der Glaubenskongregation, eine Erlaubnis bekommen.

Jetzt lagen wir uns in den Armen – Schwester Anna und ich. Sie war vor Aufregung völlig nass geschwitzt, die Arme. Weitere Umarmungen folgten. Traditionell wird der neuen Profess-Schwester der Frieden gewünscht, den sie fortan im Herzen tragen soll. Es ist auch eine vorausschauende Versöhnungsgeste für alles, was im Lauf der Jahre zwischenmenschlich unter uns Schwestern haken könnte. Mit den Jahren habe ich festgestellt: Uns wieder vertragen können wir besonders gut!

Mir wurde erzählt, dass ich beim Auszug aus der Kirche ordentlich gestrahlt habe. Wer weiß, vielleicht schwebte ich ja auch, angefühlt hatte es sich jedenfalls so, fast wie in einem Traum ...

Das Fest wurde trotz des Regengusses noch wunderbar. Kaum waren die Tische in der Aula gedeckt, kam die Sonne wieder zum Vorschein, sodass wir am Ende doch wieder draußen gefeiert haben. Ich dachte: Das ist symbolisch für mein Leben. Kein Plan geht sofort auf, Unwetter brechen herein, aber am Ende wird alles gut. Ich muss die Dinge nur so nehmen, wie sie kommen. Alle waren da, und jetzt konnte ich auch wieder Gesichter unterscheiden – meine Familie, meine Freunde, Mocki, Lolo und die anderen aus der Düsseldorfer Zeit, meine Kommilitonen aus Köln, Dozenten, Bekannte, sogar ein paar Nachbarn aus Kindertagen. Überall erblickte ich – endlich – keine besorgten Mienen mehr. Jeder spürte, hier gehörst du hin, Jordana. Du bist zu Hause. Und so fühle ich es bis heute.

Nachwort

Der inneren Stimme folgen

Der Tag meiner Ewigen Profess liegt inzwischen dreizehn Jahre zurück. Wieder ist Juli. Nach zehn Jahren Dominikanerinnen-Dasein und Erziehungsleitung wurde ich 2012 dann doch noch Kinderdorfmutter. Seitdem lebe ich mit drei wilden reizenden Mädchen und zwei reizenden wilden Jungs in einem wunderschönen Haus mit Garten, der Jahr für Jahr schöner wird, denn das habe ich mir aus Dänemark erhalten – meine Liebe zum Gärtnern. Die Kinder schlafen schon. Sie sind noch so klein, dass ich sie nach dem Sandmännchen und einer Gute-Nacht-Geschichte früh zu Bett bringen kann. Nur Kater Findus sitzt noch auf meinem Schoß und schnurrt. Ab und zu steht er auf und springt vor die Tastatur meines Computers, um mit seinem Gesicht in meinem zu schmusen; ich muss ihn davon abhalten, einmal quer über die Tastatur zu laufen. Katzen!

Die Entscheidung, Kinderdorfmutter zu werden, war wieder Berufung gewesen, ein neues Stück des Weges zu mir selbst, mit vollkommen anderen Herausforderungen. Aber das ist eine Geschichte, die ich vielleicht zu einem anderen Zeitpunkt erzählen werde. Während all der Jahre hat mich ein Text des in Pommern geborenen Schriftstellers Ulrich Schaffer begleitet, den ich den Lesern (wenn sie bis hierher durchgehalten haben) noch gern mit auf den Weg geben möchte. Er stammt aus seinem Frühwerk *Neues umarmen*. Der Autor hat mir freundlicherweise erlaubt, ihn in dieses Buch zu nehmen, und nichts drückt so genau aus, wie ich es empfinde, meiner Berufung zu folgen. Vielleicht machen die Worte dem einen oder der anderen Mut, ihren eigenen Weg zu gehen und der eigenen, inneren Stimme zu folgen:

Wenn sich alles in dir zubereitet und der Ton stimmt, der durch deine Knochen und Innereien zieht, wenn dir Worte wie Offenbarungen kommen, wenn es klingelt und jemand sagt: Ja, du, ich will auch, ich will; Wenn im Blick nach rechts und links deine Sicherheit nicht ganz verschwindet, wenn deine anderen Pläne wie verjährte Anklagen von dir abfallen, wenn deine Hände und Füße anfangen zu denken, wenn du dich leuchten spürst, wenn alte Ketten zu Luft werden, wenn man dich fragt und du dich wunderst, dass man DICH fragt, wenn dir aufgeht, dass du schon mal hier warst, wenn du keinen anderen Weg mehr siehst als den unbegangenen, wenn dein Körper vor Energie summt, wenn du willst, willst, willst, wenn auch mit Angst, dann ist es Zeit:
Nimm dich ernst. Werde einseitig. Nimm Abschied (aber mach es kurz, sonst bleibst du). Hier wird nichts mehr klarer. Mehr wirst du nur sehen, wenn du losgehst, weil alles andere hinter der Krümmung der Erde liegt.
Geh doch los.

Zum Weiterlesen

Bethanien bloggt. Dominikanerinnen zwischen Rom und Riga http://bethanienop.blogspot.de/ (Aktuelles und Historisches von und über Bethanien)

Delbrêl, Madeleine: Gebet in einem weltlichen Leben. Freiburg 1993

Dostojewski, Fjodor: Der Großinquisitor. Berlin 2003

Feid, Anatol: Frohe Botschaft für die Gefangenen. Leben und Werk des Dominikaners Marie Jean-Josephe Lataste. Mainz 1982

Frankl, Viktor: ... trotzdem Ja zum Leben sagen. Ein Psychologe erlebt das Konzentrationslager. München 2009

Meister Eckhart: Deutsche Predigten und Traktate. Zürich 1993

Ehrhardt, Markus, Sr. Jordana Schmidt und Reinhard Horn: Echte KinderRechte. Lippstadt 2008

Foucauld, Charles de: Hingabe und Nachfolge: Geistliches Lesebuch. Hrsg. von Maria Walburg. München 2005

Schwester Jordana, mit Iris Rohmann: Auf einen Tee in der Wüste. 11 000 Kilometer bis Jerusalem. Reinbek 2013

Koch, Christoph: Ich bin dann mal offline. Ein Selbstversuch. Leben ohne Internet und Handy. München 2010

Mechthild von Magdeburg: Das fließende Licht der Gottheit. Darmstadt 1980

Meurer, Franz, Jürgen Becker und Martin Stankowski: Von wegen nix zu machen. Werkzeugkiste für Weltverbesserer. Köln 2011

Porete, Margareta: Der Spiegel der einfachen Seelen. Mystik der Freiheit. Hrsg. von Louise Gnädinger. Kevelaer 2010

Reinders, Angela: Bruder Sonne, Schwester Mond. Der Sonnengesang des Franz von Assisi. München 2012

Rilke, Rainer Maria: Die Aufzeichnungen des Malte Laurids Brigge. Berlin 2012

Saint-Exupéry, Antoine de: Der kleine Prinz. Düsseldorf 2014

Schaffer, Ulrich: Neues Umarmen. Für die Mutigen, die ihren Weg suchen. Freiburg 2009

Schlebes, Sven: Ora et Labora. Der große Orden. Das Bilderlexikon. Leipzig 2015

Schüngel-Straumann, Helen: Eva. Die erste Frau der Bibel. Ursache allen Übels? Paderborn 2014

Wagenhofer, Erwin: Alphabet – Angst oder Liebe? DVD 2014

Wegner, Marcus: Hölle, Hölle Hölle. DRadio Wissen, 28. Juli 2014

Young, William Paul: Die Hütte. Ein Wochenende mit Gott. Berlin 2011

Ziegler, Jean: Wir lassen sie verhungern. Die Massenvernichtung in der Dritten Welt. München 2013

Dank

Es ist unglaublich heiß, während ich diese Zeilen schreibe. Temperaturen um die vierzig Grad Celsius, wie wir sie schon lange nicht mehr im Sommer hatten. Ich schwitze an meinem Schreibtisch und weiß, dass mit mir noch einige andere wegen des Buchs ins Schwitzen gekommen sind. Vornan meine liebe Freundin Iris Rohmann, die auch für dieses zweite Buch unermüdlich recherchiert, zusammengefasst und geschrieben hat und mit der ich viele Wochen lang Stunde um Stunde geredet habe, damit es fertig wird. Danke, du Liebe, wir sind einen langen Weg miteinander gegangen und konnten unsere Schritte immer mehr in einen Gleichklang bringen. Ich hoffe, dass unser Bemühen viele Menschen anspricht.

Die Nächste, die hart arbeiten musste, war Regina Carstensen, meine Lektorin, die von Anfang an mit Rat und Tat an unserer Seite war und ermutigende Worte fand, wenn es gerade nicht voranging. Sie hat uns die wertvolle Außenperspektive gebracht, wenn wir vor lauter Orden die Geschichte nicht mehr gesehen haben. Danke, Regina, du bist klasse!

Danke an Barbara Laugwitz, meine Verlegerin. Du hast besonders geschwitzt, als es hieß, wir werden nicht pünktlich fertig, weil meine Lebenssituation chaotisch geworden war – durch kranke Kinder, kranke Mitarbeiter und schließlich eine längere Krankheit meinerseits – und das Buch sich einfach nicht von allein schreiben wollte. Danke für deine Ermutigung und Gelassenheit (und du darfst gern noch mal mit einer Ente bei mir vorbeikommen).

Danke an meine Mitschwestern, die wieder ihr Vertrauen in mich setzten, auch wenn sie wissen, dass sie selbst in diesem Buch vorkommen und bislang keine Ahnung haben, was ich über sie schrieb. Ist auch nicht jede Schwester meiner Meinung, etwa über das Thema Teufel, so werde ich doch in meiner Meinung respektiert. Meinen Berufungsweg zu beschreiben, ist auch eine Liebeserklärung an euch, denn ich habe vor, im Orden zu bleiben. Danke, dass ihr den Weg mit mir gemeinsam geht!

Schon mal im Voraus Danke an die Jungen und Mädchen meiner Kinderdorffamilie und an meine Mitarbeiter, die nach Erscheinen des Buchs ertragen müssen, dass ich viel unterwegs sein werde, und Danke an Annerose Eitz, die viele Stunden Interview tapfer abgetippt hat, obwohl längst nicht alles in diese Seiten aufgenommen worden ist.

Danke meiner Familie, die meinen Weg immer begleitet hat, durch alle Höhen und Tiefen hindurch. Ihr kommt hier nicht so vor in dem Buch, aber ihr wisst, wie wichtig ihr in vielen Situationen gewesen seid. Danke!

Danke dir, Gott! Es geht um uns beide in diesem Buch. Ich hoffe, es gefällt dir. Heute komme ich mir manchmal vor, als wären wir ein beschäftigtes Ehepaar, das kaum Zeit findet, sich zu sehen ... Unsere Liebesgeschichte aufzuschreiben, hat dich mir wieder nähergebracht, unser Gespräch befruchtet. Ich bin dankbar über das Leben, über deine Liebe. Ich würde diesen Weg mit dir immer wieder wählen!